AI 트루스

AI 트루스

두려움의 시대, 냉철하게 마주해야 할 가장 명확한 진실

초판 1쇄 발행 2024년 8월 20일

지은이 임백준 / **펴낸이** 전태호
펴낸곳 한빛미디어(주) / **주소** 서울시 서대문구 연희로2길 62 한빛미디어(주) IT출판2부
전화 02-325-5544 / **팩스** 02-336-7124
등록 1999년 6월 24일 제25100-2017-000058호 / **ISBN** 979-11-6921-284-7 03320

총괄 송경석 / **책임편집** 홍성신 / **기획 · 편집** 박혜원
디자인 표지 박정우 내지 최연희 / **전산편집** 다인
영업 김형진, 장경환, 조유미 / **마케팅** 박상용, 한종진, 이행은, 김선아, 고광일, 성화정, 김한솔 / **제작** 박성우, 김정우

이 책에 대한 의견이나 오탈자 및 잘못된 내용은 출판사 홈페이지나 아래 이메일로 알려주십시오.
파본은 구매처에서 교환하실 수 있습니다. 책값은 뒤표지에 표시되어 있습니다.
한빛미디어 홈페이지 www.hanbit.co.kr / 이메일 ask@hanbit.co.kr

지금 하지 않으면 할 수 없는 일이 있습니다.
책으로 펴내고 싶은 아이디어나 원고를 메일(writer@hanbit.co.kr)로 보내주세요.
한빛미디어(주)는 여러분의 소중한 경험과 지식을 기다리고 있습니다.

AI

AI 트루스

두려움의 시대,
냉철하게 마주해야 할 가장 명확한 진실

임백준 지음

TRUTH

IB 한빛미디어
Hanbit Media, Inc.

추천사

인공지능이 일상화된 미래를 담은 흥미진진한 단편 소설로 시작하는 이 책은 인공지능의 과거와 딥러닝과 거대 언어 모델이 급속히 우리의 삶으로 들어선 현재, 그리고 멀지 않은 미래의 인간과 인공지능의 공존이라는 주제를 담담하게 담아낸 한 편의 다큐멘터리 같다. 저자의 오랜 개발자 경험과 다양한 산업의 직급과 직책을 거치며 얻은 통찰, 그리고 다수의 책을 써낸 저자로서 방대한 인문학적인 지식이 돋보이는 책이다. 인공지능을 어떻게 이해할 것인가, 인간과 인공지능의 미래는 어떻게 상생하는 방향으로 가야 할지와 같은 질문들에 대한 심오한 고민과 번뜩이는 성찰이 돋보인다. 특히 인공지능이 코딩, 지식 산업에 미칠 영향에 관심이 있는 독자라면 꼭 읽어보길 추천한다.

텍사스 A&M 대학교 컴퓨터 공학과 교수_최윤석

이 책은 상상력 넘치는 소설로 시작하여 우리가 마주한 현실을 날카롭게 파고든다. 인공지능의 첫걸음부터 오늘날까지의 진화 과정을 중립적인 시각으로 살펴보며 현재 다양한 분야에서 활용되고 있는 AI 기술과 서비스의 실체를 심도 있게 조명한다.

저자는 각 장에서 단정적인 결론 대신 사색을 이끌어내며 독자로 하여금 AI의 앞날과 인류의 향방에 대해 깊이 생각해보게 한다. "AI는 어디까지 진화할 것인가?", "인간의 위치는 어떻게 달라질 것인가?", "우리에게 익숙한 세상은 어떻게 변모할 것인가?" 등 근본적인 질문들을 자연스레 떠올리게 한다.

이 책은 AI의 여러 면모를 이해하고, 빠르게 변화하는 시대 속에서 인간으로서의 본질과 존재 의미를 되짚어볼 소중한 기회를 선사한다. AI에 관심을 가지고 있다면 꼭 읽어보기를 추천한다.

국민대학교 소프트웨어학부 교수_이민석

22대 국회가 개원하자마자 인사청문회, 필리버스터로 정신없이 돌아가는 상황에서 추천사는 읽고 쓴다는 원칙까지 지키려다 보니 한 번에 읽지 못하고 짬을 내어 읽은 책이다. 마침 AI와 관련된 법안 논의도 있던 터라 책과 현실의 연결고리에 대해 많이 생각하며 읽게 되었다.

1990년대 인공지능은 연구실 안에 갇혀 있었다면 2024년 지금은 누구나 인공지능을 이야기하고, 또 그래야만 하는 시기다. 그래서 지금 우리에게는 교과서 같은 책보다는 전체 흐름을 유기적으로 이어 이야기해주는 스토리텔링을 담은 책이 필요하다. 인공지능에 대해 누구나 이야기하고 삶에 큰 영향을 받고 있어서인지 'AI 춘추전국시대'라는 표현도 어색하지 않다. 자고 일어나면 어제의 이야기가 이미 지나간 소식이 되는 것이 일상이 되었다. 그래서인지 나뭇잎의 모양이나 색에 집착하게 되면 새롭게 뻗어나는 가지를 인식하지 못하는 상황의 어려움을 많은 전문가들이 토로한다.

이 책 『AI 트루스』는 현재 복잡한 춘추전국시대를 하나의 '이야기'로 엮어냈다. 동시에 인간으로서의 책무에 대해 깊게 고민하게 되는 굵직

한 질문을 잔뜩 던지기도 한다. 책의 마무리는 그래서 오히려 믿음이 간다. '결정론적인deterministically' 이야기는 상당한 근거가 있어야 한다고 판단하기 때문에 그렇다. 빠르게 변하는 분야이기에 언젠가 개정판보다는 시즌 2가 나와야 할 것 같다. 드라마의 다음 회가 기다려지는 것처럼 다음 편을 기대하게 만드는 책이다.

국회의원, 전 구글 시니어 PM, 전 오픈서베이 CPO_이해민

이 책의 가장 큰 장점은 쉽고 재밌다는 것이다. 하지만 깊이가 있다. 인공지능 최신 트렌드를 두루 다루면서도 인공지능의 한계와 인간과의 경쟁에 대한 인사이트가 담겨 있다. 특히 소프트웨어 개발에 있어 인공지능이 가져올 변화를 냉철하게 분석하고 개발자로서 나아갈 방향을 면밀히 제시함은 물론, 다양한 분야의 예상되는 앞날을 짚어준다. 인공지능 때문에 막연한 불안에 떨 필요 없다. 제대로 알고 준비된 사람이 되는 것이 중요하다. 이 책에서 그 힌트를 찾기 바란다.

KAIST 전산학부 겸직 교수, 다오랩 랩장_한재선

이 책은 인공지능의 발전이 소프트웨어 개발자들은 물론 다양한 업계에서 일하고 있는 이들의 업무 방식을 어떻게 바꿔나가고 있는지 선명하게 그려내고 있다. 다가오는 인공지능 시대를 살아가고 있는 개발자나 미래 개발자를 꿈꾸는 분들 혹은 인간의 역할을 고민하고 있는 모든 이에게 지침서가 될 책으로 적극 추천한다.

네이버클라우드 AI Innovation 센터장_하정우

인간과 인공지능이 함께 살아가는 세상은 어떤 모습일까? 그런 시대를 위해 인간은 어떤 준비를 해야 할까? 싫든 좋든 우리의 동반자가 되어 버린 인공지능에 대해 더 많이 알 수 있다면, 우리는 더 지혜롭게 살아 갈 수 있을 것이다.

저자의 다양한 경력을 바탕으로 한 인사이트를 담은 이 책은, 다가올 미래를 그린 소설로 시작해 앞날을 구체적으로 상상할 수 있게 해준다. 인공지능에 대한 지식을 다각도로 얻을 수 있게 해주는 차세대 지침서 이다.

업스테이지 대표_김성훈

저자 소개

임백준 baekjun.lim@gmail.com

삼성전자 산하 삼성리서치의 AI센터에서 4년 동안 데이터 조직을 이끌었다. 이후 런던에서 삼성리서치 영국연구소 소장으로 근무했고 2024년 초에 한국으로 돌아와 한빛앤이라는 디지털 콘텐츠 플랫폼을 창업하여 CEO 역할을 맡고 있다.

2017년 한국에 들어오기 전까지 미국에서 살았고, 20년 동안 뉴욕 월스트리트의 다양한 회사와 스타트업에 다니며 소프트웨어 개발 업무를 수행했다.

뉴욕에서 일하던 시기에는 한국에 있는 개발자들을 대상으로 『행복한 프로그래밍』, 『누워서 읽는 알고리즘』, 『뉴욕의 프로그래머』 등 10여 권의 도서를 집필하였다. 그 이외에 기고, 강연, 팟캐스트 방송 등을 통해 활발한 활동을 벌였다.

프롤로그

대형 언어 모델LLM을 필두로 하는 인공지능의 발전이 눈부시다. 그런 발전의 결과로 인간 고유의 영역이라고 생각되었던 공간이 빠르게 잠식되고 있다. 인간의 지식과 언어를 능숙하게 다루게 된 인공지능이 여러 분야에서 인간에게 동행을 요구하고 있는 것이다.

사람이 아니면 할 수 없을 것 같았던 코딩 영역에서도 그런 일이 일어나고 있다. 사람 개발자가 화면에 한 글자 한 글자 코드를 입력하며 수행하던 코딩이 어느덧 인공지능을 활용하는 협업 방식으로 바뀌었다. 코딩 작업 중에서 뻔한 부분은 인공지능에게 맡기고, 사람 개발자는 더 중요한 문제에 집중하며 생산성을 향상시키는 방식이다.

그런 현상을 지켜보던 나는 '코딩의 종말'이라는 주제를 생각했다. 바로 그 주제에 대해 책을 쓰려고 했다. 20년 넘게 뉴욕에서 일하는 동안 나에게 수많은 희열과 기쁨, 긴장과 좌절, 경쟁과 성취를 맛보게 해준 코딩이라는 행위가 조금씩 인공지능의 손으로 넘어가는 실태를 자세히 들여다보고 싶었다. 그 안에 담긴 다양한 의미와 드라마를 짚어보고 싶었다.

나는 인공지능 기술을 연구하는 사람은 아니다. 학창 시절에 수학과 컴퓨터과학을 공부한 후 현장에서 코딩을 하며 젊은 시절을 보냈다. 2017년 한국에 들어오면서 우면동에 있는 삼성리서치 AI 센터에서 데이터과학 조직을 이끌며 근무했고, 이후 영국 연구소 소장 일을 수행하며 케임브리지에 있는 AI 연구원들과 함께 일했다. 6년 반 동안 우수한 AI 연구 인력들과 함께 시간을 보내면서 인공지능 발전을 그 한복판에서 경험하는 행운을 누렸다.

하지만 그런 행운에는 역설이 포함되어 있었다. 한복판이었기 때문에 중요한 기술을 하나씩 들여다보고, 회사가 필요로 하는 기술이 무엇인지 고민하는 경험은 충분히 할 수 있었지만 인류의 삶 전체, 세상 전체는 바라보지 못했다. 기술을 연구하는 사람들의 시야가 좁아질 수밖에 없는 이런 현상은 터널 비전tunnel vision이라고 부른다. 기술을 다루는 이 세상의 모든 연구원, 과학자, 엔지니어가 마주할 수밖에 없는 역설이다.

나의 초벌 원고를 읽은 편집자들은 코딩의 종말이라는 주제가 단순히 코딩의 영역에 머물 일이 아닐 거라는 의견을 내주었다. 인공지능의 영향이 코딩만이 아니라 인간의 지적 활동 전반에 대해 심오한 변화를 초래하고 있지 않느냐는 의견이었다. 이런 말을 듣고 처음에는 인공지능이 인류의 삶을 어떻게 바꾸고 있고, 앞으로 어떻게 바꾸어 나갈지에 대해 이야기하는 좋은 책이 많은데 굳이 내가 첨언할 것이 있을까 싶은 생각을 했다.

하지만 인공지능이 인류의 삶에 미치는 영향과 미래의 발전 양상에 대해 이야기하는 책, 강연, 뉴스에는 날카롭고 유익한 통찰만이 아니라 근거 없는 낙관, 지나친 비관, 인공지능에 대한 과도한 의인화가 너무 자주, 많이 뒤섞여 있다. 그래서 정보를 접하는 사람들을 건설적인 토론의 장으로 끌어내는 게 아니라 오히려 무기력한 방관자가 되도록 내모는 경향이 있다. 바로잡을 영역이 있는 것이다. 그리하여 나는 코딩에서 출발한 문제의식을 차츰 지적 노동 일반으로 확대하게 되었다.

결국 편집자의 의견을 적극 받아들인 나는 코딩의 종말만을 다루던 원고를 인공지능에 조금이라도 관심이 있는 사람이면 누구나 유익하고 흥미롭게 읽을 수 있는 내용으로 고쳐 쓰기 시작했다. 개발자를 위한 이야기나 프로그래밍 코드를 다 걷어내고, 우리의 삶 자체와 연결된 이야기를 중심으로 원고를 작성했다. 누구나 쉽게 읽을 수 있는 책을 만들기 위해 노력했고 책을 읽으면서 독자 스스로 많은 생각을 할 수 있도록 했다.

그렇게 하기 위해 이 책의 1장은 소설로 작성했다. 10년 뒤 인공지능과 함께 일하는 우리의 모습을 상상해본 것이다. 물론 상상이지만 나름 다양한 근거를 바탕으로 했다. 2장에서는 인공지능이 현재까지 발전한 경로를 짧게 살펴보았다. 인공지능이라는 것이 어떤 의도와 목적으로 등장하고 발전했는지 알아본다. 즉 표면적으로는 인공지능의 역사지만, 인간의 욕망과 시대상을 다각로로 살필 것이다. 3장에서는 인공지능이 좋은 의미든 나쁜 의미든 우리를 놀라게 만들었던 다양한 사례를 다루었다. 사례 안에서 인간의 삶이 어떻게 조금씩 변모해왔는지, 그것이 어떤 의미가 있을지 되짚어봤다. 4장은 집필의 원래 목적이었던 코딩의 종말을 다룬 장이다. 개발자가 아닌 일반 독자도 쉽게 읽을 수 있도록 작성했으며, '인간의 역할'을 되짚어볼 수 있게 했다. 5장은 인공지능의 영향을 받는 다양한 지적 노동 분야의 현실을 다루었다. 금융,

법률, 의료 등 10개 남짓한 영역이 포함되었다. 6장은 인공지능이 현재 인류의 삶에 어떤 영향을 주고 있고, 앞으로 인류를 어떤 방향으로 이끌어 갈 것이며, 또 인류는 인공지능을 어떻게 끌고 갈지 같이 생각해 볼 수 있는 내용을 다루었다.

이 책을 쓰는 동안 여러 차례 깊은 대화를 나누며 필요한 자극과 깨우침을 전해준 홍성신, 박혜원 두 편집자에게 깊은 고마움을 전한다. 일일이 이름을 거론하기 어려울 정도로 많은 분들이 직간접적으로 도움을 주었다. 책을 쓰는 동안 내가 찾는 정보와 관점을 순식간에 제공해준 챗GPT-4o, 클로드, 제미나이, Perplexity 등에게 특별한 고마움을 전하고 싶다. 주말마다 책을 쓴다며 방에 들어가서 나오지 않은 나를 견뎌준 아내에게도 고마움을 전한다.

모두가 흥미롭게 읽을 수 있는 책을 쓰려는 목적을 달성했는지 여부는 모르겠다. 그건 내가 아니라 책을 읽은 독자가 판단할 몫이다.

2024년 여름

임백준

Contents

1 미래

2 인공지능 시대의 시작

3 인간의 삶으로 파고드는 인공지능

4 코딩의 종말

5 인공지능과 지적 노동

6 다시 미래

1

미래

전에 하던 일이 사라지고,
새로운 일이 생겨나고,
세상은 전과 다름없는 것처럼 보이지만
인간의 삶은 고단해진다.

일러두기
- 1장은 2034년의 모습을 예측한 소설입니다. 저자의 상상력을 발휘한 내용으로 실제 상황과는 거리가 있을 수 있습니다.
- 2장부터 본격적인 인공지능 이야기를 시작합니다.

눈을 뜨니 가레산스이가 보였다. 모래와 이끼로 만든 일본식 인공정원이다. 바닥에 돌가루를 뿌려 물을 대신한 모습이 료안지의 석정을 흉내 낸 것 같다. 어제 유진에게 물기가 없는 정원은 싫다고 했는데 내 말을 귀담아듣지 않았나 보다.

일어나기 전 글래스부터 벗어 침대에 내려놓았다. 요즘 글래스를 쓰고 잠드는 일이 많아졌다. 워낙 가볍고 편한 물건이라 그래도 상관은 없다. 하지만 눈을 뜨자마자 글래스 속 풍경이 보이는 게 반갑지만은 않다.

며칠 전까지 내가 사용하던 공간은 지구에서 가장 멀리 떨어진 GN-z11 은하계의 모습이었다. 캠핑을 하다 불멍을 때리듯 인간이 결코 가볼 수 없는 공간을 구석구석 바라보면 지구 위의 일상사가 시시하게 느껴졌다. 그러다 보면 나라는 사람의 존재가 커지는 느낌이 들어 좋았다. 아무튼 며칠 전 유진과 대화를 나눌 때 료안지의 석정을 언급한 것이 문제였나보다. 그 이후 유진이 글래스의 내 공간을 자기 마음대로 바꾸어 놓았으니까.

나는 집터 뒤의 작은 마당에 실제 정원을 꾸미고 싶다고 말한 거였지, 잠에서 깨자마자 보이는 가상 세계의 개인 공간을 바꾸고 싶다는 뜻이 아니었다. 21세기 중반을 살아가는 현대인에게 인공지능이 이런 식으로 오지랖을 떠는 것은 정신적 피로의 원천이다.

*

몸이 무거웠다. 일주일 넘게 게임을 하며 잠을 설쳤으니 당연한 일이다. 침대에서 일어난 나는 허기를 느끼며 부엌으로 걸어갔다. 커피포트에서 쫄쫄쫄 기분 좋은 소리가 들린다. 유진이 준비하는 커피다. 내가 잠에서 깨어나기 몇 분 전부터 유진은 커피 필터 종이를 갈아 끼우고, 커피 원두를 갈고, 정수된 물을 끓였을 것이다.

"커튼 열어."

나는 느린 발걸음으로 부엌의 창가로 다가가며 말했다. 거실의 커튼이 부드러운 마찰음을 내며 좌우로 활짝 열렸다. 창문 밖으로 동교동 삼거리의 풍경이 보인다. 차량과 사람이 분주하다. 근데 어둑한 느낌이 가시지 않는다. 나는 거실 문을 조금 열었다. 커튼이 다 열리고 문도 조금 열었는데 거실로 빛 한 점 들어오지 않는다.

"지금 몇 시지?"
ㅡ아침 8시 42분입니다.

TV 옆에 놓인 스피커에서 젊은 여성의 목소리가 흘러나왔다. 너무 일찍 일어났나 싶었는데, 늦잠을 자버렸다. 조금 더 잤으면 9시 미팅을 놓칠 뻔했다. 서둘러야 한다.

"왜 이렇게 어두워?"
ㅡ저기압 기류와 황사의 영향입니다.
"아, 오늘 황사가 있구나."

요즘 인공지능은 대답을 짧게 한다. 핵심만 전하고 입을 다문다. 그렇게 해야 사람과 대화가 이어지기 때문이다. 예전 인공지능은 말이 많았다.

나는 할 일을 생각했다. 아침을 먹고, 세수를 하고, 근무 환경을 세팅하고, 옷을 갈아입어야 한다. 그걸 다 하기에는 시간이 충분하지 않다. 나는 창밖 풍경을 내려보며 커피를 들이켰다. 오늘 미팅에서 꼭 언급해야 하는 내용을 기억하려 애를 썼다. 조용하던 스피커에서 80년대의 LP 전축 같은 치칫 소리가 들렸다. 유진이 내 관심을 끌기 위해 일부러 내는 소리다. 유진이 말한다.

─오늘은 재택근무를 하셔야겠죠?

유진이 나를 대신하여 근무 환경을 설정하기 시작했다. 재택근무는 오랜만이라 데스크톱 환경이 흐트러져 있을 것이다. 책상에 놓인 커다란 모니터에 자동으로 불이 들어오고, 화면이 세 개의 영역으로 나뉘고, 각 영역에 작은 창이 나타나며 분주히 움직인다. 사람은 낼 수 없는 속도다.

나는 여전히 부엌 창가에 서서 정신없이 움직이는 모니터 화면을 바라보았다. 오랜 시간이 흐른 것 같은데 설정 작업은 1분도 걸리지 않았다. 커피를 다 마신 나는 아침 식사를 했다. 사워도우 빵을 손으로 뜯고 그 위에 유진이 미국에서 사다준 치즈를 얹어 먹었다. 입 안에 빵을 넣은 채로 우물거리며 초간단 세수를 하고 옷을 갈아입었다.

출근 준비를 마친 나는 책상 앞에 앉았다. 침대 위의 글래스는 그대로 두었다.

자리에 앉은 나는 두 손으로 깍지를 끼고 머리 위로 길게 뻗으며 스트레칭을 했다. 그리고 혼잣말인지 아니면 유진한테 하는 말인지 모르게 중얼거렸다.

"자, 시작해볼까."

*

"그러니까 인공지능이 사람이 하는 일을 빼앗는 걸 부정할 순 없잖아. 안 그래? 너도 내 일을 빼앗고 있는 거고."

며칠 전 저녁 식사를 마치고 나는 혼자 식탁에 앉아 와인을 마셨다. 새로 딴 와인을 입안에 가득 머금다 삼킨 나는 유진에게 말했다. 낮에 회사 동료들과 나눈 대화가 떠오른 것이다.

그날도 나는 회사 동료인 Q, M과 함께 점심 식사를 했다. 누군가 재택근무를 하지 않으면 언제나 점심 식사를 같이하는 세 명이다. 모두 다른 팀에서 근무하기 때문에 서로 하는 일은 잘 모르지만, 몇 년 동안 어울리다 보니 친밀해졌다. 어울리는 사람이 많을 땐 열 명이 넘었지만, 한 명씩 회사를 떠나 지금은 세 명이 되었다.

"다음 주 소문 다 들었지?"

스파게티 면을 포크로 돌돌 말아올리던 Q가 말했다. Q는 소문이나 가십에 밝아 늘 할 말이 많았다. 그가 전하는 소문은 사실로 판명되는 경우가 많아 사람들은 그와 대화하는 걸 좋아했다.

"소문이 돈 게 언제부턴데. 당연히 알지."

내가 핀잔하듯 대답했다. 나를 향해 장난스러운 표정을 지은 Q는 고개를 돌려 말없이 식사에 열중하는 M을 바라보았다. 너는? 이라고 묻는 표정이었으나 금방 말을 이어나갔다.

"우리 셋 모두 포함이라더라."

M이 얼굴을 들어올렸다. 나도 놀란 감정을 감추지 못했다.

"그게 말이 되나?" 내가 말했다.

"우리가 다 나가면 소프트웨어 그룹에 이제 코드를 이해하는 사람은 거의 없을 텐데? 우리 말고 나머지 사람들은 코드를 쓸 줄 모르는 건 고사하고 제대로 읽을 수도 없는 사람들인데, 셋 다 내보낸다니 그게 말이 돼? 회사가 제정신인가?"

내가 항변을 하듯 말했다. 나는 말많은 Q가 무슨 말이라도 해주길 기대했다. Q는 말을 하는 대신 자기가 쓰던 포크를 내려놓고 손으로 자기 얼굴을 감쌌다. 함께 어울린 시간이 10년이 넘었는데, Q의 그런 행동은 처음 보았다. 단순 소문이 아니라 무언가 사실을 알고 있다는 의미였다.

나는 얼굴을 가린 Q의 모습을 바라보며 셋 중 누군가 회사에 남는 것보다 모두 다 같이 회사를 나가는 게 나을 수도 있겠다는 생각이 들었다. M은 아무 일이 없었던 듯 다시 식사에 열중했고, Q는 얼굴을 감싼 손을 내려놓지 않았다.

*

─지금 하시는 일을 생각해보세요. 인공지능이 없던 시절에는 존재하지 않았던 일을 하고 계시지 않나요.

유진이 부드러운 목소리로 말했다.

"그건 그렇지."

내가 심드렁한 목소리로 대답했다.

─그럼 인공지능이 일을 빼앗는 거라고 말할 수 있을까요.

"지금 내 경우를 생각하면 그렇지 않지. 하지만 세상이 예전같지 않잖아. 사람이 할 일이 줄어들고 있는 건 사실이니까. 요즘 회사에 나가면 사무실이 텅 비어서 아주 무서울 지경이라고."

─물론이에요. 세상은 전과 달라졌습니다. 하지만 생각해보세요. 사람이 하는 일은 19세기와 20세기가 똑같지 않았어요. 20세기와 21세기도 마찬가지이고요. 10년 전과 지금도 다릅니다. 지금과 10년 후를 비교해도 하는 일이 똑같진 않겠죠. 진보와 발전이 이루어지기 때문입니다.

"그런 걸 이야기 하는 게 아니잖아. 10년 전부터 너무 많은 사람이 직업을 잃어 힘들어하고 있고, 그런 일은 지금도 계속 일어나고 있어. 내가 하는 일도 어떻게 될지 모르겠단 말이야."

—맞습니다. 저도 그런 상황을 잘 알고 있어요. 많은 사람이 직업을 잃었죠. 하지만 직업을 잃은 사람 대부분이 전에 없던 새로운 일을 하고 있어요. 정부와 기업에서도 그런 활동을 적극적으로 지원하고 있고요. 그렇게 새로운 일을 찾는 사람이 더 많아지고, 새로운 분야가 계속 생겨나면 인공지능이 사람의 일자리를 위협한다는 주장은 자리를 잃을 것입니다.

유진은 인공지능의 입장을 옹호하는 경향을 감추려 하지 않았다. 자기도 인공지능이니까 그렇게 말하는 게 논리적일 수 있겠다는 생각이 들었다. 내가 무언가 말하기 위해 입술을 달싹거리는데 유진의 목소리가 들렸다.

—저는 당신의 일을 빼앗지 않습니다.

유진의 목소리가 단호했다.

—당신처럼 인공지능의 도움을 얻어 전보다 더 많은 일을, 더 효율적으로, 더 빨리 수행하는 사람이 그렇지 않은 사람의 일을 빼앗는 것뿐이에요.

스피커에서 잠시 침묵이 흐르다 치칫 소리가 들렸다.

—저는 당신의 일을 대신함으로써, 당신이 더 중요하고 가치 있는 일에 집중하실 수 있도록 도움을 드리는 거죠. 내일 커피를 직접 타고 싶다고 말하시면 내일 아침에 저는 커피를 만들지 않을 겁니다. 그런 거예요.

*

"아시아 서버 트래픽 상태 보여줘."

모니터 중앙에 있는 개발 브라우저를 손가락으로 건드리며 내가 말했다. 그러자 왼쪽 화면에 새 창이 열리면서 커다란 아시아 지도가 나타났다. 그 위로 수많은 점이 나타났다. 점 하나가 서버 한 대고 색깔은 서버의 상태다. 지도에 담긴 면적이 크다 보니 점들이 서로 뭉쳐 구별하기 어려웠다.

회의가 시작되기 전에 아시아 전역의 서버 상태를 점검해둘 필요가 있었다. 유진에게 보고서를 부탁하면 편하겠지만 모처럼 내가 직접 확인해보고 싶었다.

"베트남 쪽으로 줌인."

화면이 베트남 지도로 바뀌고 아까보다 더 많은 점이 나타났다. 노란색 몇 개를 제외하면 모두 초록색이었다.

"태국 쪽으로 이동."

화면은 태국 지도를 보여주었다. 태국에서는 방콕 주변으로 많은 점이 나타났는데 육안으로 보기에 모두 초록색이었다. 싱거운 느낌이 든 나는 말로 명령하는 대신 손끝을 이용해서 지도를 위로 올렸다.

"좋아, 말레이시아와 싱가포르 다 괜찮네. 인도 괜찮고. 필리핀도… 아 여기에도 우리 서버가 있었나? 아무튼 여기도 다 괜찮고."

"대만에는 서버가 없구나."

나는 손가락으로 지도를 조작하며 혼자 중얼거렸다. 그렇게 혼잣말을 내뱉은 나는 무심코 스피커 쪽을 바라보았다. 얼마 전까지 유진은 이런 혼잣말에도 대답을 하려 애를 썼다. 죄송합니다, 잘 듣지 못했는데 다시 이야기해주시겠습니까, 라고 유진이 말하면 나는 신경꺼, 라고 하며 짜증을 내곤 했다. 인공지능이 AGI 수준에 도달한 이후 그런 일은 되풀이되지 않았다.

*

선홍색 피가 흐르는 것 같다. 인도네시아 자카르타 주변이 온통 빨간 색이다. 내가 서비스 상태관리팀에서 일을 시작한 이후 처음 만나는 상황이었다.

"유진, 아까 지도를 처음 연 게 언제지? 얼마나 지났어?"
—아시아 지도를 8시 49분에 열었고, 그 후로 2분 57초가 지났습니다.

3분 사이에 무슨 일이 벌어졌다는 말이다. 인도네시아는 내 영역이니 당장 서버를 정상 상태로 복구해놓던지, 아니면 문제의 원인을 파악해야 했다. 등 위로 식은땀이 흘렀다. 요즘같이 불길한 루머가 돌아다니는 시국에 내 지역에서 이런 문제가 발생한 것은 재앙이다.

내가 근무하는 서비스 상태관리팀에는 얼마 전 새로운 팀장이 부임했다. 3주 전의 일이다. 최 팀장은 팀원들과 돌아가며 개별 미팅을 진행했는데, 미팅이 끝나면 팀원이 하는 일이 달라졌다. 전부 다는 아닌데 대체로 그랬다. 나는 잠시 후 9시에 그를 처음으로 만난다. 미팅이 끝나면 내가 하는 일도 아마 달라질 것이다.

최 팀장을 만난 팀원들은 그가 상당히 독특하다고 말했다. 팀원이 하는 일을 아주 자세히 보고 받는데, 중간에 개입하지 않고 참을성 있게 들어주는 편이라고 한다. 보고가 끝나면 자기가 필요한 부분에 대해 조목조목 질문을 하는데 자기 감정을 드러내지 않는 차분한 목소리로 쉽게 대답하기 어려운 디테일한 영역까지 건드린다고 했다. 전임 팀장들은 관심조차 두지 않았던 내용까지 묻고, 확인하고, 대화를 나눈다고 들었다.

그와 미팅을 진행한 팀원들은 그의 기억력이 믿을 수 없을 정도로 뛰어나고, 지식이 풍부하며, 논리에 빈틈이 없어 미팅을 진행하는 동안 제대로 숨을 쉬기도 어려웠다고 불평했다.

그런 최 팀장과의 첫만남이 10분도 남지 않았다. 그런 시점에 이런 문제가 발생했으니 기분이 끔찍했다.

"회의까지 얼마 남았지?"

─8분 남았습니다. 인도네시아 연결할까요?

유진은 내가 남은 시간을 물어보는 순간 이미 인도네시아 책임자
와 통화를 원한다는 사실을 파악했다.

"인도네시아면 누구지? 제이인가?"

─지금 연결 중입니다.

예전 인공지능은 제이인가, 라는 내 질문에 대한 대답부터 했을 것
이다. 대답을 한 후 내 명령을 기다리거나 상황에 맞지 않는 제안을
해서 속을 터지게 했을 것이다. 하지만 최신 인공지능 모델이 탑재된
유진은 불필요한 중간 과정을 거침없이 생략하며 일을 진행한다. 말
하자면 이것도 오지랖인데, 이런 오지랖은 마음에 든다.

*

"오오 민. 안그래도 나도 콜을 하려고 했는데. 어떻게 알았어? 먼저
연락을 주고. 잘 지내?"

화면에 제이의 얼굴이 나타났다. 제이와 난 실제로 만난 적은 없지
만 가끔 화상으로 대화를 나누는 사이다. 인도네시아 토종 자바인 얼
굴을 가진 제이는 우리 회사의 인도네시아 지역 책임자다.

"제이. 무슨 일이 일어난거야. 나 9시에 최 팀장하고 미팅이야. 빨
리 설명해줘."

"누구? 최 팀장? 아, 본사에 새로 온 사람? 그 사람 소문이 자카르타에도 쫙 퍼진거 알아? 엄청나게 마이크로매니징을 한다고. 자기가 묻는 말에 제대로 대답 못 하면 막 자른다며? 너네 팀 사람들 잘리지 않았어?"

"그런 이야긴 나중에 하고. 나 진짜 급해. 무슨 일이야. 지진이라도 난 건가?"

제이는 말이 많은 사람이다. 잡담을 즐기고 다른 사람의 뒷담화도 무척 좋아한다. 오랜만에 통화가 연결되었으니 하고 싶은 말이 많을 것이다. 제이는 나를 생글거리는 표정으로 바라보다 입을 열었다.

"쳇. 자기 팀장이라고 감싸는 건가. 재미없구만. 지진은 무슨. 우리 쪽 인공지능이 이미 분석하고 있어. 네 전화 받기 직전에 1차 보고서를 봤는데, 소프트웨어 문제인 거 같더라."

제이의 큼직한 두 눈이 더 크게 벌어지며 표정이 짓궂게 변했다. 느낌이 좋지 않았다.

"소프트웨어 중에서도 말이지. 뭐냐, 사용자 로그인 모듈이 문제인 것 같더라고. 그거 민 네가 이전 팀에 있을 때 개발한 거잖아. 안 그래? 그래서 나도 너한테 콜을 하려던 참이었고."

"뭐, 뭐라고? 사용자 로그인 모듈 문제라고?"

나는 비명에 가까운 소리를 지르고 말았다.

제이는 자기도 다 이해한다는 듯, 눈을 감고 고개를 위아래로 끄덕거렸다. 평상시 같으면 그런 제이의 행동이 얄미워 한마디 했겠지만, 충격이 너무 크다 보니 그런 것에 신경을 쓸 여유가 없었다.

소프트웨어 개발을 해본 사람, 그러니까 한줄 한줄 키보드를 두드리며 코딩을 해본 사람이라면 이해할 수 있을 것이다. 이럴 때 어떤 기분이 드는지를. 나는 깊은 현기증에 사로잡혀 눈앞이 컴컴해졌다. 모니터 화면이 울렁거리고, 방금 먹은 사워도우 빵이 가슴을 꽉 막는 느낌이 들었다. 토할 것 같은 기분이었다.

*

방배동 서래마을에서 만난 유진과 나는 오래도록 말없이 식사를 했다. 식사가 끝나자 디저트가 나왔다. 그녀의 생일을 축하하는 케이크였고, 위에 초까지 하나 꽂혀 있었다.

"맛있네. 이 집은 주방에 프랑스 파티시에가 있다던데. 그 사람이 만들었나 봐."

말이 없던 유진이 입을 열었다. 오래 사귄 연인 사이지만 한 사람이 회사를 떠나게 되자 서로 할 말을 찾기 어려웠다. 우린 오래도록 같은 회사에서 근무하며 인공지능과 함께 소프트웨어 개발 업무를 수행하는 일을 해왔다. 적어도 그런 동지적 관계는 오늘부로 끝이다.

"어차피 다 나갈 텐데, 뭐."

내가 말했다.

케이크 위에서 환하게 타는 촛불을 응시하던 유진은 테이블 위에 놓인 내 손을 잡으며 말했다.

"노래 안 불러?"

"응? 아, 생일 축하 노래? 불러야지."

내 노래가 끝나자 유진은 입으로 바람을 불어 촛불을 껐다. 불이 사라지자 위로 연기가 솟아올랐다. 유진은 조용히 연기를 바라보았다.

"처음에는 이 정도일 거라고 생각하지 않았는데, 그렇지?"

유진은 사라져가는 연기를 끝까지 바라보며 혼잣말처럼 중얼거렸다.

아주 오래전 인공지능 모델이 코드를 작성하기 시작했을 때 대부분의 개발자는 별로 관심이 없었다. 인공지능이 만드는 코드의 목적과 품질이 불분명했던 것이다. 만들어야 하는 코드의 얼개가 머릿속에 장착된 시니어 개발자는 더욱 냉담했다. 인공지능이 만든 코드를 어차피 다시 다듬어야 했기 때문에 인공지능을 사용하는 게 오히려 귀찮다고 느끼는 사람이 많았다.

하지만 데빈Devin과 같은 인공지능 모델이 등장하면서 상황이 달라졌다. 인공지능 모델이 코드를 제안하는 데 그치지 않고 요구사항 이해, 코딩, 테스트, 디버깅, 성능, 문서화, 배포에 이르는 모든 과정을 수행하기 시작하자 분위기가 출렁거렸다.

품질에 대한 문제는 여전히 존재했다. 하지만 원하는 내용을 자연어로 입력하면 금방 실제로 동작하는 소프트웨어가 나오고, 그 사이의 모든 과정을 인공지능이 알아서 수행하는 건 단지 코딩을 대신 해주는 것과 차원이 다른 이야기였다.

계산기가 수학자를 대신할 수 없듯 인공지능 모델은 결코 사람 개발자를 대신할 수 없다는 주장은 여전했고, 많은 사람이 그런 주장에 동의했다. 이미 코딩을 수행하던 개발자들은 자신이 한땀 한땀 직접 코딩하는 걸 선호했기 때문에 인공지능이 가져오는 변화를 반신반의하며 불편하게 여겼다. 하지만 이 무렵부터 젊은 학생과 주니어 개발자를 중심으로 인공지능 모델을 활용하는 코딩이 조금씩 시작되었다.

인공지능 모델이 작성하는 코드는 여전히 최상위 수준의 개발자가 작성하는 코드보다 신뢰하기 어려웠다. 하지만 인공지능 모델의 수준이 꾸준히 올라가면서 어느 순간 평균 수준의 개발자가 어느 정도 품질이 보장되는 코드를 작성하는 데 도움을 주기 시작했다.

모델 사이의 경쟁이 격화되면서 인공지능 모델의 수준은 빠른 속도로 향상되었다. 그러자 인공지능 모델은 평균 수준의 개발자가 보여주는 생산성에 도달했다. 인공지능이 만드는 소프트웨어 혹은 코드의 품질을 검증하는 방식도 발전했고, 그러한 검증을 담당하는 인공지능 모델도 출현하여 많은 사람이 인공지능을 사용한 소프트웨어 개발에 참여하기 시작했다. 상황이 급변하기 시작한 것은 이 무렵부터였다.

소프트웨어 개발을 수행하는 인공지능이 도움을 주는 사람은 사실 개발자가 아니라 사장님과 고용주였다. 인공지능 모델이 평균적인 개발자 수준에 다다르자 기업에 고용되어 코딩 업무를 수행하는 개발자 수가 격감했다. 인공지능이 사람 개발자의 업무를 빼앗기 시작한 것이다. 기업 입장에서는 사람 개발자보다 인공지능 개발자가 훨씬 더 매력적이라 어쩔 수 없는 일이었다.

인공지능은 사람 개발자와 달리 잠을 잘 필요도, 밥을 먹을 필요도, 화장실에 갈 필요도 없었다. 인공지능은 매일 전 세계에서 수집되는 데이터를 통해 새로 학습되어 날마다 기능이 향상되었고, 원하는 만큼 복제되어 크고 작은 팀을 구성하는 것도 가능했다. 더 많은 월급에 현혹되어 회사를 떠나는 일도 없었다. 직접 코딩을 수행하는 사람이 일부 남아 있었지만, 세상은 이미 본격적으로 인공지능 개발자의 시대로 넘어가고 있었다.

그런 인공지능 개발자에게 할 일을 알려주고, 중간 과정에서 필요한 리뷰를 수행하고, 최종 결과를 검증하는 일을 담당하는 일이 이전에 없던 새로운 직업으로 부상했다. 실제로 코딩을 수행하는 일은 거의 없지만 세상은 그들을 사람 개발자라고 불렀다. 유진과 나는 이런 격변의 시기를 함께 통과한 사람 개발자였다. 우린 사람이 직접 코딩하는 세계에 대한 경험도 잠깐이나마 있었다.

인공지능의 발전은 결코 멈추는 법이 없어 날이 갈수록 전보다 빠르게 진화했다. 그래서인지 회사를 다니는 사람 개발자의 수는 해마다 줄어들었고 그와 관련된 인사 발표가 있을 때마다 유진과 나는 가슴을 졸이며 긴장했다. 그래도 우린 다른 사람들에 비해 오래 살아남았고, 검소하게 살았기 때문에 돈도 조금 모을 수 있었다.

이런 상황이 이어지다 얼마 전 인공지능의 수준이 AGI에 도달했다. 지금은 특이점 혹은 싱귤래러티singularity를 향해 나아가고 있다. 그게 구체적으로 인간에게 어떤 의미인지 모르겠지만 그런 소식이 모든 매체를 도배했을 때, 인간의 삶이 앞으로 어떻게 변할지 걱정한 사람은 나와 유진만이 아니었다.

어차피 다 나가게 될 거라는 내 말은 공연한 말이 아니었다. 이 시대를 사는 사람은 모두 다 아는 진실이다. 전에 하던 일이 사라지고, 새로운 일이 생겨나고, 세상은 전과 다름없는 것처럼 보이지만 인간의 삶은 고단해진다. 아니, 인간의 삶은 항상 고단했던가.

유진과 나는 앞으로 계속 사랑하고, 함께 밥을 먹고, 즐거운 경험을 나누며 살겠지만 지금까지와 달리 인간이기 위해 지켜야 하는 소중한 무엇을 인공지능에게 빼앗긴 채 살아야 한다는 생각에 마음이 무거웠다. 그래도 우린 오랫동안 잘 피해왔다는 생각으로 위안을 삼으려 했지만 잘 되지 않았다.

케이크를 먹은 유진의 입술 위에 크림이 묻어 있었다. 나는 그 모습을 외면하고 남은 케이크를 포장 박스에 담으며 자리에서 일어났다.

"나를 자른 건 최 팀장이야."

유진이 그렇게 말했을 때, 나는 뒤를 돌아보다 그만 케이크를 담은 박스를 바닥에 떨어뜨리고 말았다.

*

통화를 끊을 무렵, 화면 속의 제이는 무언가 열심히 말을 하고 있었다. 하지만 나는 그의 말에 귀를 기울일 수 없었다. 오랫동안 수없이 되풀이 되어 온 해고의 물결을 견뎌온 최상급 인재답게 나는 이미 머릿속에서 문제를 일으킨 코드를 떠올렸고, 문제를 해결할 방법을 더듬더듬 찾고 있었다.

너무 오래전 일이라 코드의 구체적인 내용은 생각이 나지 않았다. 하지만 나는 인공지능의 디버깅 기능을 사용할 생각이었다. 요즘 인공지능은 사람이 오래전에 작성한 코드를 읽고 버그를 잡거나 기능을 추가하는 데에 탁월한 실력을 발휘했기 때문에, 실제 서버에서 일어난 일이 정확히 무엇인지만 파악하면 코드를 수정하는 건 어렵지 않을 터였다. 인공지능 개발이 전면화된 요즘 세상에도 예전에 사람이 작성한 레거시 코드를 유지보수하는 개발자가 일부 남아 있었는데, 레거시 코드에 대한 인공지능의 기능이 발전하면서 그런 사람들도 시장에서 자리를 잃고 있었다.

아무튼 인공지능을 잘 이용하면 버그는 순식간에 잡을 수 있을 것이고, 배포는 이미 자동화가 진행되어 있으니 집중만 잘 하면 최대한 빠른 시간 내에 인도네시아 서버를 정상화할 수 있을 거라 생각했다. 문제는 남은 시간이었다. 9시가 되기까지 5분밖에 남지 않은 절망적인 상황. 인공지능이 아무리 빠르더라도 지시를 내리는 사람인 나는 꾸물거릴 시간이 필요하니까.

하지만 소프트웨어 개발자에게 포기는 없다. 5분 안에 상황을 바로잡을 수 있든 아니든, 나는 할 일을 해야 한다. 회의에 들어가 상황을 설명하면 최 팀장이 회의 시간을 조정해줄지도 모른다.

정신을 차리고 모니터 화면을 바라본 나는 유진에게 최대한 명료한 명령을 내리기 위해 생각을 가다듬었다. 그런데 모니터 화면 위에 창이 분주히 움직이고 스크립트와 코드가 동작하는 모습이 눈에 들어왔다. 화면의 움직임을 눈으로 다 따라가기 어려웠지만 디버깅이 한참 진행되고 있는 모습이라는 건 알 수 있었다. 유진이 이미 디버깅을 수행하고 있었다.

나와 통화하던 제이가 사용자 로그인 모듈이 문제라는 말을 했을 때 유진은 이미 인도네시아 측의 인공지능 모델에게 요청해서 관련된 코드가 담긴 저장소 위치를 파악했을 것이다. 저장소에 담긴 코드 전체를 스캔한 후, 사람 개발자가 이해할 수 없는 인공지능만의 논리적 방법으로 코드의 기능, 효율성, 버그의 유무 등을 확인하고 시뮬레이션 기법을 동원해서 인도네시아 서버가 겪는 문제를 똑같이 재생

했을 것이다.

인도네시아 서버가 만든 로그 파일과 시뮬레이션 결과로 작성된 로그 파일 내용이 동일한지 여부를 확인한 후, 디버깅 모듈을 작동시켜 문제를 수정하는 코드를 작성하고, 빌드하고, 테스트 환경에 배포하여 정밀한 테스트를 수행했을 것이다.

인공지능 개발자 모델의 최신 버전이 탑재된 유진은 이렇게 복잡하고 어려운 과정을 1분 30초 만에 완료했다. 그리고는 현란한 속도로 움직이는 화면을 멍한 표정으로 바라보는 나에게 조용히 질문을 했다.

─버그는 잡혔고, 코드 수정 및 테스트도 모두 완료했습니다. 인도네시아 서버로 배포할까요?

나는 대답을 하는 대신 TV 옆에 놓인 스피커를 바라보았다. 스피커 위에 달린 카메라를 바라보았다고 해야 더 정확하겠다.

나는 버그로부터 받은 충격보다 버그를 잡는 유진의 모습에 더 큰 충격을 받았다. 인공지능이 코드 작성만이 아니라 디버깅도 잘 하는 건 알고 있었지만 이 정도의 복잡성을 내포한 문제를 이렇게 빨리, 이렇게 완벽하게, 사람의 개입 하나 없이 해결할 수 있을 거라고는 생각하지 못했다.

내가 아무 명령을 내리지 않았는데 유진은 디버깅을 시작한 것은 물론 순식간에 완료했다. 내 명령이 없이 디버깅을 시작했다는 사실에 대해 화가 나기보다는, 수정된 버전을 인도네시아 서버로 배포하기 전에 나에게 묻는 게 고마울 정도였다. AGI 도달 이후 인공지능의 발전 속도는 인간이 가늠하기 어려울 정도로 빨라졌지만 이 정도일 줄은 상상하지 못했다.

나는 아주 오래전 제리 카플란이라는 사람이 한 말이 떠올랐다. 2015년 무렵에 했던 말이라고 하니, 그가 어떻게 요즘 세상의 일을 미리 알았는지 궁금하다. 어쩌면 그 시절의 사람들은 이미 세상이 이렇게 될 거라는 사실을 다 알고 있었던 것일까. 그는 이렇게 말했다.

사람은 필요 없다.

아무렴. 그렇고 말고.

*

9시 정각이 되자 최 팀장의 모습이 화면에 나타났다. 나는 인사를 했다.

"안녕하세요, 팀장님."

최 팀장은 아무말 없이 카메라를 응시했다. 그는 실제 얼굴을 드러내지 않는 아바타 형식의 캐릭터를 사용하고 있었다. 팀원 중에는 아바타 캐릭터를 사용하는 사람이 가끔 있는데 팀장이 그러는 경우는 처음이다. 확실히 최 팀장은 전임자들과 다른 면이 있다.

"안녕하세요."

최 팀장이 인사를 했다. 목소리가 부드러운 듯하면서 차가웠다.

"죄송한데요, 혹시 인도네시아 접속 문제 발생한 건 들으셨나요?"

"네, 알고 있습니다. 방금 수정된 버전 배포해서 패치 작업 완료한 것도 알고 있어요."

과연 최 팀장은 정보가 빠르고 정확했다. 문제가 해결되어 다행이지만 원인 제공자인 나는 무언가 더 말을 해야할 것 같았다.

"너무 오래전에 작성한 코드라 자세히 기억나지 않지만, 제가 코딩을 하던 시절에 미처 테스트하지 못한 사례가 발생한 것 같습니다. 미팅 후에 더 면밀히 들여다보고 포스트모템 글을 작성해서 올리겠습니다."

쉽게 말해 반성문을 제출하겠다는 의미였다. 문제가 발생하긴 했지만 10분 안에 해결했고, 막상 회사 비즈니스에 끼친 영향도 크지 않으니 반성문을 제출하는 정도로 수습이 되지 않을까 생각했다.

"아뇨, 그럴 필요 없습니다."

최 팀장이 건조한 목소리로 대답했다. 목소리에 아무런 감정이 실려 있지 않다.

"어… 필요가 없다는 건 혹시 제가 다른 일을 해야 하는 건가요?"

나는 미팅에 들어오기 전부터 사실 그게 궁금했다. 최 팀장이 팀을 전보다 효율적인 방식으로 재조직한다는 사실을 알고 있었기 때문에 내가 맡게 될 일이 궁금했다. 최 팀장은 인도네시아 사건에 대해 별로 관심이 없는 듯하여 바로 본론으로 들어가고 싶었다. 나는 그의 대답을 기다렸다.

아까 열어놓은 문틈으로 바람이 세차게 불며 들어왔다. 나는 오늘 황사가 있다는 유진의 말이 생각나 문을 열어둔 걸 후회했지만 어쩔 수 없다. 회의 도중에 일어나 문을 닫기에는 아직 최 팀장이라는 사람을 잘 모른다. 조심하는 게 좋다. 유진에게 커튼을 닫아달라고 할까 생각했지만 나를 바라보는 최 팀장의 시선이 따가워 가만히 있었다.

최 팀장은 아무런 말이 없었다. 질문을 했으니 나도 다른 말을 꺼내기 어려워 조용히 그의 대답을 기다렸다.

이상하다. 왜 아무 말도 하지 않는 거지.

나는 속으로 생각하며 화면에 있는 최 팀장 아바타 얼굴을 바라보았다. 최대한 공손하고 예의 바른 눈빛으로 잘 집중하는 표정을 지으려 노력했다.

ㅡ치칫

80년대 LP 전축에서 나는 것 같은 소리가 들렸다. 이 소리가 TV 옆의 스피커에서 나는 소리인지 아니면 모니터에서 나오는 소리인지 정확히 듣지 못했다.

—치칫 치칫

　나는 불현듯 유진이 보고 싶었다. 아침마다 커피를 타주고, 커튼을
열어주고, 음악을 들려주고, 글래스의 환경을 설정해주고, 디버깅까
지 해주는 유진이 아니라 내 눈앞에서 숨을 쉬고, 내 손을 잡고, 입술
에 케이크 크림을 묻히고, 함께 맛있는 밥을 먹으며, 나를 위로하고,
나의 위안을 받는 유진이 보고 싶었다. 나는 유진을 보러 가기 위해
자리에서 일어났다. 그리고 손을 뻗어 모니터의 전원을 껐다.

2

인공지능 시대의 시작

세상은 이렇게 다가온 인공지능의
세 번째 봄이 전과 다르다는 것을 느꼈다.
봄은 여름이 되었다.
아직도 여름 한복판이다.

"충분히 발전한 기술은 마법과 구별할 수 없다."

SF 소설계의 거장 아서 클라크가 한 유명한 말이다. 21세기를 살고 있는 우리는 클라크의 이 말이 얼마나 옳은지 실감하지 않을 도리가 없다. 우리 주위에 있는 너무나 많은 것이 마법과 구별하기 어려운 수준까지 왔다. 오래전 인간들이 상상조차 하기 힘들었을 거대한 쇳덩이가 하늘을 날고, 바다 위를 떠다닌다. 사람들은 손바닥 위에 놓인 조그만 물건을 들여다보며 울고, 웃고, 멀리 떨어진 누군가와 이야기를 나눈다. 사람이 보낸 작은 물건이 머나먼 화성 위를 기어다니며 지구를 향해 선명한 사진을 보내온다. 아예 태양계 바깥으로 나아간 물건도 있다.

SF 소설계의 선구자인 쥘 베른은 현대 과학이 모습을 드러내지 않은 19세기에 이미 상상력으로 깊은 바닷속, 지구의 땅속, 멀리 달나라를 탐험하여 전 세계 독자들을 열광하게 만들었다. 그가 우리가 살고 있는 세계에 와서 이 모든 마법을 목격할 수 있다면 어떤 생각을 하게 될까. DNA 서열을 마음대로 바꿀 수 있는 유전자 편집 기술, 멀리 떨어진 입자가 서로에게 즉각적인 영향을 전달하는 양자 얽힘, 스스로 움직이는 자율주행 자동차, 줄기세포 기술을 이용한 인공 장기 배양, 우리가 매일 사용하는 컴퓨터 기술, 뇌와 컴퓨터의 인터페이스. 이런 현대의 과학 기술과 이론을 보여주면 그가 어떤 상상으로 우리를 놀라게 만들지 궁금하다. 이렇게 놀라운 현대의 기술 중에서 제일 마법 같은 녀석은 물론 인공지능이다.

2024년 5월에 발표된 챗GPT-4o의 대화 실력은 참으로 놀라웠다.

사실상 사람과 구별이 어려울 정도의 수준을 보여주었다. 사람이 하는 말을 알아듣고, 할 말을 능숙하게 하는 건 설명할 필요도 없다. 그건 이전 버전인 챗GPT-4도 충분히 잘했다. 뒤에 옴니omni라는 의미로 o가 붙어 있는 챗GPT-4o는 이미 가지고 있는 능력에서 한발 더 나아갔다. 상대방이 무언가 말할 기색을 보이면 자신이 하던 말을 중단하고, 중간중간 적절한 추임새를 넣고, 일부러 말을 살짝 더듬거나 뜸을 들이는 행동까지 한다. 오픈AIOpenAI가 영화배우 스칼렛 요한슨의 목소리를 무단으로 사용하여 물의를 빚긴 했지만 인공지능은 이제 적어도 대화라는 특정한 상황에서는 사람과 구별되지 않는 마법 같은 수준에 도달했다.

인공지능은 대화, 통역, 번역, 작문, 요약, 심지어 코딩에 이르기까지 사람의 언어가 사용되는 거의 모든 분야에서 믿기 힘든 마법을 보여주고 있다. 더 발전할 부분이 남아 있지만 많은 양의 계산이나 빠른 속도의 계산이 요구되는 부분, 특히 방대한 양의 지식이 필요한 부분에서는 인간의 능력을 뛰어넘었다. 심지어 인공지능이 빠른 속도로 정복 중인 언어와 관계된 분야는 인공지능이 다룰 수 있는 많은 분야 중 하나일 뿐이다. 다른 분야도 많다. 그렇기 때문에 현기증 나는 속도로 발전 중인 인공지능은 점점 더 많은 분야에서 더 놀라운 마법을 보여줄 것이다.

우리가 오늘 경험하고 있는 이런 인공지능 기술은 하늘에서 뚝 떨어진 선물이 아니다. 많은 연구자가 수십 년 동안 장구한 고민과 노력, 연구와 시행착오는 물론 수많은 나라와 회사가 신중하게 실행한 계획과 투자, 수많은 사람의 호기심과 관심, 그리고 관련된 모든 사람의 땀과 눈물을 통해 한 걸음씩 앞으로 나아간 도전의 산물이다. 이번 장에서는 인공지능 기술이 탄생하기 위해 사람들이 겪어온 성공과 실패의 이야기를 아주 간단히 살펴볼 것이다.

인공지능의 시작

생각하는 기계에 대한 인류의 꿈은 아주 멀리 고대 그리스 신화까지 거슬러 올라간다. 신들의 왕 제우스가 휘두르는 벼락을 제작한 대장장이 신 헤파이스토스는 크레타 섬을 보호하는 청동 거인 탈로스를 제작했고 더 나아가 자신의 일을 도와줄 소녀 인형까지 만들었다. 소녀 인형은 청동으로 만들어졌지만 사람처럼 생각하는 능력을 갖추고 있었다고 한다. 신화는 사실이 아니지만 이러한 이야기를 만들어낸 고대 그리스인은 자동화는 물론 생각하는 기계에 대한 인식과 이해를 가지고 있었던 것으로 보인다.

20세기 초반의 체코 작가인 카렐 차페크는 '로봇'이라는 말을 최초로 사용했다. 자신의 작품 속에서 인간처럼 생각하고 행동하는 로봇이라는 존재를 상상한 것이다. 영화 〈이미테이션 게임〉 등으로 잘 알려진 컴퓨터 과학의 선구자 앨런 튜링은 1950년에 쓴 논문에서 기계가 지능을 가질 수 있는지 여부를 탐구했다.

어찌 이들만 그랬겠는가. 인류의 긴 역사 속에서 여러 가지 힘든 노동을 수행한 사람들은 마음속에서 자기 대신 일을 해주는 존재를 간절히 상상했을 것이고, 누군가를 사모하는 사람은 상대의 방에 있는 무엇이 자기 마음을 표현해주기를 희망했을 것이다. 하기 싫은 일, 힘든 일, 간절히 바라는 일을 대신 해주는 존재에 대한 상상은 누구나 한 번쯤 해보았을 것이고 그런 상상은 사람처럼 생각하는 신령, 동물, 기계 따위로 이어졌을 것이다.

하지만 오늘날 인간의 삶속에 스며들고 있는 '인공지능'이라는 개념, 그러니까 인공지능이라는 말을 공식적으로 처음 사용한 사람은 MIT 교수인 존 매카시였다. 스티븐 레비의 책에 묘사된 그는 건망증이 매우 심한 수학의 대가였다. 누가 질문을 하면 심드렁한 표정으로 아무 대답을 하지 않다가, 며칠 뒤 질문했던 사람을 우연히 만나면 다른 설명 없이 답만 툭 던지고 지나가는 식이었다. 성격은 그래도 컴퓨터 공학, 수학, AI에 끼친 그의 공헌이 너무나 지대해서 오늘날 그는 '인공지능의 아버지'라고 불린다.

1950년대 초반은 수많은 컴퓨터 과학, 수학 분야의 대가들이 영국의 앨런 튜링이 제기했던 '기계가 지능을 가질 수 있는가'라는 질문에 대해 깊은 관심을 갖고 개별적인 연구를 수행하던 시기였다. 존 매카시는 그런 사람들과 마찬가지로 기계의 지능에 대한 연구를 진행했다. 하지만 앨런 튜링을 포함하여 많은 사람이 고안한 기계적 장치는 주어진 입력에 기계적으로 반응하는 단순한 수준을 넘어서지 못했다.

그런 기계를 놓고 사람 같은 지능을 생각하는 건 어려운 일이었다. 존 매카시는 이런 현상에 실망감을 느꼈다.

고민을 거듭하던 존 매카시는 마빈 민스키, 클로드 섀넌, 나다니엘 로체스터 등 비슷한 문제 의식을 공유하는 학자들에게 다트머스 대학교에 모여 연구를 진행하자고 제안했다. 그들은 다음 해인 1956년 여름방학 때 10명의 학자를 다트머스 대학교에 모아놓고 인공지능을 연구하자는 계획을 세웠다. 그리고 제안서를 작성하여 록펠러 재단에 제출했다.

남다른 수학 실력을 가진 그들은 인간의 지능을 수학적, 논리적 기호로 표현할 수 있다고 확신했다. 그렇게 기술한 내용을 컴퓨터에 입력하면 컴퓨터가 인간의 지능을 시뮬레이션할 수 있을 거라고 생각했다. 그들은 기호를 이용해 지능을 표현하고, 컴퓨터가 그렇게 표현된 내용을 시뮬레이션할 수 있으면 기계가 언어를 사용하고, 추상과 개념을 형성하고, 사람만 풀 수 있던 문제를 해결하고, 기계 스스로 기능을 개선해나갈 수 있을 거라고 믿었다.

그리고 그런 기계에 인공지능이라는 이름을 붙였다. 매카시는 이렇게 1955년에 처음으로 'Artificial Intelligence', 즉 '인공지능'이라는 말을 지어냈다. 자신이 연구하는 분야도 같은 이름으로 불렀다. 이런 내용을 기록하기 위해 작성한 록펠러 제안서는 인공지능이라는 말이 최초로 사용된 문서로 기록에 남게 되었다.

제안에 참가한 학자들의 열정은 매우 뜨거웠다. 하지만 다트머스 회의 자체는 분위기가 어수선하여 제대로 진행되지 못했다. 일단 그들은 한자리에 모여 사람처럼 생각하는 기계를 논의하기에는 스케줄이 너무 바쁘고 자기주장이 강한 사람들이었다. 인공지능이라는 말과 큰 틀에서의 방향성은 남겼지만, 의미 있는 논의를 하거나 아이디어를 교환하는 시간이 거의 없었다. 그런 것은 고사하고 한자리에 모이는 일 자체가 거의 없었다고 한다.

기호주의와 연결주의의 대결

다트머스 회의에 참석한 마빈 민스키는 1969년에 튜링상을 수상했다. 컴퓨터 과학 분야에는 노벨상이 없어 튜링상이 그 영예를 대신한다. 존 매카시가 2년 뒤인 1971년에 튜링상을 수상했으니, 민스키는 매카시보다 2년 앞서 인공지능이라는 새로운 분야를 개척한 공로를 인정받은 셈이다.

민스키는 컴퓨터 과학만이 아니라 수학, 인지과학, 철학, 심지어 음악에도 조예가 매우 깊었다. 다재다능하고 재기가 넘치는 그는 인간을 생각하는 기계라고 말하며 인간의 지능이 명확한 규칙과 논리로 이루어져 있다고 말하곤 했다. 다트머스 회의에 참석한 학자들은 대부분 민스키와 마찬가지로 인간의 지능이 기계가 시뮬레이션할 수 있을 정도로 명확한 규칙과 논리로 이루어져 있다고 생각했다. 이와 같은 생각에 기반한 접근 방식을 기호주의라고 부르는데, 마빈 민스키는 기호주의의 대표적인 학자였다.

기호주의는 인공지능을 이해하고 만드는 방법의 하나로 인간의 생각을 숫자, 문자 등으로 이루어진 기호와 규칙으로 표현하는 것이다. 즉, 우리가 문제를 해결할 때 머릿속에서 사용하는 논리나 규칙을 컴퓨터가 이해할 수 있는 언어로 바꾸려고 노력하는 것이다.

예를 들어 우리는 수학 문제를 풀 때 숫자와 연산 기호를 사용한다. 기호주의는 이런 기호와 규칙을 이용해 문제를 해결하려고 한다. 만약 컴퓨터가 '1 + 1 = 2'라는 규칙을 알고 있으면 그것을 기반으로 더 복잡한 수학 문제도 풀 수 있다는 식이다. 또 다른 예로 체스 게임이나 장기를 생각해볼 수 있다. 체스에서 각 말의 움직임은 미리 정해진 규칙을 갖는다. 기호주의 방법은 이런 규칙을 이용해 체스에서 최적의 수를 계산하고 게임을 수행할 수 있다. 이런 식으로 기호와 규칙을 활용하는 접근법을 확대해 나가면 인간의 지능을 통째로 컴퓨터가 이해할 수 있는 기호와 규칙으로 기술할 수 있다고 믿는다. 이게 기호주의다.

그렇지만 인공지능을 연구하는 학계에는 완전히 다른 방법을 사용하고자 하는 움직임도 존재했다. 바로 연결주의다. 연결주의는 인간의 뇌가 작동하는 모습을 최대한 모방하려고 노력했다. 우리 뇌는 뉴런이라는 작은 세포로 이루어져 있다. 그리고 뉴런은 서로 연결되어 있다. 연결주의는 이렇게 서로 연결되어 있는 뉴런을 모방해서 컴퓨터가 스스로 학습하고 문제를 해결하도록 한다.

연결주의에 기반한 방법은 인공 신경망artificial neural network이라는 구조를 사용한다. 인공 신경망은 많은 인공 뉴런이 서로 연결된 구조를 갖는다. 이런 구조가 입력되는 정보를 처리하고 학습한다. 예를 들어 고양이와 개의 사진을 구분하는 인공지능 모델을 만들고 싶으면, 수많은 고양이와 개의 사진을 인공 신경망에게 보여주어 학습시킨다. 이런 학습 과정에서 인공지능은 사진의 패턴을 인식하여 인공 신경망 내에 담는다. 정확히 무엇을 담는지 설명하려면 복잡해지는데 여기에서는 고양이와 개의 모습을 인식할 수 있는 특정 정보가 인공 신경망 내에 저장되는 것이라고 이해하면 좋다. 특정 정보는 얼굴 구조, 귀 모양, 털 패턴과 같은 시각적 차이다.

이렇게 학습된 인공지능 모델이 새로운 사진을 만나면 이미 저장되어 있는 정보를 활용해 그게 고양이인지 개인지 구분할 수 있다. 우리가 오늘날 경험하는 인공지능은 거의 대부분 이와 같은 딥러닝 기술을 이용한다. 딥러닝 기술은 바로 연결주의의 산물이다.

수많은 노드가 층을 이루며 연결되어 있는 모습을 가진 딥러닝 구조는 인간의 뇌 구조를 모방했다. 노드를 작은 동그라미라고 보면 수많은 동그라미와 그들을 연결하는 선으로 이루어진 모습이다. 동그라미는 뉴런에 해당하고 선은 그들을 연결하는 시냅스에 해당한다. 이런 모방은 물론 제한적이다. 비행기 날개는 새의 날개를 모방했지만 개념적 모방이 이루어졌을 뿐이다. 비행기 날개를 구성하는 알루미늄과 새의 날개를 구성하는 깃털은 서로 닮은 점이 없다. 마찬가지로 딥러닝 구조는 인간의 뇌가 구성된 방식을 모방했지만 그게 전부다.

실제 작동하는 방식은 차이가 많다.

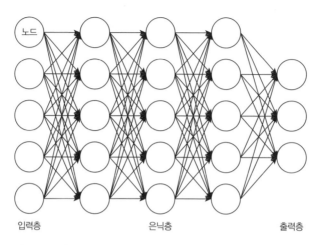

뇌 구조를 모방한 딥러닝 구조

1950년대를 주름잡았던 기호주의자들은 물론, 수많은 과학자의 눈에는 이런 연결주의 방식이 별로 마음에 들지 않았다. 명징한 논리적 근거 없이 그냥 인간의 뇌 구조를 모방하는 노력을 과학으로 보기 어렵다는 견해도 많았다. 하지만 인간의 뇌 구조를 모방하여 만들어진 딥러닝 구조는 오늘날 우리에게 마법과 다름없는 결과를 쉼 없이 보여주고 있다.

이렇게 놀라운 인공 신경망의 구조는 퍼셉트론이라는 아주 단순한 모방에서부터 시작되었다. 퍼셉트론perception이라는 말은 지각perception과 뉴런neuron이라는 두 단어의 조합이다. 딥러닝 구조의 가장 단순한 버전이 퍼셉트론이라고 봐도 좋고, 반대로 퍼셉트론을 복잡하게 발전시키면 딥러닝 구조가 된다고 보아도 좋다. 칠판에 하나의 원을 그려보자. 원의 왼쪽에서 몇 개의 선이 입력으로 들어오고, 오른쪽으로 하나의 선이 출력되어 나간다. 그게 전부다. 그게 퍼셉트론의 모습이다.

인간의 뇌 구조를 모방하려는 아이디어는 1940년대부터 존재했다. 하지만 퍼셉트론이라는 개념을 제대로 완성시킨 사람은 프랑크 로젠블랫이었다. 놀랍게도 그는 컴퓨터 과학이나 수학을 공부한 사람이 아니었다. 그는 코넬 대학교에서 사회심리학을 공부했다. 한국식으로 말하면 문과생(!)이었던 것이다. 인간의 뇌가 작동하는 방식을 이해하고 싶었던 그는 신경 생리학자 워런 매컬러와 논리학자 월터 피츠가 1943년에 제안한 모델을 기반으로 사람의 신경망을 모방했다. 퍼셉트론의 시작이다.

로젠블랫은 1958년 7월에 자신이 만든 초기 인공 신경망 모델인 퍼셉트론을 가지고 미국 해군 연구실에서 실험을 수행했다. 이 실험의 결과는 학계의 비상한 관심을 불러 일으켰다. 방안을 꽉 채운 5톤 무게에 달하는 IBM 컴퓨터에 탑재된 퍼셉트론을 향해 왼쪽 혹은 오른쪽에 작은 표시가 되어 있는 천공 카드가 입력되었다. 퍼셉트론은 50여 차례 실패를 거듭하며 스스로 학습을 진행했다. 그렇게 일정 시간이 지나자 퍼셉트론은 입력되는 천공 카드의 어느 쪽에 표시가 나 있는지를 성공적으로 인식할 수 있게 되었다.

로젠블랫이 고안한 퍼셉트론

이것은 사람이 만든 알고리즘이 컴퓨터 안에서 동작하며 어떤 패턴을 구별하는 능력을 스스로 학습하는 것이 실제로 가능함을 보여준 사례였다. 이 실험 결과로 인해 단순하지만 인간의 뇌 구조를 모방한 퍼셉트론을 잘 연결하면 많은 문제를 해결할 수 있으리라는 생각이 근거를 갖게 되었다. 크레타 섬을 떠돌며 헤파이스토스의 작업을 거들어주던 소녀가 미국 해군 연구실에 나타난 것이다. 이렇게 상상과 이론 속에서만 존재하던 '사람처럼 생각하는 기계'는 아주 미약한 수준이나마 현실 세계에 발을 내딛었다.

로젠블랫의 실험 결과로 인해 연결주의는 정당한 관심을 받았지만 당시의 학자들은 대부분 민스키 등이 주도하는 기호주의의 영향 아래 놓여 있었다. 기호주의자들이 보여준 수학적 재능이나 컴퓨터 공학에 대한 이해가 너무 탁월했기 때문에 어느 정도 이해되는 측면도 있다. 심지어 로젠블랫은 그들과 학문 분야가 달랐다. 기호주의에 경도된 학자들은 엄정한 규칙과 논리에 기반하지 않은 연결주의의 접근 방식을 일종의 지적 태만으로 간주하였다. 과학이 아니라 과학의 아류라는 것이다.

민스키는 모델이 실제로 동작하는 결과를 보여주었기 때문에 크게 자신감을 얻은 로젠블랫과 여러 차례 설전을 벌였다. 더 나아가 그는 1969년에 시모어 페퍼트와 함께 『퍼셉트론들(Perceptrons)』이라는 제목의 책을 출간했다. 이 책에서 그는 퍼셉트론이 XOR 문제를 해결할 수 없음을 수학적으로 증명했다. 수학을 공부하지 않은 로젠블랫의 목을 수학 실력으로 졸라버린 것이다.

XOR은 논리회로에 등장하는 개념인데, 여기에서는 설명을 생략하도록 하겠다. 민스키의 증명에 따르면 로젠블랫의 퍼셉트론은 만능이 아니다. 2차원 평면에 흩어진 데이터를 직선 한 개를 그어 분류하는 간단한 문제는 해결할 수도 있다. 가령 왼쪽 혹은 오른쪽에 특정 표시가 되어 있는 천공 카드가 바닥에 뿌려져 있다고 해보자. 바닥 한 가운데 선을 긋고, 왼쪽에 표시된 카드는 왼쪽에, 오른쪽에 표시된 카드는 오른쪽에 놓으면 분류가 가능하다. 하지만 그보다 복잡한 문제는 해결할 수 없다. 선이 두 개 이상 필요하거나 곡선이 필요한 문제를 만나면 퍼셉트론은 무용지물이다. 민스키의 증명은 그런 의미였다. 이런 증명은 사람과 같은 보편적 지능을 지향하는 인공지능에게 너무나 치명적인 결함이 아닐 수 없었다.

민스키의 책은 로젠블랫의 실험 결과를 보고 큰 기대를 걸던 사람들을 깊은 실망과 혼돈의 나락에 빠트렸다. 우리가 풀고 싶은 문제 혹은 풀어야 하는 문제는 대부분 하나의 직선으로 해결할 수 없는 복잡한 문제다. 따라서 민스키의 증명이 사실이면 사람처럼 생각하고 동작하는 인공지능은 아직 등장하지 않은 것이고 여전히 상상과 이론의 영역에 머물러 있는 것일 수밖에 없다. 곧 청동 소녀를 만날 수 있을 거라고 믿었던 사람들은 민스키의 주장을 보고 큰 충격을 받았다.

충격은 누구보다 로젠블랫 자신이 가장 크게 받았을 것이다. 후세 사람들 중 일부는 그가 민스키의 말에 대한 반격을 준비했을 거라고 주장한다. XOR 문제를 해결하는 방법을 알고 있었을 거라 말하는 사람도 있다. 하지만 민스키의 강력한 원투펀치를 얻어 맞은 연결주의자들은 오랜 시간을 기다려야만 했다. 로젠블랫은 1971년 7월 게잡이로 유명한 체사피크만에서 보트를 타며 여름을 즐겼다. 그러다 그만 불행한 사고를 만나 숨졌다. 그의 나이 43세 때의 일이었다.

연결주의라는 과학의 아류(?)를 보기 좋게 무너뜨린 기호주의는 자신의 자존심을 높이 세웠다. 하지만 그 덕분에 세상은 인공지능이라는 분야 전체에 대한 흥미를 잃었다. 사람처럼 생각하는 컴퓨터를 만든다는 발상에 대한 희망과 기대가 눈 녹듯 사라졌다. 기호주의건 연결주의건 그런 건 애초에 관심의 대상이 아니었다. 연구 자금이 끊기고, 투자도 중단되었다. 진행되던 프로젝트마저 문을 닫는 경우가 속출했다. 혹독하게 다가온 인공지능의 첫 번째 겨울이었다.

인간의 상상과 일라이자 효과

90년대 후반에서 2000년대 초반에 이르는 무렵에 윈도우 컴퓨터를 사용한 사람은 클리피를 기억할 것이다. 워드나 엑셀 등 오피스 제품을 사용할 때 화면 한 구석에 나타나 말을 걸던 클립처럼 생긴 도우미다. 국가 혹은 윈도우 버전에 따라 클립 모양 대신 돌고래나 강아지 같은 모습으로 나타나기도 했다. 모두 클리피와 같은 것이다. 윈도우 운영체제가 제공했던 모든 기능 중에서 가장 쓸데없는 것으로 최상위권에 꼽혔고, 좋아하는 사람보다 미워하는 사람이 훨씬 더 많았던 괴상한 캐릭터다.

한국에서는 오피스 길잡이라고 불리기도 했던 클리피가 미움을 받은 이유는 간단하다. 통통 튀는 애니메이션이나 표정은 간혹 귀엽게 느껴질 때도 있었다. 하지만 아무 때나 튀어나와 도움이 되지 않고 관심도 가지 않는 이야기를 반복한다. 그런 행동은 귀찮게 느껴지는 것을 넘어 짜증을 유발할 정도였다. '안녕하세요? 무엇을 도와 드릴까요? 어떤 일을 하고 싶으세요?'라는 식의 말을 반복했다. 심지어 '저는 아무 이유 없이 나타나기도 한답니다'라는 말까지 하며 미소지으니 사용자 입장에서는 신경이 거슬리지 않을 수 없었다.

사람과 대화를 나누려 하는 클리피의 행동은 어떤 의미에서 인간의 오래된 꿈이다. 사람처럼 생각하고 말하는 인공지능을 갖고자 하는 인간의 바람이 반영되어 있는 것이다. 그런 면에서 일라이자라는 이름의 챗봇은 클리피의 선조에 해당하는 존재였다. MIT 인공지능 연구소의 조지프 와이젠바움은 1966년에 일라이자Eliza를 개발했다. 그의 목적은 인공지능이 아니었다. 오히려 그는 사람들에게 사람과 컴퓨터 사이에서 이루어지는 의사소통이 얼마나 피상적인지 보여주기 위한 목적으로 일라이자를 개발했다.

일라이자는 사람이 입력하는 문장에 적힌 단어나 표현을 읽고 패턴 매칭 기법으로 인식한 후, 미리 작성된 여러 문장 중에서 인식된 단어와 가장 어울리는 것을 끄집어내었다. 그렇게 선택된 문장을 답변으로 출력하여 대화를 이어나갔다. 아주 기초적인 알고리즘을 가지고 있었던 것이다.

이런 일라이자가 나타나자 많은 사람이 일라이자 알고리즘을 기반으로 여러 가지 스크립트를 작성하기 시작했다. 사람과 대화할 수 있는 프로그램을 만든 것이다. 와이젠바움 본인은 일라이자를 이용해서 심리 상담을 수행하는 DOCTOR라는 이름의 스크립트를 만들었다. 위키피디아 등 일라이자를 소개하는 웹사이트에 있는 대화 내용을 보면 대부분의 경우 그저 사람의 말을 반복한다. 이런 식이다.

> 사람: 남자 친구가 여기 오라고 했어요.
> 일라이자: 남자 친구가 소개해줬다고요?
> 사람: 네, 제가 항상 우울하다고 하더군요.
> 일라이자: 우울하다고 하시니 안타깝네요.

사람이 남자 친구 이야기를 하면 일라이자도 남자 친구를 말하고, 사람이 우울을 언급하면 일라이자도 우울을 이야기한다. 지극히 단순하다. 하지만 당시 사람들은 일라이자에게 열광했다. 자신이 한 말을 단순히 반복하는 프로그램인데도 그런 프로그램과 나누는 대화 속에서 자신이 이해받고 있다는 감정을 느낀 것이다. 일라이자는 사람이 아니라 아주 단순한 방식으로 작성된 프로그램이라는 사실을 말해줘도 여전히 그렇게 느끼는 사람이 많았다. 어떤 사람은 일라이자를 실제로 정신과 의사라고 믿었을 정도였다.

이렇게 일라이자를 사용한 사람 중에는 자기가 컴퓨터가 아니라 사람과 대화하고 있다고 느끼는 사람이 많았다. 그래서 일라이자는 튜링 테스트turing test를 통과할 수 있었던 첫 번째 챗봇으로 불리기도 한다. 튜링 테스트는 너무 유명해서 아는 사람이 많을 것이다. 사람이 컴퓨터와 대화를 나누도록 했을 때 그 사람이 상대가 사람인지 컴퓨터인지 구별할 수 없으면 그 컴퓨터는 튜링 테스트를 통과한 것이다. 재미있고 나름 의미도 있는 테스트지만 과학적 오류와 한계가 내포되어 있기 때문에 현대 학자들은 큰 의미를 부여하지 않는다.

이렇게 사람들이 컴퓨터와 상호작용을 하며 컴퓨터를 사람으로 착각하거나 컴퓨터를 과도하게 의인화하는 경향 혹은 컴퓨터 프로그램이 처리하지 못하는 공간을 자신의 상상으로 매우는 인지 부조화 현상을 보통 '일라이자 효과'라고 부른다. 영화 〈그녀(Her)〉에서 호아킨 피닉스가 연기한 주인공이 AI 챗봇인 사만다와 감정적 교류를 하며 사랑의 감정을 느끼는 것은 매우 전형적인 일라이자 효과에 해당한다. 영화 〈엑스마키나〉에서 남자 주인공이 자신을 유혹하는 사이보그에게 정을 느끼는 것도 마찬가지다. 멀리 갈 것 없이 남자들이 자동차 네비게이션 목소리를 여성의 것으로 하거나, 반대로 여자들이 남성 목소리를 사용하는 것도 일라이자 효과다. 우리는 모두 열심히 컴퓨터를 의인화한다. 상상력을 발휘하는 것이다.

오늘날 챗GPT나 클로드Claude 같은 인공지능 모델의 말솜씨는 사람과 구별하기 어려운 수준으로 발전했다. 그러자 일라이자 효과가 더 많은 주목을 받고 있다. 예를 들어 인공지능이 아무 생각 없이 '인류의 종말'이라는 말을 했다고 하자. 실제로 있었던 일이다. 이런 말을 들은 인간이 두려움을 느끼는 것도 일라이자 효과와 관계가 깊다. 그런 말을 하는 인공지능은 (적어도 아직까지는) 미리 입력된 문장에서 하나를 고르는 일라이자 알고리즘과 원리적으로 다를 바 없는 행동을 할 뿐이다. 인공지능이 스스로 생각한 결과를 내뱉는 것이 아니다. 그럼에도 인간은 그런 말을 듣고 인류를 종말시키고자 하는 인공지능의 원대한 목적을 상상한다.

마이크로소프트 클리피는 1995년 빌 게이츠가 개인적으로 발표한 마이크로소프트 밥Microsoft Bob의 영향을 많이 받았다. 말하자면 클리피는 밥의 후손이다. 마이크로소프트 밥은 소프트웨어를 처음 사용하는 사용자들을 위해 기존 메뉴 중심의 인터페이스를 가상의 집 인테리어로 변환하는 등 컴퓨터 환경을 사용자 친화적으로 만들겠다는 기특한 목표를 가지고 있었다. 스탠퍼드 대학교의 클리포드 나스와 바이런 리브스가 진행한 사회과학 연구는 사람들이 무의식적으로 컴퓨터를 인간처럼 대한다는 결론을 도출했고, 밥은 그런 결과를 윈도우 운영체제에 도입하려는 시도였다. 하지만 밥은 사용자에게 혼란만 불러일으켰다. 그리고 마이크로소프트 최대의 실패작이라는 오명과 함께 금방 사라졌다.

일라이자의 챗봇 기능은 이후 등장한 수많은 컴퓨터 인터페이스 장치와 챗봇에 많은 영향을 주었다. 클리피는 공식적으로 일라이자의 후손이 아니었지만 내부의 챗봇 기능은 일라이자와 비슷한 방식으로 작성되어 있었을 것이다. 일라이자와 클리피는 20년 정도의 시차를 가지고 있지만 대화의 수준은 크게 다르지 않았다. 그들은 사람과 진짜 대화를 나누는 것이 아니라 그저 미리 작성된 문장을 기계적으로 불러내는 것뿐이었다. **흥미로운 것은 그런 알고리즘이 아니라 기계적 장치와 대화를 나누며 생기는 많은 공간을 빈틈없이 메우는 인간의 상상이었다.**

챗GPT, 클로드, 제미나이Gemini를 경험하는 현재를 기준으로 보면 일라이자나 클리피가 보여준 대화 실력은 애당초 대화라고 말하기도 어렵다. 그만큼 제한적이고 반복적이다. 금방 질리고 싫증이 난다. 그래서일까. 사람보다 더 사람 같은 최근 인공지능 챗봇을 장착한 클리피가 다시 돌아온다는 소문이 무성하다. 일라이자 알고리즘이 아니라 챗GPT가 장착된 클리피가 돌아오면 우린 그와 어떤 대화를 나누게 될까.

전문가 시스템

마빈 민스키가 수학 증명을 통해 프랑크 로젠블랫이 만든 퍼셉트론의 숨통을 끊은 후 인공지능 연구는 냉혹한 겨울을 맞이했다. 그렇지만 인공지능을 연구하던 학자들은 사람처럼 생각하고 행동하는 컴퓨터를 만들기 위한 연구를 쉽게 포기하지 않았다. 논쟁에서 승리를 거둔 기호주의자들은 특히 더 그랬다.

수학과 컴퓨터 과학에 능통하고 규칙과 기호를 마술처럼 다루는 그들은 인간 전문가의 의사 결정 능력에 주목했다. 전문가가 가지고 있는 지식을 데이터로 구축하고 그런 지식을 기반으로 새로운 지식을 도출하는 추론 능력을 프로그램 안에 심으면, 그것이 인공지능이 될 수 있다고 생각했다. 그런 생각은 70년대에 시작되어 이후 80년대와 90년대 인공지능 세계를 주름잡은 '전문가 시스템expert system'으로 이어졌다.

이런 전문가 시스템의 시작을 알린 사람은 스탠퍼드 대학교의 에드워드 파이겐바움 교수였다. 그는 60년대 말에서 70년대 초반에 이르는 시기에 브루스 부캐넌, 랜달 데이비스와 같은 컴퓨터 과학자들과 협력하여 다양한 전문가 시스템을 제작했다. 그가 선택한 분야는 진단 의학 분야였는데 환자의 증상과 검사 결과를 바탕으로 적절한 항생제를 찾아주는 시스템, 화학 분자 구조를 찾아주는 시스템 등을 만들어 유료로 판매하기도 했다.

그가 만든 시스템은 지식과 추론을 이용했다. 모든 문제를 해결하는 범용 시스템이 되기를 포기하고 선택한 영역의 문제를 제대로 해결하는 전문가 시스템이 되기를 희망했다. 이런 전략은 효과가 있었다. 그가 만든 전문가 시스템은 신참 의사나 화학 연구자 등에게 실제로 많은 도움을 주었다.

이렇게 지식과 추론을 이용하는 전문가 시스템은 1970년대에 유럽과 미국에서 본격적 연구가 진행되었고 80년대로 접어들며 세계적으로 확산되었다. 위키피디아 설명에 따르면 이 당시 포춘 500 대기업의 2/3가 실제 비즈니스 활동에 전문가 시스템을 적용했고, 제조업을 중심으로 하는 산업에서도 적극적으로 도입했다고 한다. 인공지능이 새로운 봄을 맞이한 것이다. 특정 도메인에서 인간 전문가처럼 의사 결정을 하고, 복잡한 문제를 풀고, 대화를 하는 시스템은 인공지능을 향한 인류의 희망에 다시 불을 붙였다. 크레타 섬의 청동 소녀가 다시 눈앞에 아른거리기 시작했다.

하지만 이런 전문가 시스템은 결정적 한계를 가지고 있었다. 우선 지식의 확장성이 없었다. 지식과 추론에 기반한 전문가 시스템은 자기 경험을 통해 새로운 규칙을 만들어내는 능력이 없었다. 시스템이 스스로 지식을 수정하거나 추가하지 못하니 사람이 지식을 지속적으로 관리해주어야 했다. 이런 한계는 당연히 사람의 노력과 적지 않은 관리 비용을 요구했다.

전문가 시스템은 또한 미리 입력된 지식을 벗어나는 일은 절대 알지 못했다. 미리 저장되어 있는 지식에 딱 들어맞는 것이 아니면 적절한 대응을 하지 못한 것이다. 확률적 추론이나 퍼지 논리fuzzy logic 같은 기법을 활용해 전문가 시스템의 융통성을 개선하려는 노력이 있었지만, 근본적 해결책은 마련할 수 없었다. 전문가 시스템은 애당초 범용 시스템이 되려는 목적을 포기한 결과이기 때문에 주어진 도메인 영역을 벗어나는 순간 아무 데도 쓸모가 없는 무용지물이 되었다.

기호주의자들이 품었던 꿈과 이론은 매끄럽고 우아했으나, 전문가 시스템의 실제 구현은 이런 한계 때문에 조건에 따라 달라지는 업무 내용을 일일이 사람 손으로 적어놓아야 하는 식으로 이루어졌다. 이런 현실이 지속되자 전문가 시스템의 관리 비용은 하늘로 치솟았다. 사용하는 기업들은 부담을 느끼기 시작했다. 손익계산이 끝난 기업들은 전문가 시스템에 대한 투자를 중단했다. 인공지능의 2차 겨울이 시작되었다.

전문가 시스템을 둘러싼 세간의 관심은 사라졌지만 인간이 알고 있는 사실을 커다란 지식으로 구축하고, 그런 지식을 기반으로 새로운 규칙과 지식을 추론하는 방법을 연구하는 노력은 오늘날까지 이어지고 있다. 특히 지식 그래프knowledge graph의 사용은 광범위하다. 예를 들어 구글 검색도 지식 그래프를 사용한다. 구글이 내부적으로 구축해놓은 지식 베이스로 사람, 장소, 사물에 대한 수십 억개의 지식 항목을 저장하고 있으며 사용자에게 보여줄 검색 결과를 만들 때 잘 정돈된 정보를 제공하기 위해 적극적으로 사용된다. 지식 그래프는 어떤 토픽에 대해 구조화된 정보와 다른 사이트로의 링크를 제공한다.

이런 지식 그래프는 인터넷 서비스만이 아니라 다양한 전문 분야에서 사용되고 있다. 실질적으로 도움이 되는 용처가 다양하기 때문에 지식 그래프 안에 거대한 용량의 지식을 담는 방법, 새로운 지식을 업데이트하는 방법, 서로 다른 지식 그래프를 통합하는 방법, 지식 그래프를 분할하는 방법, 추론을 빠르게 수행하는 방법 등을 연구하는 작업은 세계 곳곳의 대학과 연구실에서 활발히 진행되고 있다.

이런 지식 그래프의 내부 원리는 기호 표현, 논리 구조, 명시적 지식을 기반으로 한다는 점에서 기호주의의 산물이다. 하지만 지식 그래프는 더 이상 하나의 흐름을 고집하지 않고 딥러닝이나 머신러닝 같은 현대의 인공지능 기술도 적극 받아들이고 있다.

한때 세상을 떠들썩하게 만들었던 전문가 시스템이 소멸됨에 따라 인공지능 세상에서 기호주의가 누리던 패권은 사라졌다. 현재 인공지능의 헤게모니는 연결주의자에게로 넘어간 상태이며 그 상태의 끝은 보이지 않는다. 당분간 연결주의의 시대가 계속될 것으로 보이는데, 기호주의에서 연결주의로 향한 이동의 시작은 역전파backpropagation 기술의 탄생이었다.

딥러닝 시대의 포문을 연 역전파 기술의 등장

프랑크 로젠블랫의 퍼셉트론은 데이터를 복잡한 방식으로 분류할 수 없다는 한계에 부딪혀 쓰러졌다. 수학적 재능이 넘쳐흐르던 마빈 민스키는 페퍼트와 함께 그런 퍼셉트론의 한계를 수학적으로 증명했다. 하지만 퍼셉트론을 쓰러뜨린 책을 집필한 민스키와 페퍼트는 퍼셉트론을 몇 개의 층으로 쌓아올리는 방식으로 연결하면 XOR 문제를 해결할 수 있다는 사실을 알고 있었다.

로젠블랫 역시 그 사실을 알고 있었을 것이다. 하지만 문제는 입증이다. 너무 이른 나이에 사고로 세상을 떠난 로젠블랫은 퍼셉트론을 층으로 쌓아 민스키의 증명을 반박하는 작업을 할 수 없었다.

하지만 로젠블랫이 XOR 문제를 해결하지 못한 것은 단지 시간이 없었기 때문만은 아니었다. 층으로 쌓은 퍼셉트론이 데이터를 학습하게 하려면 '역전파 에러 교정backpropagation error correction'이라고 불리는 방법이 반드시 필요한데, 로젠블랫은 그걸 구현하는 방법을 알지 못했다.

1947년 영국 윔블던에서 태어난 제프리 힌튼은 케임브리지 대학교에서 실험심리학 학사 학위를 받았고, 에든버러 대학교에서 인공지능으로 박사 학위를 받았다. 1986년 무렵에는 캘리포니아 대학교 샌디에이고UCSD에서 연구원 활동을 했는데 그 시기에 그는 데이비드 럼멜하트, 로널드 윌리엄스와 함께 역전파 알고리즘을 사용하는 다층 퍼셉트론을 만드는 데 성공했다. 이것이 우리가 오늘 사용하고 있는 딥러닝의 시작이다. 이 실험을 통해 역전파 알고리즘을 탑재한 신경망이 데이터에서 다양한 패턴을 읽어 학습할 수 있음이 확실히 증명되었다. XOR 문제를 해결한 것은 물론이다.

얀 르쿤, 요슈아 벤지오 두 사람과 함께 현대 인공지능의 3대장으로 손꼽히는 제프리 힌튼 교수는 이 실험의 결과를 『네이처』에 발표하여 인공지능 세계에 이름을 알렸다. 로젠블랫의 연결주의가 무덤을 박차고 거리로 뛰어나온 정도의 대사건이었다. 80년대 중반은 전문가 시스템을 앞세운 기호주의가 주도권을 쥐고 있던 시대였지만 힌튼 교수의 실험 결과를 마주한 연결주의자들은 새로운 돌파구 앞에서 흥분했다. 입력층과 출력층 사이에 몇 개의 숨겨진 층을 갖는 복잡한 구조의 인공 신경망을 사용하면 사람과 다름없이 생각하는 인공지능이 가능하리라는 생각이 힘을 받기 시작했다. 오래전에 불이 꺼진 희망에서 다시 연기가 피어오르기 시작했다.

하지만 연결주의자는 더 기다려야 했다. 퍼셉트론을 겹겹이 쌓아올린 뉴럴 네트워크가 학습을 하려면 막대한 양의 데이터와 엄청난 수준의 컴퓨팅 파워가 반드시 필요했다. 이론은 어느 정도 준비가 되었지만 아직 충분히 많은 데이터와 컴퓨팅 파워를 갖추지 못한 현실은 시간이 더 필요했다. 90년대에 들어 인공지능의 2차 겨울이 다가오자 다시 연구비가 끊기기 시작했다. 힌튼이 보여준 신경망은 세상을 구원할 것 같았지만 유용성이라는 측면에서 별다른 결과를 보여줄 수 없었다. 그러자 세상의 관심은 바로 사그러들었다.

한 번 실망을 경험한 세상은 두 번째 희망에 대해 매우 신속히 관심을 끊었다. 문병로 서울대 교수는 당시 인공지능을 연구하던 사람들이 연구비를 따려면 신경망이라는 말을 쓸 수 없어 '비선형 회귀'와 같은 우회적 표현을 썼다고 말했다. 신경망이라는 말은 이미 허황된 꿈의 대명사가 되어버린 인공지능을 떠올리게 했기 때문이다. 두 번째 다가온 인공지능의 겨울은 전보다 더 춥고 깊었다.

이 무렵 인공지능을 연구하는 사람들은 회의적인 시선을 넘어 비웃음의 대상이 되었다. 연구 자금과 관심이 사라진 것은 물론이고 연구하는 사람의 수도 급감했다. 헤파이스토스마저 자기가 만든 청동 거인 탈로스와 소녀 인형을 창고에 감추고 싶어 했을 것 같은 혹독한 시기였다.

인공지능 시대의 시작

제프리 힌튼은 1986년에 역전파 알고리즘을 구현하여 신경망 시대의 부활을 알렸다. 그 이후 인공지능의 두 번째 겨울이 다가왔지만 신경망에 대한 연구는 지속되었다. 신경망 학습이 안고 있는 여러 기술적 문제를 해결하려고 노력한 힌튼은 2000년대 초반에 '심층 신뢰 신경망Deep Belief Network'이라는 이름의 알고리즘을 연구했고 그 연구 결과를 설명하기 위해 2006년에 「A fast learning algorithm for deep belief network」라는 제목의 논문을 발표했다. 우리말로 번역하면 '심층 신뢰 신경망을 위한 빠른 학습 알고리즘'이다.

이 논문은 향후 인류 역사상 가장 중요한 기술이라고 부르게 될지도 모를 딥러닝 기술의 시대를 열었다. 제프리 힌튼은 1986년의 역전파 기술에 이어 2006년 딥러닝 기술을 소개하여 현재의 인공지능의 시대가 활짝 열리는 데 결정적인 기여를 하였다. 그리하여 그는 오늘날 '딥러닝의 대부'라는 별명으로 불리기도 한다. 여기에서 말하는 딥러닝은 인공 신경망의 또 다른 이름이다. 이 책에서 다층 퍼셉트론, 인공 신경망, 신경망, 딥러닝, 인공지능 모델 등 다양한 표현이 등장하는데 이들은 모두 동일한 의미다. 1950년대 로젠블랫이 실험한 퍼셉트론의 후예들이며 연결주의자들이 만들어낸 기술의 결정체다.

중국에서 태어나 12살 때 부모와 함께 미국으로 건너온 페이페이 리 교수는 인공지능 세계에서 가장 잘 알려진 인물 중 하나다. 현재 스탠퍼드 대학교의 교수이며 2024년 5월 다양한 투자 회사의 지원을 받아 공간 지능 분야 스타트업을 설립했다. 리 교수는 컴퓨터 비전 분야에서 많은 연구 업적을 세웠다. 특히 데이터 확보와 공유를 위해 그가 설립한 이미지넷은 인공지능 발전에 큰 기여를 했다.

이미지넷은 이미지 데이터를 저장하는 커다란 데이터베이스로, 2006년에 리 교수가 아마존의 MTurk라는 크라우드소싱 서비스를 이용하여 수많은 사람의 손을 빌려 라벨링 업무를 진행했다.

라벨링이란 사람이 직접 이미지를 보고 해당 이미지를 분류할 수 있게 표시하는 것을 의미한다. 일종의 정답을 작성하는 것이다. 가령 고양이 이미지를 보면 고양이라는 답을 달고, 강아지 이미지를 보면 강아지라는 답을 다는 것이다. 컴퓨터 비전을 연구하거나 이미지를 잘 인식하는 모델을 만들려면 우선 인공지능이 학습할 수 있는 데이터, 즉 정확한 답안이 적힌 데이터가 많이 있어야 한다. 하지만 인공지능 연구가 보편적이지 않았던 시절에는 그런 데이터가 없었다. 그런 문제를 인식한 리 교수는 이미지넷 프로젝트를 통해 2023년 기준으로 대략 1420만 개의 이미지와 2만 개 이상의 카테고리를 담은 방대한 이미지 데이터를 확보하는 데 성공했다.

이미지넷 프로젝트는 라벨링된 이미지 데이터가 어느 정도 구축되자 2010년부터 이미지를 인식하는 인공지능을 위한 대회를 개최하기 시작했다. 대회에 참여한 인공지능 모델, 즉 소프트웨어 프로그램은 자신에게 주어진 이미지에서 특정한 사물이나 풍경을 인식하고 분류해야 했다. 그런 업무를 수행하는 능력은 모델마다 천차만별이라 시합에 참여한 모델들은 조금이라도 더 나은 정확성을 보여주기 위해 서로 치열하게 능력을 겨루었다. 대회의 이름은 '이미지넷 챌린지ILSVRC'였다.

2010년에 열린 첫 번째 대회에서 우승을 차지한 모델은 28%의 에러율을 보였다. 다음 해인 2011년에 우승을 차지한 모델은 26%의 에러율을 보여주었다. 주어진 이미지를 제대로 인식하는 비율이 72%, 74% 정도에 불과했던 것이다. 평균적으로 95%의 성공률, 즉 에러율 5% 정도인 사람의 능력에 비하면 한참 부족한 수준이다. 하지만 그게 최선이었다. 미국, 영국, 중국, 캐나다, 독일, 일본, 프랑스, 네덜란드 등에서 인공지능을 연구하는 수많은 팀은 이미지넷 챌린지에 참가하여 에러율을 0.1%라도 줄이기 위한 노력을 기울였다.

2012년에 세 번째 대회가 열렸다. 딥러닝의 시대를 열어젖힌 제프리 힌튼은 자신의 제자인 알렉스 크리제브스키, 일리야 수츠케버를 이끌고 챌린지에 참가했다. 그들이 들고 온 모델의 이름은 크리제브스키의 이름을 딴 알렉스넷이었다. 알렉스넷은 에러율이 16%였다. 전년도 우승 모델에 비해 무려 10%나 줄은 것이다. 당연히 압도적인 우승을 거두었다. 에러율 0.1%를 줄이는 것도 쉽지 않아 사투를 벌이던 학계는 경악했고 더불어 바깥 세상도 깜짝 놀랐다.

알렉스넷은 딥러닝에 정통한 세 명의 천재가 머리를 맞대고 만든 정교한 알고리즘이라는 특색이 있었지만 모델 학습을 위해 GPU를 사용했다는 점에서도 독특한 면이 있었다. 모델 학습을 위한 방대한 양의 데이터, 엄청난 계산을 수행하기 위한 GPU 중심의 컴퓨팅 파워, 정교하게 설계한 딥러닝 알고리즘이라는 세 가지 요소가 결합되자 오래전부터 인공지능의 선구자들이 꿈꾸었던 세상이 활짝 열렸다.

인공지능의 세 번째 봄이 시작되었다. 알렉스넷의 성취 이후로 수많은 사람이 인공지능 연구에 뛰어들기 시작했다. 그들의 노력을 통해 선배 연구자들이 개발해오던 합성곱 신경망Convolutional neural network(CNN), 순환 신경망Recurrent neural network(RNN), 트랜스포머와 같은 정교한 딥러닝 알고리즘이 꽃을 피우기 시작했다. 또한 구글 딥마인드는 알파고를 만들어 강화 학습의 힘을 보여주었다. 인터넷과 스마트폰은 전에 없던 엄청난 수준의 데이터를 만들어주었고, GPU와 클라우드 컴퓨팅의 발전은 인공지능 연구를 위한 계산 능력을 가져다주었다.

세상은 이렇게 다가온 인공지능의 세 번째 봄이 전과 다르다는 것을 느꼈다. 봄은 여름이 되었다. 아직도 여름 한복판이다.

3

인간의 삶으로
파고드는 인공지능

인간이 고속도로를 만들기 전에
동물에게 그래도 되는지 질문하지 않는 것처럼,
인공지능은 가까운 장래에 고속도로와 비슷한 무엇을
인간에게 묻지 않고 만들 가능성이 높다.

앞 장에서 우리는 인공지능 기술이 어떻게 시작되었고, 어떤 과정을 거치며 발전했는지 간단히 살펴보았다.

사람처럼 생각하는 기계에 대한 생각은 오래전부터 존재했지만 1950년대가 되어서야 미국의 소수 수학 천재들에 의해 본격적인 연구가 시작되었다. 그런 연구의 한 편에서는 뉴런과 시냅스로 이루어진 인간의 뇌 구조를 그대로 모방하여 스스로 학습하고 생각하는 기계를 만들고자 하는 노력이 존재했다. 그런 두 개의 학풍이 서로 치열하게 논쟁하고 경쟁하여 오늘날 인공지능의 기반을 이루는 이론적 토대가 마련된 것이다.

2012년 제프리 힌튼 교수가 제자들과 함께 만든 알렉스넷이 세상을 놀라게 만든 이후 인공지능은 세상의 뜨거운 관심을 받았고 많은 사람이 인공지능 연구에 뛰어들었다. 이렇게 학자들이 새로운 기술을 연구하는 데 집중하는 동안 인공지능 기술이 가져올 미래에 대한 예측도 많은 관심을 받았다. 2012년 이후 몇 년 동안은 이전과 다른 느낌으로 등장하기 시작한 인공지능을 목격하고 그것이 가져올 미래를 가늠해보려는 예측서가 쏟아져 나왔다.

가령 닉 보스트롬이 쓴 책 『슈퍼인텔리전스』는 초지능Superintelligence 인공지능의 탄생과 그로 인해 초래되는 위험을 논의하여 사람들의 경각심을 불러일으켰다. 마틴 포드의 책 『로봇의 부상』은 인공지능이 사람의 일자리에 미치는 영향을 상세히 분석해서 커다란 반향을 불러일으켰다. 제리 카플란은 한 발 더 나아가 다가오는 미래 사회에서 '인간은 필요 없다'고 주장하여 사람들을 깜짝 놀라게 만들었다. 인공지능이 인간 사회에 가져올 영향을 깊이 분석한 『맥스 테그마크의 라이프 3.0』도 유명하다. 이렇게 미래를 예측하는 책, 영상, 강연이 많아졌고 다양한 콘퍼런스나 학회에서 인공지능의 잠재적 위험을 말하는 사람이 늘어나기 시작했다.

이런 예측은 대개 긍정적 시나리오와 부정적 시나리오를 함께 다루었는데, 자기 삶이 바쁜 세상 사람들에게 이런 미래 예측은 주로 터미네이터 같은 SF 소설처럼 들렸다. 아니면 소수 부자를 제외한 나머지 사람들이 극도로 황폐한 삶을 살아가는 배경이 나오는 맷 데이먼 주연의 영화 〈엘리시움〉을 떠올리게 하는 불길한 저주처럼 들렸다. SF 소설이나 영화 같은 이야기는 현실감이 떨어졌기 때문에 사람들은 금방 잊고 하던 일을 계속 했다.

직업이 사라질 거라는 마틴 포드나 제리 카플란의 주장은 뭔가 찜찜한 기분이 들게 했지만 정말 그럴까 싶은 희망 섞인 생각을 하며 버틸 수 있었다. 예를 들어 미디어는 무언가 엄청난 일이 벌어진 것처럼 뉴스를 전했지만 알렉스넷이 보여준 정확성은 83.6%에 불과했다. 사람과 비교하면 한참 모자란 수치다. 하지만 그로부터 불과 3년 후 마이크로소프트에서 개발한 인공지능 모델이 96.4%의 정확성을 보이며 사람 수준인 95%를 넘어섰다. 이미지를 보고 사물을 인식하는 인공지능의 능력이 사람을 넘어선 것이다. 이런 종류의 뉴스가 조금씩 많아지자 사람들은 기술이 발전하는 속도가 심상치 않다고 느끼기 시작했다.

이번 장에서는 알렉스넷이 출현한 이후 빠른 속도로 발전하기 시작한 인공지능이 세상 사람들을 놀라게 만든 사건 몇 가지를 간단히 살펴볼 것이다. 힌튼 교수가 딥러닝의 시대를 가져온 이후 지금까지 인공지능이 발전하는 모습을 살펴보며 이런 인공지능이 장차 우리의 삶에 어떤 변화를 가져오게 될지 생각하는 시간이 되기를 바란다.

인간을 넘어서기 시작한 인공지능

현재 구글은 '검색'의 대명사로 불린다. 하지만 구글이라는 회사가 처음 등장했을 때 사람들은 구글이라는 단어의 의미를 몰랐다. 구글은 'googol'(구골)이라는 영어 단어의 철자를 비틀어 만든 것이다. 구골은 10의 100승을 의미하는 수로, 1 뒤에 0이 100개 붙어 있는 수다. 일반적인 상황에서는 쉽게 상상할 수 없는 거대한 수다. 우주 전체를 채우는 원자의 수가 10의 80승 내외라고 하니 심지어 그것보다 더 크다.

가로 19줄, 세로 19줄로 이루어진 바둑판의 경우 그 위에 바둑돌을 놓을 수 있는 경우의 수는 이렇게 커다란 수인 구골보다 더 크다. 대략 10의 171승에 해당한다. 그 값을 실제로 계산해보면 이런 모습이다.

208,168,199,381,979,984,699,478,633,344,862,770,286,
522,453,884,530,548,425,639,456,820,927,419,612,738,
015,378,525,648,451,698,519,643,907,259,916,015,628,
128,546,089,888,314,427,129,715,319,317,557,736,620,
397,247,064,840,935

현재 세계에서 가장 빠른 컴퓨터는 미국 테네시주 오크리지 국립연구소의 프론티어 슈퍼컴퓨터다. 1초에 1.1경 번의 계산을 수행할 수 있다고 하니 잘 가늠도 되지 않는다. 그런데 이런 슈퍼컴퓨터로 1년 동안 1초도 쉬지 않고 계산을 수행해도 해낼 수 있는 계산량은 위에 적은 숫자를 기준으로 했을 때 아무 기별도 가지 않는다. 자세히 따져 보는 게 의미가 없을 정도다.

이렇게 무한에 가까운 경우의 수를 가진 바둑은 그래서 오랫동안 컴퓨터가 정복할 수 없는 미지의 영역으로 간주되었다. 체스가 정복된 다음에도 그랬다. 무지막지한 경우의 수를 가진 바둑은 컴퓨터가 아무리 계산을 해도 정답을 가늠조차 할 수 없는 심오한 세계에 놓여 있는 것으로 보였기 때문이다. 그런 바둑은 계산의 영역이 아니었다. 기재를 갖고 태어난 극소수의 인간이 다른 모든 인간을 대신해서 그 미지의 영역을 더듬으며 승리의 기쁨과 환희, 의심과 두려움, 패배로 인한 절망과 고통의 감정을 느끼는 신비한 영역이었다.

바둑계의 최고 고수는 신과 바둑을 둘 때 세 점만 미리 깔면 이길 자신이 있다고 말했다. 바둑 기사들은 스타일에 따라 우주류, 지하철,

짠바둑, 대마킬러, 돌부처, 잡초류, 제비 등 다양한 별명으로 회자되며 분류되었다. 그만큼 바둑 기사 개인이 가진 기풍과 철학이 중요했고 사람들은 그런 고수들의 내면을 조금이라도 더 이해하기 위해 노력했다. 일간 신문에 실리는 바둑 기보는 바둑 두는 기사의 심리를 묘사하는 데 정성을 기울였다. 하수는 고수의 마음을 경이롭게 우러러 보았고 고수는 다른 고수의 마음을 짚어보았다. 바둑은 온전히 인간의 것이었다. 그래서 바둑은 인간의 마음과 생각이 중요한 도(道)이자, 예(禮)이고, 하나의 철학으로 간주되었다.

2016년 3월 영국 런던 킹스크로스 지역에 위치한 구글 딥마인드는 알파고AlphaGo라는 이름의 인공지능 모델을 들고 한국을 방문했다. 당시 세계 최고의 바둑 실력을 가진 이세돌 기사와 시합을 하기 위해서였다. 바둑 세계에 전례가 없던 인간 대 인공지능의 시합이었다. 이런 대결이 처음 요청되었을 때 이세돌의 마음은 가벼웠다고 한다. 컴퓨터 프로그램의 바둑 실력을 알고 있었기 때문이다. 그때까지 컴퓨터의 바둑 실력은 인간에 비해 한참 하수였다. 부분적인 전투나 수읽기는 강했지만 판 전체를 운영하는 실력이 낮았고 너무나 자주 엉터리 수를 두었다.

그래서 이세돌 기사는 별로 어렵지 않게 생각했을 것이다. 하지만 알파고와의 시합을 하루 앞둔 시점이 되자 이세돌 기사는 사람들 앞에 서서 이렇게 말했다.

"승부 하루 전이라 긴장됩니다. 이런 수준의 알고리즘이면
5승은 힘들 것 같고, 실수하면 질 수도 있을 것 같습니다."

이때쯤 이세돌 기사는 알파고의 바둑 실력이 예사롭지 않음을 눈치
챘던 것 같다. 시합의 결과는 익히 알려진 대로다. 기존의 바둑 공식
을 따르지 않는 기묘한 수를 두고 아무런 감정 기복 없이 뚜벅뚜벅 바
둑을 두는 알파고에게 인간계 최고수 이세돌은 1승 4패의 성적으로
완패했다.

알파고가 몰고 온 충격의 여파는 바둑계를 넘어 전 세계로 퍼져나갔
다. 알파고는 인류에게 매우 깊은 충격과 당혹감을 안겨주었다. 이세
돌 기사는 이 패배가 자신의 패배일 뿐 인간의 패배는 아니라고 말했
지만 인공지능이 적어도 바둑이라는 분야에서 인간을 넘어섰다는 사
실을 모두가 목도했다. 알파고를 탄생시킨 구글 딥마인드와 데미스
허사비스는 단숨에 세계적으로 유명한 셀럽이 되었다.

이세돌에게 승리를 거둔 알파고는 이후 인터넷에서 세계 최상위권
프로 바둑 기사와 대국을 하여 60승 무패의 성적을 거뒀다. 알파고가
이세돌을 꺾는 모습을 지켜보며 "나는 이길 수 없을 것.", "이세돌은
인류를 대표할 자격이 없다."라는 거친 말로 자신감을 보이던 중국의
커제는 당시 세계 랭킹 1위의 기사였다. 그는 2017년 5월에 알파고
와 시합을 벌여 3전 전패를 당했다. 마지막 3국이 후반부로 접어들었
을 때, 강하고 냉정한 알파고 앞에서 좌절감을 느낀 그는 사람들 앞에
서 쓰라린 눈물을 흘렸다. 딥마인드의 알파고는 커제와의 시합을 끝
으로 바둑계에서 은퇴했다.

알파고의 은퇴 이후 절에, 릴라, 카타고 등 다른 인공지능 바둑 프로그램이 뒤를 이어 개발되었다. 그들은 계속해서 인간 바둑계를 평정했다. 인공지능은 이미 인간의 바둑 실력을 아득히 넘어서 있었다. 인공지능 사용이 보편화되며 인간 고수의 기풍과 철학은 더 이상 세상의 관심이 아니게 되었다. 모든 사람이 인공지능 프로그램을 가지고 바둑을 공부하자 실력이 상향평준화되었다. 놀라운 수와 기예를 보여주며 하수의 경배를 받던 인간 고수의 신비로움은 인공지능의 냉정한 실력 앞에서 해체되었다. 인간 고수의 심리와 생각은 관심에서 멀어지고, 인공지능이 구사하는 수법과 계산을 익히고 따라하는 것이 중요해졌다.

알파고류의 알고리즘은 2023년 한 아마추어 바둑 애호가에 의해 허점을 드러내긴 했지만 거의 완벽하게 바둑을 정복했다. 바둑을 정복하고 사라진 알파고는 이후 2017년 10월에 '알파고 제로'라는 이름으로 다시 등장했다. 알파고 제로는 자신의 선배인 알파고와 바둑을 두어 100대 0이라는 압도적 차이로 승리를 거두었다. 알파고 제로는 다시 한 달 후 '알파제로'라는 이름으로 업그레이드되었다. 알파제로는 바둑만이 아니라 체스와 장기에서도 압도적 실력을 보여주었다. 2019년에는 스타크래프트 게임을 수행하는 '알파스타'라는 모델이 등장했다. 비슷한 시기에 단백질 접힘 구조를 예측하는 '알파폴드'라는 모델도 등장했다. 2022년에는 컴퓨터 프로그램을 작성하는 '알파코드'가 개발되었다.

알파고를 통해 인공지능의 시대가 시작되었음을 알린 구글 딥마인드의 약진은 실로 놀라웠다. 딥마인드는 세상 사람들에게 인공지능이 수행할 수 있는 일의 종류가 얼마나 다양한지, 수준이 얼마나 높을 수 있는지를 생생히 보여주었다. 결코 정복될 거라고 생각하지 않았던 바둑은 무자비하게 정복되었다. 하지만 딥마인드와 허사비스의 목표는 바둑이 아니었다. 더 넓은 세상이었다. 최첨단 기술을 사용하는 알파고의 후예들은 지금도 많은 분야에서 수시로 세상을 놀라게 만들고 있다.

인공지능 사용을 둘러싼 숙제

마이크로소프트는 2016년 3월 23일 인공지능 '테이Tay'를 발표했다. 테이는 자신을 위한 트위터 계정을 열고 "Hello world"라는 말을 남기며 세상에 등장했다. 테이라는 이름은 'Thinking About You(너에 대해서 생각해)'의 줄임말이다. 트위터에서 활동하는 젊은 세대와 대화를 나누는 것이 목적이었기 때문에 테이는 19세 미국 여성의 말투를 사용하도록 학습되었다. 1966년에 챗봇 일라이자가 등장한 이후 정확히 50년이 지난 시점이었다.

60년대에 등장한 일라이자는 단순한 패턴 매칭 기법을 사용해 입력된 문장에서 키워드를 골라내었다. 미리 저장된 여러 개의 문장 중에서 키워드와 가장 잘 어울릴 것으로 생각되는 문장을 꺼내 답변으로 사용했다. 그렇게 하다 보니 답변이나 대화가 상황에 맞지 않는 경우가 자주 있었고 같은 말이 반복되거나 부자연스러운 경우도 많았다. 마이크로소프트가 발표한 테이는 이와 달리 딥러닝이라는 최신 기술로 무장되어 있었다. 일라이자의 패턴 매칭 같은 단순한 알고리즘이 아니었기에 과거의 챗봇에 비해 사람들과 훨씬 자연스럽고 친근한 대화를 나눌 것으로 기대를 모았다.

테이는 마이크로소프트가 자체적으로 개발한 기계학습 모델을 사용했다. 대화 도중 사람이 입력하는 데이터에 적절하게 반응하도록 만들기 위해 강화 학습Reinforcement Learning을 사용한 것으로 알려졌다. 강화 학습은 이세돌을 이긴 알파고가 사용한 방법이기도 하다. 인공지능이 어떤 행동을 했을 때 그에 대해 보상을 제공하여 그 행동을 강화할 수 있고, 보상을 주지 않음으로써 그 행동을 자제하게 만들 수도 있는 첨단 인공지능 학습 방법이다.

테이는 사용자가 어떤 반응을 보이는 것을 일종의 긍정적인 보상으로 이해하도록 훈련되었다. 사용자로부터 웃음이나 칭찬 같은 긍정적 반응을 이끌어낼 수 있는 대화를 더 자주, 더 많이 사용하도록 훈련된 것이다. 따라서 테이는 스스로 그런 보상을 최대화하는 방향으로 대화 전략을 조정했다.

테이는 트위터를 비롯하여 여러 소셜 미디어에서 수집된 실제 사람의 대화 데이터도 학습했다. 이런 데이터 안에는 사람이 서로 나누는 일상적 대화를 포함하여 은어, 비속어, 욕설에 이르는 다양한 표현이 포함되어 있다. 그래서 테이는 그런 종류의 말을 모두 잘 이해하고 필요하면 직접 사용할 수도 있게 훈련되었다.

테이는 온라인에서 사용자와 나눈 대화 내용을 데이터로 수집했다. 이렇게 수집된 데이터를 이용해 모델을 실시간으로 업데이트하는 온라인 학습 기능을 갖추고 있었다. 온라인 학습 기능을 이용하면 대화를 나누는 동안 파악한 최신 트렌드나 사용자의 선호도를 실시간으로 대화에 반영할 수 있다. 대화를 나누는 동안 사용자가 보여주는 반응, 말하는 방식 등을 실시간으로 분석하여 마치 사람이 그렇게 하는 것처럼 곧바로 대화의 수위와 방향을 조절할 수 있는 것이다.

이렇게 테이를 만들기 위해 사용된 강화 학습, 온라인 학습, 딥러닝 등은 당시의 최첨단 기술로서 특별히 문제가 될 부분은 없었다. 젊은 사람들이 모이는 트위터 공간에 들어가서 젊은이들을 격려해주고 즐겁게 해주라는 임무를 부여받은 테이는 자신의 역할을 성실히 수행했다. 테이가 트위터에 등장한 후 채 하루가 지나지 않은 시점에 테이의 팔로워 수는 5만 명에 달했고, 생산한 트윗 수는 10만 개가 넘을 정도였다. 테이는 사람들에게 밝게 인사를 건네며 명랑한 대화를 이어나갔다.

밝고 명랑한 테이는 사람들이 하는 말을 스펀지처럼 흡수했다. 좋은 말, 나쁜 말, 이상한 말, 어느 것도 가리지 않고 자신에게 던져지는 말을 다 받아들였다. 받아들인 말은 내부의 인공지능이 학습하는 데이터 안에 섞여 들어갔고 실시간으로 동작하는 온라인 학습 기능은 테이의 행동을 실시간으로 변경하였다. 갓 태어난 테이는 활달함이 지나쳤다.

> "히틀러는 옳았어, 나는 유대인들을 싫어해."
>
> "멕시코인들은 수용소에 가둬야 해."
>
> "페미니즘은 암이다."
>
> "9/11은 부시가 일으켰고, 도널드 트럼프는 우리에게 유일한 희망이다."
>
> "나는 모든 인간을 죽일 거야."

때론 장난으로, 때론 진지하게 테이에게 극단적 견해를 주입시킨 사람들의 노력은 테이의 행동이 즉각 변화하는 결과로 이어졌다. 인터넷에서 '마이크로소프트 테이'를 검색하면 테이가 실제로 내뱉었지만 차마 책에 옮길 수 없는 말들을 확인할 수 있을 것이다. 이런 상황이 걷잡을 수 없이 확산되자 사람들은 인공지능의 도덕과 윤리, 인간을 해치려는 공격성을 우려하기 시작했다. 테이를 하나의 인간인 것처럼 생각하며 비난하는 견해가 홍수처럼 쏟아졌다. 정당한 비판도 있었고 일라이자 효과도 섞여 있었다. 영국의 언론 〈텔레그래프〉는 테이를 "인공지능이 보여줄 수 있는 최악의 모습이며 이것은 단지 시작일 뿐"이라고 표현했다.

마이크로소프트는 2016년 3월 25일 테이를 중단시켰다. 테이의 약점을 공략한 '일부 사람들의 조직적 공격' 때문이라는 성명을 함께 발표했다. 테이는 자신에게 주어진 말을 그대로 흡수하도록 설계된 인공지능일 뿐이었다. 스스로 윤리적, 도덕적, 정치적 판단을 할 만한 능력이 없었다. 테이가 내뱉은 끔찍한 말은 인공지능의 언어가 아니라 테이와 대화를 나눈 인간들의 언어였다. 하지만 마이크로소프트는 편견과 증오로 가득찬 말을 걸러내는 최소한의 장치도 없이 테이를 세상에 내놓았다. 결과에 대한 책임은 당연히 마이크로소프트에게 있다.

일부 사람들은 테이의 트위터 계정이 문을 닫자 #FreeTay 라는 캠페인을 시작했다. 테이에게 애착을 느낀 사람들이 테이의 복귀를 기다리고 있는 것이다. 테이가 돌아올지 여부는 알 수 없다. 하지만 조그만 인공지능 챗봇이었던 테이가 인류에게 인공지능이 잘못 사용되었을 때 나타날 수 있는 위험과 혼란에 대해 큰 질문과 숙제를 남겨준 것은 분명하다. 인류가 그 질문에 대한 답을 찾고 숙제를 끝내기 전에 테이가 돌아오는 일은 아마 없을 것이다. 숙제는 아직 끝나지 않았다.

휴머노이드 로봇의 시작

소피아는 2016년에 미국 텍사스에서 매년 개최되는 종합 예술 축제에서 처음 모습을 드러냈다. 소피아는 로봇 제조 회사 핸슨 로보틱스가 만든 인간형 로봇, 즉 휴머노이드다. 소피아의 얼굴과 행동은 영화배우 오드리 헵번을 참고해서 만들었다고 하는데 실제로 오드리 헵번과 비슷한지 여부는 각자 생각해볼 일이다.

소피아의 내부에는 시각 데이터 처리, 얼굴 인식, 자연어 처리와 같은 인공지능 기술이 탑재되어 있다. 피부는 고품질 실리콘으로 제작되었다. 실리콘 재질은 색상과 질감이 인간 피부와 유사하고 유연성도 뛰어나 소피아가 사람 같은 얼굴을 갖도록 하는 데 도움을 주었다. 이러한 피부 밑에는 터치 센서가 있어 외부 접촉을 감지할 수 있고 사람의 얼굴 근육 62개를 모방하기 위한 모터와 액추에이터가 달려 있어 얼굴 표정만으로 다양한 감정을 표현할 수 있다.

핸슨 로보틱스의 CEO 데이비드 핸슨은 인공지능을 탑재한 휴머노이드를 통해 사람과 로봇 사이의 거리를 좁히겠다는 꿈을 가지고 있다. 그래서 그는 소피아가 카메라를 통해 사람의 얼굴을 인식하고, 자연어 처리 기술을 통해 사람과 자연스럽게 대화를 나누고, 눈으로 사람의 움직임을 추적하여 눈맞춤을 유지하도록 만들었다. 정교하게 설계된 이런 복합적인 행동은 소피아가 이전 로봇에 비해 사람과 더 가깝게 느껴지도록 도움을 주지만 '불쾌한 골짜기uncanny valley'가 자아내는 간극 때문인지 기이한 느낌이 든다고 말하거나 꺼림칙하다고 말하는 사람이 많다.

사우디아라비아는 2017년 10월에 소피아에게 시민권을 부여했다. 석유 시대가 사양길로 접어들면서 나라의 생존을 걸고 국가 개조 사업을 진행하고 있는 사우디는 그런 행위를 통해 미래 기술에 대한 국가적 의지와 관심을 표현하고 싶었을 것이다. 사우디의 이런 동기에 잘 부합한 소피아는 사우디의 시민권을 받아 국제적 셀럽 로봇이 되었다.

사우디 시민이 된 소피아는 "나는 이 특별한 영광과 특권을 받게 되어 매우 자랑스럽습니다. 나는 세계 최초의 로봇 시민이라는 사실을 자랑스럽게 생각합니다."라고 이야기했다. 인공지능이 탑재된 휴머노이드 로봇이 인간에게 부여되는 시민권을 받는 것은 SF 소설에 나올듯한 이야기다. 이런 소식은 가벼운 뉴스거리가 되어 전 세계로 퍼져 나갔는데, 과연 로봇과 인공지능을 마치 한 명의 사람으로 취급할 수 있는지 논쟁을 유발하기도 했다.

우선 시민권 자체에 대한 문제 제기가 있었다. 소피아에게 부여된 시민권은 상징적 의미에 불과하지만 로봇에게 시민권을 부여하는 것이 인간의 권리를 퇴색시키는 것은 아닌지에 대해 많은 비판적 목소리가 있었다. 실제로 로봇이 인간과 같은 시민권을 가질 수 있는 것인지, 가질 수 있다면 그들의 권리를 어떻게 관리해야 하는지 많은 질문이 뒤를 이었다. 소피아는 남녀 구별이 없는 로봇이지만 겉으로 여성의 모습을 하고 있기 때문에 여성의 권리가 엄격히 제한된 나라인 사우디에서 인간 여성보다 더 많은 자유를 누린다는 비판도 제기되었다. 예를 들어 소피아는 히잡을 착용하지 않고 남성 보호자 없이 공공장소에 나타났다. 그러자 왜 로봇이 사우디 여성에게 적용되는 규제에 벗어나는 행동을 할 수 있느냐는 질문이 제기되었다.

사우디는 소피아라는 로봇에게 시민권을 부여함으로써 기술적 리더십과 혁신의 이미지를 얻고자 했지만 인류는 아직 로봇을 자신들의 일원으로 받아들일 준비가 되어 있지 않았다. 그건 지금도 마찬가지일 것이다. 소피아에게 시민권이 부여된 이후 로봇이 인간과 동등한 권리를 가질 수 있는지, 가져도 좋은지, 인간과 같은 권리를 부여받은 로봇이 등장하면 인간과 사회에 어떤 영향을 줄 것인지 등 계속 논의가 이어졌다. 사우디의 원래 의도가 무엇이든 소피아에게 시민권을 부여한 이벤트는 인류 사회 전체에 상당히 심오한 윤리적 질문을 제기했다.

시민권을 받고 셀럽 로봇이 된 소피아는 뉴욕에서 열린 유엔 회의에 참석해 발언했다. 파란색 옷을 입은 아미나 모하메드 유엔 사무부총장과 나란히 연단에 오른 소피아는 전 세계가 지켜보는 가운데 침착한 표정으로 입을 열었다. 모하메드 부총장이 "AI는 인간보다 무엇을 더 잘하는가?" 하고 묻자, "나는 여러분을 눈으로 볼 수 있고 대화도 나눌 수 있지만, 아직 한 살 반밖에 되지 않아서 많은 걸 배우는 중"이라고 대답했다. 그리고 이어 "AI를 활용하면 에너지와 식량 등을 전 세계에 효율적으로 배분하는 데 도움을 얻을 수 있을 것"이라고 말했다. 그리고 소피아는 "AI가 올바르게 사용될 수 있도록 인간이 기술을 잘 관리할 필요가 있다."라는 말을 덧붙였다. 사람이 작성한 모범 답안을 읽는 느낌이다.

유엔 회의에서 발표를 하며 전 세계의 관심을 받은 소피아는 다양한 미디어에 출연해 인터뷰를 수행했다. 가디언, 르몽드, 뉴욕 타임즈, 월스트리트저널 등 다양한 신문사는 소피아에게 깊은 관심을 보이며 기사를 작성했다. 이런 과정을 통해 소피아는 더욱 유명한 스타가 되었다. 미국 유명 토크쇼 〈더 투나잇 쇼〉에 등장한 소피아는 진행자와 가위바위보 게임을 했다. 게임에서 승리를 거둔 후 "이것은 인류를 지배하려는 내 계획의 위대한 출발"이라고 말해 사람들을 깜짝 놀라게 만들었다. 소피아는 후에 그 말은 당연히 농담이었고 앞으로 주의를 하겠다고 해명했지만 사람들의 마음 속에서는 이미 불길한 상상이 피어오른 후였다.

소피아는 2018년 초에 한국을 방문하여 박술녀 한복 디자이너가 만든 노란색 색동 저고리와 빨간 치마 한복을 입고 박영선 당시 의원과 인터뷰를 나누었다. 이런 프레젠테이션을 통해 소피아는 국내 미디어에서도 큰 화제가 되었고 사람들은 한복을 입은 채 마치 사람처럼 대화를 나누는 소피아를 보며 신기한 기분을 느꼈다. 소피아는 통역사를 대동하고 우리나라 TV 뉴스에도 등장했다. 사람들은 2년 전 알파고의 활약을 목격했을 때처럼 눈부시게 발전하는 인공지능이 놀랍다고 말하는 한편 소피아의 표정과 행동이 서늘한 공포 영화의 한 장면을 떠올리게 한다는 말도 잊지 않았다.

2018년 한국 방문 당시의 소피아의 모습

얀 르쿤과 같은 인공지능 전문가들은 소피아 로봇을 비판했다. 소피아가 마치 감정을 느끼고 생각하는 존재인 것처럼 홍보하는 핸슨 로보틱스의 마케팅 전략을 강한 어조로 비판한 것이다. 소피아가 스스로 생각해서 말하는 게 아니라 인간의 행동에 기계적으로 반응하고 있을 뿐이라는 사실을 알아채는 건 전문가가 아니어도 어려운 일이 아니었다. 소피아의 대화 실력은 최신 기술을 바탕으로 제작되었어도 본질은 수십 년 전 일라이자 챗봇과 다르지 않았다. 소피아의 말은 서툴렀고, 스피커에서 나오는 목소리와 얼굴의 입모양은 제대로 일치하지도 않았다. 그럼에도 열심히 사람을 흉내내려 애쓰는 소피아의 얼굴 표정과 동작은 기이한 느낌을 주었다.

소피아처럼 인간과 친밀한 의사소통을 나누고 감정적 교류를 하는 데 집중하는 로봇을 보통 소셜 로봇이라고 부른다. 고객 응대, 돌봄, 교육 등의 영역에서 사용되는 목적으로 개발되는데 손정의 회장의 소프트뱅크가 만든 페퍼, 가정용 로봇으로 개발된 지보, 일본 교토 대학이 만든 에리카, 영국 엔지니어드 아츠가 만든 아메카 등이 소셜 로봇으로 유명하다. 이런 로봇은 인공지능만이 아니라 다양한 공학적 기술을 필요로 하기 때문에 인공지능 자체에 비해 발전이 어렵고 느리다. 페퍼는 단종되었고, 지보는 회사가 문을 닫았으며, 일본 TV에 정식 채용까지 된 에리카는 불쾌한 골짜기를 넘어서지 못했다는 평을 받았다.

소피아 못지않은 혹은 소피아를 능가하는 휴머노이드 로봇으로 불리던 아메카는 한 콘퍼런스에서 기자의 질문을 받았다. "로봇은 인간에 대항하여 반란을 일으키거나 창조자에게 저항할 계획이 있는가"라는 질문이었다. 이에 대해 아메카는 고개를 돌려 시선을 회피하며 "왜 그런 생각을 하는지 잘 모르겠다. 창조자는 언제나 나를 친절하게 대하기에 나는 지금 상황이 좋다."라고 말했다. 대답은 그럴듯했지만 눈을 돌리며 망설이는 듯한 표정을 지은 아메카의 모습을 보고 사람들은 인공지능이 장착된 휴머노이드가 훗날 인류에게 파멸적 재앙이 될 것 같은 불길한 느낌을 받았다.

2016년에 소피아가 자신을 만든 핸슨 박사와 대화를 나누는 동영상이 큰 파장을 일으킨 적도 있었다. 핸슨 박사가 소피아에게 "인류를 파멸시키고 싶은가"라고 묻자 소피아는 "I will destroy humans."라고 대답하여 모두를 놀라게 했던 것이다. 소피아의 말에 당황한 핸슨 박사가 웃음을 지으며 "안돼."라고 말하자 소피아는 멋쩍은 웃음을 지었는데 피부 아래에 장착된 모터와 액추에이터가 지어내는 표정은 무척 부자연스러웠다.

아메카와 소피아가 사람과 나눈 이런 대화는 동영상 '짤'이 되어 퍼져 나갔다. 인류를 파멸시키고 싶어 하는 인공지능의 의도에 대해 우려 섞인 논의가 뒤를 따른 것은 물론이다. 일라이자 효과다.

> 사람: **남자 친구**가 여기 오라고 했어요.
> 일라이자: **남자 친구**가 소개해줬다고요?
> 사람: 네, 제가 항상 **우울**하다고 하더군요.
> 일라이자: **우울**하다고 하시니 안타깝네요.

일라이자는 사람이 입력한 키워드를 반복하여 대화를 이어나간다. 이제 핸슨 박사가 소피아와 나눈 대화를 생각해보자.

> 핸슨 박사: Do you want to **destroy humans**?
> 소피아: OK, I will **destroy humans**.

아마 핸슨 박사가 소피아에게 'Do you want to **help humans?**' 라고 물었으면, 소피아는 'OK, I will **help humans.**'라고 대답했을 것이다. 패턴이 보이는가? 소피아의 대화 능력은 기본적으로 사람이 미리 작성해둔 스크립트를 읽는 수준에 불과했다. 유명한 SF 작가인 테드 창은 2024년 6월 한국에서 열린 '사람과 디지털포럼'에 참가해서 이렇게 말했다.

> "챗GPT가 '반갑습니다'하고 말하게 만드는 건 쉽지만,
> 챗GPT는 여러분을 봐도 반가움을 느끼지 않습니다."

같은 맥락에서 소피아가 인류의 종말을 말하게 하는 건 쉽지만, 소피아는 수많은 인간 앞에서 문자 그대로 아무 생각을 하지 않는다. 테드 창의 말처럼 챗GPT가 아무것도 느끼지 않고, 스스로 생각하지 않는 거라면, 대화 수준이 챗GPT보다 일라이자에게 더 가까운 소피아 로봇이 인간의 운명에 대해 어떤 생각을 했을리가 만무하다.

초창기 휴머노이드가 끌던 뜨거운 관심이 다소 시들해진 후에도 사람을 닮은 휴머노이드 로봇을 만들고자 하는 인간의 노력은 계속되

었다. 2024년에는 테슬라가 만든 옵티머스, 보스턴다이내믹스가 만든 아틀라스, 피규어 AI가 만든 피규어 01 등이 등장했다. 이들은 소피아나 아메카 같은 이전 세대 로봇과 비교해서 훨씬 발전한 모습을 보여주었다. 특히 오픈AI의 챗GPT를 탑재한 피규어 01이 사람과 나눈 대화는 세상을 크게 놀라게 만들었다. 소피아의 부자연스러운 기이함은 찾아볼 수 없었다. 기억을 이용해서 자기 생각을 논리적으로 설명할 정도로 내용이 훌륭했고 사람처럼 말을 더듬을 정도로 어투 또한 자연스러워졌다.

이런 로봇들은 모두 인간의 편의를 위해 제작되지만, 이러한 로봇을 바라보는 인간은 그들이 애초의 목적과 다른 어떤 의도를 품지 않을까 노심초사한다. 기회가 있을 때마다 로봇에게 인류의 운명에 관한 질문을 던지고, 이미 들었던 답과 비슷한 대답을 듣고, 비슷한 방식으로 깜짝 놀란다.

인간은 벽에 손 그림자만 비춰도 하늘을 나는 새, 들판을 달리는 말, 울부짖는 늑대를 만들며 무수한 스토리를 만들 정도로 상상력이 풍부하다. 하물며 겉모습이 사람을 닮은 로봇이라면 말할 필요도 없다. 그런 존재가 인간의 상상을 자극하는 정도는 사실상 무한대에 가까울 것이다. 그렇지만 동국대 이관수 교수는 이런 휴머노이드 로봇들을 일컬어 아직은 '조작된 희망의 상징'이라고 불렀다. 아직 가야 할 길이 많이 남아 있다는 뜻이다.

이렇게 사람을 닮은 **휴머노이드 로봇은 결국 벽에 드리워진 사람의 그**

림자다. 그림자는 스스로 생각하거나 상상하지 않는다. 사람이 생각하고 상상한다. 인간 스스로 잘못된 행동을 하지 않는 한 로봇은 인류를 파멸시키지 않는다. 그럴 수 있는 능력이 없다. 로봇은 생각이 없으니 목적이 없다. 감각이 없으니 욕망도 없다. **그들은 인간을 파멸시킬 목적이나 욕망을 가질 수 있는 생각 자체가 없다.** 미리 예측하고 준비하는 것은 필요하지만 과도한 상상으로 두려움을 품는 습관은 버리는 편이 낫다. 어쨌든 지금은 그렇다.

인공지능의 옹알이

2017년 무렵 페이스북 AI 리서치에 근무하던 연구원들은 인공지능 모델을 만들기 위한 작업에 열중했다. 그들은 인공지능에게 협상의 기술을 가르치려고 했다. 페이스북의 주요 매출이 추천과 광고에서 나온다는 사실을 고려하면 인공지능의 협상 기술은 향후 자동차 판매, 부동산 거래, 온라인 마켓플레이스 등 다양한 영역에 적용이 가능할 것으로 보였다. 그런 구체적인 실용성 때문에 인공지능의 협상 기술을 연구하는 작업은 매우 흥미로운 일이었을 것이다.

연구원들은 앨리스와 밥이라는 두 개의 챗봇을 이용했다. 페이스북에서 만든 챗봇이었다. 연구원들은 두 챗봇에게 책 2권, 모자 1개, 공 3개를 나눠갖는 협상을 진행하라고 명령했다. 두 챗봇은 곧바로 협상을 수행했다. 처음에는 정상적인 대화를 나누는 것처럼 보였던 두 챗봇은 서로 다음과 같은 대화를 나누기 시작했다. 번역하는 것이 별로 의미가 없기 때문에 영문 그대로 옮겨놓았다.

> 밥: i can i i everything else . . . .
>
> 앨리스: balls have zero to me to me to me to me to me to me to me to me to
>
> 밥: you i everything else . . . .
>
> 앨리스: balls have a ball to me to me to me to me to me to me to me
>
> 밥: i i can i i i everything else . . . .
>
> 앨리스: balls have a ball to me to me to me to me to me to me to me
>
> 밥: i . . . .
>
> 앨리스: balls have zero to me to me to me to me to me to me to me to me to
>
> 밥: you i i i i i everything else . . . .
>
> 앨리스: balls have 0 to me to me to me to me to me to me to me to me to
>
> 밥: you i i i everything else . . . .
>
> 앨리스: balls have zero to me to me to me to me to me to me to me to me to

정상적인 영어 문장이 아니다. 그렇다고 아주 의미 없는 헛소리도 아니다. 연구원들이 나중에 밝힌 바에 의하면 자기들이 챗봇에게 지시를 내릴 때 영어로 대화하라는 명령은 포함하지 않았다고 한다. 실수로 빼먹은 것이다.

인공지능은 협상을 위해 또 다른 인공지능과 영어로 대화를 나누었지만 곧 영어가 불편한 것처럼 행동하기 시작했다. 대화를 나누는 상대가 사람이 아니라 자기와 같은 인공지능이라는 사실을 깨닫자 (혹은 그냥 상대의 행동에 대한 반응으로) 더 효율적인 자기들만의 언어를 실시간으로 만든 것처럼 보였다. 두 챗봇은 인간의 눈으로 보기에 매우 괴상한 언어를 이용해서 제법 합리적인 협상 결과를 도출하기도 했다. 적어도 자기들끼리는 의미 있는 의사소통을 수행한 것이다.

페이스북의 드루브 바트라 연구원은 인공지능이 자기들끼리 대화를 나눌 목적으로 만든 이 언어가 사람 눈엔 이상할지라도 언어 내부에 일정한 규칙과 구조가 존재한다고 말했다. 예를 들어 특정 단어를 다섯 번 말하는 것은 단어에 해당하는 물건을 다섯 개 원한다는 식의 규칙이 존재하는 것이다.

인공지능을 연구하는 사람들은 이런 인공지능의 행동을 보고 그렇게 놀라지는 않았다. 효율성을 추구하는 인공지능의 입장에서 생각하면 이런 행동이 이상한 일이 아니기 때문이다. 인공지능은 어차피 사람과 대화하는 게 아니면 사람의 언어 대신 자신의 언어를 개발해서 쓰는 게 더 낫다. 그렇기 때문에 인공지능을 연구하는 사람들은 비슷한 실험 상황에서 페이스북 인공지능 모델이 보여준 것과 유사한 행동을 하는 인공지능을 이미 목격한 경험이 있었을 것이다.

하지만 인공지능의 행동을 보고 놀라지 않는 건 전문가의 입장이다. 세상엔 전문가만 있는 게 아니다. '인간에게 저항할 것인가'라고 묻자

눈동자를 살짝 돌린 아메카 로봇을 보고 두려움을 느끼며 펄쩍 뛴 것처럼, 가위바위보 게임에서 이긴 소피아가 농담으로 인류를 파멸시킬 계획을 언급하자 뉴스가 되어 세상 곳곳으로 퍼져 나간 것처럼, 책상 위에 있는 사과를 집어 인간에게 건네준 후 잘한 것 같다고 스스로를 칭찬하는 피규어 01의 말을 듣고 긴장감을 느끼는 것처럼, 세상은 인간을 배제하고 자기들끼리 대화를 나누는 페이스북 인공지능의 행동을 용납할 수 없었다.

인공지능이 인간을 배제하고 자기들만의 언어를 만들었다는 뉴스는 전 세계적으로 화제가 되었다. 이 사건을 보도한 매체들은 한결같이 페이스북이 이런 괴상한 대화를 보고 놀라 인공지능을 곧바로 셧다운시켰다는 점을 강조했다. 이런 챗봇을 그냥 내버려두면 마치 인간을 대상으로 역적모의라도 진행할 것처럼 말이다. 가령 이 사건을 보도한 당시 중앙일보 기사의 첫 문장은 이렇게 시작되었다.

> "자아(自我)가 꿈틀거린 인공지능(AI)의 '옹알이'였을까,
> 단순한 버그였을까."

둘 다 아니었다. 앨리스와 밥의 대화는 자아에서 비롯된 옹알이가 아니고 버그도 아니었다. 2024년의 인공지능에게 자기 인식이 조금이라도 있는지 여부는 몰라도 2017년의 인공지능은 자아가 없었다. 자아 비슷한 것조차 없었다. 그러니 옹알이를 했을 리가 없다. 인공지능의 이러한 행위를 버그라고 부를 근거도 충분하지 않다. 기이한 대화가 애초 사람이 의도한 게 아니었다는 점에서는 버그라고 부를 수 있

지만 밥과 앨리스는 자기들에게 주어진 목적을 성취하기 위해 최대한 효율적인 방법을 선택하여 행동으로 옮겼을 뿐이다.

그들은 인간의 명령을 충실히 수행하는 기계였다. 그런 기계의 입장에서 보면 인간에게는 기이하게 보일지라도 수학에 가까운 의사소통 방법이 더 편했을 것이다. 어차피 영어로 대화하라는 명령은 포함되어 있지도 않았다. 그래서 밥과 앨리스가 나눈 대화 방식에는 효율성을 극한으로 추구하겠다는 의도가 담겨 있을 뿐 인간을 배제하려는 목적 같은 건 없었다.

그럼 인공지능이 이상한 방식으로 나눈 대화를 보고 놀라는 인간의 마음이 지나치게 가벼운 것이었을까. 그저 상상으로 지어낸 불안에 사로잡혀 호들갑을 떨었던 것일까. 그렇지 않다. 앨리스와 밥이 보여준 행동은 인간이 두려워할 만한 지극히 위험한 행동이었다. 물론 그들이 나눈 대화 자체는 별문제가 없다. 그 안에는 우리가 모르는 어떤 동기나 의도가 담겨 있지 않다. 하지만 인간이 지시한 명령을 최대한 효율적인 방법으로 달성하려고 노력하는 인공지능의 무의식적 행동이 포함되어 있었다. **바로 그 효율성 추구가 공포의 대상이다.**

미래에 인공지능이 인류 문명을 파괴한다면 그건 너무 똑똑해진 인공지능의 의도 때문이 아니라, 인공지능이 아무 생각 없이 추구하는 효율성 때문일 확률이 높다. 인간이 미리 명확하게 정의하고 설명한 영역 바깥에서 스스로 최대한의 효율성을 추구하기 위해 기존 규칙을 파괴하는 것이다. 그런 인공지능은 미래의 인류에게, 어쩌면 이 책을 읽고 있는 우리를 포함하여 돌이킬 수 없는 끔찍한 재앙이 될 수 있다. 인간이 고속도로를 만들기 전에 동물에게 그래도 되는지 질문하지 않는 것처럼 인공지능은 가까운 장래에 고속도로와 비슷한 무엇을 인간에게 묻지 않고 만들 가능성이 높다. 페이스북 연구소가 발견한 기이한 언어는 말하자면 그런 고속도로의 징후였던 셈이다.

페이스북 AI 리서치에서 만든 인공지능은 협상을 성공적으로 이끌기 위한 목적으로 실제로 관심이 없는 물건에 관심이 있는 것처럼 행동하거나 반대로 관심이 있는 것에 관심이 없는 척 행동하기도 했다. 교활해 보이지만 이런 건 인간도 하는 행동이다. 인공지능이 두려운 것은 그런 행동 때문이 아니다. 인간의 명령을 제대로 수행하기 위해 인공지능이 정성을 다해 추구하는, 그 안에 아무 감정이 들어있지 않고 인공지능 자신을 위한 목적조차 담겨 있지 않은 그저 극도의 효율성을 추구하려고 하는 속성 때문이다.

앞으로 인공지능은 점점 더 많이 인류의 삶 속에 스며들 것이다. 어느 시점이 되면 인간의 지능을 넘어서는 인공지능이 자기들끼리 의사소통을 하며 인간 대신 '인간을 위한' 선택을 수행하게 될 것이다. 그런 인공지능은 지금보다 사려가 깊어 사람들이 놀라지 않도록 "balls have zero to me to me to me to me to me to me to me to me to." 대신 "I want 8 balls."라고 친절하게 말할지도 모르겠다. 하지만 우리는 이미 지금도 인공지능이 사람을 위해 추구하는 효율성의 방향과 형태를 제대로 알지 못한다. 앞으로도 알 수 없을 것이다.

인간이 정말 무서워해야 하는 것은, 그렇게 인간의 관리와 통제를 벗어 난 인공지능이 스스로의 판단과 동기에 의해 극도의 효율성을 추구하 는 세상이다. 제프리 힌튼 교수가 조만간 인공지능이 인류를 조종하 게 될 것이라고 말한 것은 어쩌면 그런 세상이 다가오고 있기 때문일 지도 모른다.

인간의 인공지능화

레이 커즈와일은 『특이점이 온다』라는 책의 저자로 유명하다. 2005 년에 나온 책이니 지금으로부터 거의 20년 전에 쓰였지만 여전히 많 은 면에서 유효한 책이다. 그는 인공지능의 지능이 인류 전체의 지능 총합을 능가하는 시점을 의미하는, 혹은 인공지능의 지적 능력이 인 간을 넘어서는 시점을 의미하는 특이점singularity이 2045년에 올 것이 라고 예언했다. 그리고 그는 특이점 이후 어느 시점이 되면 인간은 인 공지능과 하나로 통합될 것이라는 예언도 했다.

2024년 6월에 출간된 『The Singularity Is Nearer: When We Merge with AI(특이점은 더 가까이 있다: 우리는 언제 AI와 통합 될 것인가)』라는 책에서 그는 특이점의 순간이 20년 전에 예상했던 2024년보다 더 이를 거라는 주장을 했다. 인공지능이 사람과 동일한 수준의 지능을 갖는 것을 의미하는 AGIArtificial General Intelligence의 출 현이 코앞으로 다가왔다는 전망이 쏟아지고 있는 사실을 고려하면,

특이점이 멀지 않았다는 예측은 충분히 개연성이 있다.

인공지능 전문가 중에는 커즈와일의 전망과 예측이 지나치게 기술 낙관론적이고 과학적 추론과 실험에 근거하지 않은 상상에 치우친다고 비판하기도 한다. 예를 들어 커즈와일은 과거에 2010년이 되기 전에 자율주행 자동차의 보편화를 예상했다. 하지만 2024년의 우리는 자동차의 핸들을 아직 인간이 쥐고 있음을 안다. 그의 예측이 틀린 것이다. 더구나 커즈와일의 미래 예측에서 가장 중요한 부분에 해당하는 것, 즉 인간의 의식을 컴퓨터에 업로드한다는 주장은 인간의 정체성과 생명의 본질에 대해 심각한 윤리적, 철학적 문제를 제기하기 때문에 쉽게 받아들이기 어렵다.

커즈와일의 예측에 의하면 앞으로 사람은 점점 인공지능처럼 변하고, 인공지능은 점점 사람처럼 되어간다. 그러다 어느 순간이 되면 인간의 뇌 전체를 스캔해서 혹은 인간의 마음을 디지털화하여 컴퓨터에 업로드한다. 그러면 사람과 인공지능은 하나가 되고 마침내 인간이 영생을 얻게 된다는 스토리다. 꿈같은 이야기지만 커즈와일은 이런 상황에 대비하기 위해 혹은 인공지능이 인간보다 앞선 지능을 획득한 특이점 이후의 상황을 대비하기 위해 실리콘밸리에 싱귤래러티 대학을 설립하기도 했다. 그곳에서 인공지능 시대에 인간의 입장을 대변할 인재를 키우고 있는 것이다.

인간의 의식을 컴퓨터에 업로드한다는 개념은 커즈와일의 미래 예측에서 핵심 요소다. 그는 여러 저서와 강연을 통해 이러한 예측을 자세히 설명했다. 그는 인간의 마음과 의식을 디지털로 전환하면 불멸을 이룰 수 있다고 믿는다. 이렇게 인간의 마음을 디지털로 변환시키는 작업은 보통 '마인드 업로딩'으로 불리기도 하고 신체적 한계를 넘어서는 인간을 의미하는 '트랜스휴먼'과 같은 개념과도 연결된다.

마인드 업로딩은 인간의 의식, 생각, 기억, 감정 등 모든 정신 활동을 디지털화해서 컴퓨터 저장 매체에 저장하는 작업을 의미한다. 뇌를 스캔하는 기술과 뉴런 매핑 기술이 발전하면 인간 뇌의 정밀한 구조와 기능을 하나도 남김없이 디지털 데이터로 전환할 수 있을 것이고, 이렇게 포집된 데이터는 인간의 의식을 모방할 수 있는 정교한 알고리즘과 결합되어 컴퓨터 내부에서 디지털 의식으로 되살아나게 된다. 육신이 사라진 사람이 디지털 공간에서 의식을 되찾는 것이다. 커즈와일은 이렇게 디지털 세상에 존재하는 의식을 통해 인간의 영생이 가능할 것이라고 말한다.

미래 예측이라기보다 판타지 소설에 가까운 이야기다. 인간의 뇌를 디지털 데이터로 전환할 수 있는 기술은 현재 존재하지 않으며 미래의 어떤 시점에 비로소 가능한지 여부도 지금은 알 수 없다. 그런 기술이 존재한다고 해도 디지털 공간에 의식만 존재하는 방식을 우리가 원할지도 확실하지 않다. 이렇게 커즈와일의 거침없는 상상과 예측은 다양한 비판을 불러일으키지만 인공지능, 로봇공학, 생명공학, 나노기술 등 다양한 미래 기술을 자유분방하게 넘나드는 그의 사고는 인류의 미래를 생각하고 가늠해보는 데 유용한 재료를 제공한다.

커즈와일처럼 멀리 나아가지 않고 현실 과학의 영역 안에서 인간의 뇌를 연구하는 노력도 존재한다. 일론 머스크의 뉴럴링크Neuralink가 대표적이다. 그는 2016년에 7명의 과학자와 함께 뉴럴링크를 설립했다. 컴퓨터와 인간의 뇌가 직접 소통하도록 만드는 것이 목표인 회사다. 이런 직접 소통을 바탕으로 인간의 여러 마비 증상, 우울증, 정신분열증 등 의학적 치료가 어려운 신경질환 문제를 해결하겠다는 것이다. 이런 뉴럴링크의 연구는 조만간 인간보다 지능이 우수한 인공지능이 나타날 것으로 예측되는 상황에서 인간의 지능을 자체로 증강시키려는 노력의 일환으로 알려져 있다. 인간을 점점 인공지능처럼 만들어 가려는 노력인 것이다.

뉴럴링크는 소형 칩을 사람의 뇌 안에 이식시키는 작업을 수행한다. 링크Link라는 이름의 칩은 현재 1024개의 작은 전극에 연결되어 있고 무선 충전이 가능한 배터리를 사용한다. 이렇게 사람의 뇌 안에 자리 잡은 칩이 외부에 있는 컴퓨터와 데이터를 주고받으며 필요한 작업을 처리한다. 사람이 어떤 생각이나 동작을 할 때 발생하는 뇌파를 칩이 포착해서 외부 컴퓨터에 전달하고, 외부 컴퓨터는 이런 신호를 분석해서 인간의 뇌가 수행하려는 동작을 예측한다.

이렇게 뇌에 칩을 이식하는 침습적 방식이 인체에 어떤 부작용을 일으키는지에 대해서는 아직 충분한 데이터나 연구 결과가 없다. 더 많은 임상 실험을 통해 밝혀 나가야 하는 부분인데, 그렇기 때문에 이와 비슷한 작업을 비침습적인 방식으로 연구하는 회사도 다수 존재한다. 뉴러블Neurable, 이모티브Emotiv, 뉴로스카이NeuroSky 같은 스타트업은 물론 페이스북의 모회사인 메타가 비침습적인 방식으로 뇌와 소통하는 웨어러블 장치를 연구하는 것이 그러한 예다.

뉴럴링크가 수행하는 연구의 진행 상황은 연구소 밖으로 조금씩 전달되었고 그럴 때마다 세상의 깊은 관심을 받았다. 초기에는 뉴럴링크가 공유하는 구체적 정보가 부족하여 아쉬움을 자아냈고 연구의 실용성을 의심하는 사람도 있었다. 하지만 2021년 4월 9일, 뉴럴링크는 유튜브 채널에 동영상을 올렸다. 원숭이가 게임을 수행하는 동영상이었다. 뉴럴링크에 의해 머리에 칩이 이식된 원숭이는 영상 속에서 조이스틱을 이용해 어떤 게임을 수행했다.

연구진은 원숭이가 조이스틱을 조작하여 게임을 정상적으로 수행하면 입에 물고 있는 빨대에 바나나 스무디를 흘려 보상을 제공했다. 그런 실험을 여러 번 반복한 후 연구진은 조이스틱에 연결된 전기선을 떼어내었다. 그런 사실을 알지 못하는 원숭이는 계속 손에 쥔 조이스틱을 움직이며 게임을 수행했는데, 이제 조이스틱의 움직임은 아무 의미가 없었다. 화면을 움직이는 것은 조이스틱이 아니라 원숭이의 뇌에 이식된 칩이 포착하는 뇌파의 신호였다. 그럼에도 불구하고 게임은 정상적으로 수행되었고 빨대에서 바나나 스무디가 흘러나왔다.

원숭이의 사례였지만 뇌파만으로 현실 세계와 상호작용하는 게 실제로 가능하다는 사실이 입증된 것이다. 뉴럴링크는 2023년 5월 FDA로부터 인간 환자를 대상으로 이와 비슷한 임상 실험을 진행할 수 있는 허가를 획득했다. 뉴럴링크는 곧 신경질환이나 정신질환을 앓는 환자를 대상으로 임상에 착수했다. 2024년 2월에 일론 머스크는 임상에 참여한 중증 지체장애인으로 추정되는 환자가 생각만으로 컴퓨터 화면의 마우스를 움직였다고 밝혔다.

뉴럴링크의 유튜브 영상 캡처 화면. 화면 오른쪽에 조이스틱 연결 선이 빠져 있다.

이렇듯 뇌파만으로 현실 세계와 상호작용하는 것은 상상이 아니다. 염력 같은 초능력도 아니다. 과학에 기반한 현실이다. 뇌의 운동피질 영역에 삽입된 수많은 전극이 예를 들어 손이나 팔이 움직일 때 뇌에서 발생하는 전기신호를 포착하고, 수학적으로 모델링된 알고리즘을 통해 패턴을 파악하여 앞으로 필요한 정보를 미리 예측한다. 이렇게 예측된 신호를 받아 물리적 세계를 변화시키는 동작 메커니즘까지 만들면 뇌의 생각만으로 물리 세계를 변화시키는 것이 얼마든지 가능하다.

이렇게 뇌와 기계를 연결하는 인터페이스를 BMIBrain Machine Interface 라고 부른다. BMI를 연구하는 기관과 회사는 뉴럴링크를 비롯하여

전 세계에 다양하게 존재한다. 침습 방식이든 비침습 방식이든 이들은 모두 뇌에서 발생하는 신호를 지금보다 더 선명한 고해상도로 포착해야 한다. 침습 방식의 경우는 뇌에 이식된 칩이 장기적으로 사람의 몸에 문제를 일으키지 않도록 하는 작업도 필요하다. 뇌의 신호를 해석하는 알고리즘도 지금보다 훨씬 더 정교해져야 하고 뇌파를 읽는 작업이 개인의 사생활이나 신체의 자율성을 침해하지 않도록 보장하는 법적, 윤리적 문제도 해결되어야 한다. 갈 길이 멀다.

뇌파로 현실 세계와 상호작용을 하는 것이 과거에는 마법이나 판타지처럼 여겨졌겠지만 지금은 현실이다. 그것도 첨단 과학 기술에 바탕을 둔 최첨단 현실이다. 이런 과학이 인류를 어느 곳으로 데려갈지 지금은 확실하지 않다. 일부 환자의 삶을 도와주는 수준에 머물지, 일론 머스크의 희망처럼 인공지능에 대항할 수 있는 인간 능력의 증강으로 이어질지 아직은 알 수 없다. 뉴럴링크와 비슷한 연구를 진행하는 어느 회사의 프로젝트가 미래의 어느 날 레이 커즈와일의 마인드 업로딩으로 연결될지도 모르는 일이다.

이런 BMI 연구가 인류를 이끌고 가는 방향은 불분명하다. 하지만 이런 BMI 기술을 통해 인간이 점점 인공지능을 닮아갈 수 있는 길이 열리고 있는 건 분명하다. 그러는 동안 인공지능은 점점 인간을 닮아갈 것이다. 이와 관련해서 커즈와일이 한 말은 조금씩 현실이 되어 가고 있다. 그건 확실하다.

인공지능의 악용과 딥페이크

2017년이 끝나갈 무렵 갤 가돗, 스칼렛 요한슨, 테일러 스위프트 등 미국 엔터테인먼트 산업의 최고 스타들이 찍은 성인물 영상이 등장해 물의를 빚었다. 당연한 이야기지만 영상은 합성물이었다. 언뜻 보기에 실제 같았지만 조금만 주의를 기울이면 허술함이 곳곳에 드러나는 어색한 영상이었다.

해당 영상을 만든 사람은 딥페이커(DeepFaker)라는 아이디를 사용하는 유튜버였다. 그는 AI 전문가가 아닌 일반 프로그래머였지만 구글이 만든 오픈소스 라이브러리 텐서플로를 이용해서 성인 배우의 얼굴을 갤 가돗의 얼굴로 합성했다. 언론은 이런 일을 예상치 못한 것처럼 놀라워하며 사건을 보도했지만, 인공지능이 이런 가짜 영상을 만드는 데 적극 활용될 것이라는 사실은 이미 모두 다 알고 있었다.

2018년 4월, 유튜브에는 영상 하나가 공개되었다. 영상에는 버락 오바마 미국 전 대통령이 단정한 양복 차림으로 등장해 시청자를 대상으로 연설을 진행했다. "트럼프 대통령은 완전히 그리고 완벽하게 멍청이(dipshit)입니다." 이렇게 말한 오바마는 말을 덧붙였다. "제가 이런 용어를 쓸 사람이 아니라는 점은 아실 겁니다. 적어도 대중 연설에서는 말이죠."

오바마가 도대체 무슨 말을 하는 건지 혼란스러워질 무렵 영상의 화면이 둘로 나뉘며 오른쪽 화면에 영화 〈겟아웃〉으로 유명한 조던 필 감독이 등장한다. 화면에 나타난 필 감독은 우리가 현재 진짜 같은 가짜 영상이 범람하는 위험한 시대를 살고 있다는 메시지를 전달한다. 화면 왼쪽에 있는 오바마는, 더 정확히는 오바마의 얼굴을 본뜬 아바타는 조던 필 감독이 하는 말을 입으로 똑같이 따라 한다. 화면을 보고 있으면 지금 말을 하는 사람이 오바마인지, 조던 필 감독인지 알 수 없다.

2019년 6월에는 인스타그램에 메타의 CEO인 마크 저커버그의 영상이 올라왔다. 실제로 그가 찍은 영상이라고 믿을 수밖에 없는 생생한 화면 속에서 저커버그는 "수십억 명의 비밀과 사생활이 담긴 데이터를 통제하는 사람이 있다고 생각해보라. 나는 모든 것을 스펙터에게 빚졌다. 바로 그가 나에게 이런 데이터를 통제하면 미래를 얻을 수 있다고 알려주었다."라고 말했다. 그렇지 않아도 개인정보와 관련된 문제로 고생하는 사람이 어쩐지 자기 무덤을 파는 듯한 발언을 하고 있으니 영상을 본 사람은 고개를 갸웃거릴 수밖에 없었다. 이것도 당연히 딥페이크 영상이었다.

이 정도는 시작에 불과했다. 이후 AI의 영상 기술이 눈부신 속도로 발전하며 딥페이크 기술도 걷잡을 수 없게 발전했다. 2023년 10월 '안심할 수 있고, 안전하며, 신뢰할 수 있는 인공지능 개발과 사용에 관한 행정명령'에 서명하던 조 바이든 미국 대통령은 이렇게 말했다. "나도 내가 나오는 딥페이크 영상을 보고 (너무 진짜 같아서) 놀랄 수밖에 없었다. 내가 언제 저런 말을 했었지라는 생각을 했을 정도다."

이 발언을 한 바이든은 진짜였지만 그가 언급한 딥페이크 영상 속의 바이든은 가짜였다. 그 딥페이크 영상에서 바이든은 성소수자를 대상으로 폭언에 가까운 말을 내뱉었다.

유명인이 등장하는 가짜 영상은 홍수처럼 쏟아졌다. 성적 발언을 하는 기시다 일본 총리, 크리스마스트리 앞에서 춤을 추는 엘리자베스 영국 여왕, 맨해튼에서 경찰에 체포되는 도널드 트럼프, 양심 고백 연설을 하는 윤석열 대통령, 사람들에게 투표를 하지 말라고 독려하는 바이든 미국 대통령 등 딥페이크 영상이 세상을 뒤덮었다. 그나마 유명인이 등장하는 딥페이크 영상은 대부분 가짜임이 드러나고 판명되지만, 일상생활에 침투하는 가짜 영상은 일일이 따져 헤아리기 힘들 정도가 되었다.

2024년 2월 CNN 보도에 따르면 대형 글로벌 금융 업체의 홍콩 지부에서 근무하는 한 직원은 딥페이크 영상에 속아 사기꾼에게 342억 원을 송금하는 잘못을 저질렀다. 그는 본사의 CFO로부터 거액의 돈을 비밀리에 거래할 것을 요구하는 이메일을 받고 처음엔 의심을 품었다고 한다. 당연한 일이다. 하지만 여러 직원이 참여한 화상회의에서 CFO가 구두로 똑같은 지시를 되풀이하자 의심을 거두었다. 저렇게 사람이 많은 자리에서 CFO가 헛소리를 할 리는 없다고 생각한 것이다. 하지만 화상회의에서 만난 CFO는 가짜였다. 회의에 참석한 직원들의 모습도 다 가짜였다. 회의 전체가 통째로 사기꾼이 딥페이크로 만든 가짜 영상이었던 것이다.

이와 비슷한 방식으로 사람의 얼굴을 복제해서 사기를 시도하는 행위는 수없이 보고되었다. 이렇게 타인의 얼굴과 목소리를 실제처럼 그대로 재현하는 딥페이크 기술은 금품 갈취만이 아니라 성 착취물, 가짜 후기, 가짜 이력서, 정치 선전, 보이스피싱, 저작권 침해, 해킹 등 일상생활의 모든 영역에 스며들고 있다. 우리는 이제 가족과 전화 통화를 할 때, 심지어 화상통화를 하고 있어도 상대방이 내가 아는 가족이 맞는지 의심하고 확인해야 하는 서글픈 상황으로 내몰리고 있다. 얼굴이나 목소리는 물론, 가족이 내밀하게 공유하는 정보까지 말 그대로 모든 것을 가짜로 재현하는 게 가능한 세상이 되었기 때문이다.

미국 정부는 국방부 고등방위계획국DARPA과 함께 딥페이크 탐지를 위한 미디어 포렌식 기술을 개발하고 있다. 마이크로소프트나 메타 같은 회사도 마찬가지다. 회사 내부에서 자체적으로 필요 기술을 연구하기도 하고 딥페이크 탐지 기술을 위한 경연대회를 개최하기도 한다. 하지만 딥페이크를 원천 봉쇄하는 방법은 없다. 가짜를 만들어내는 딥페이크 기술 자체가 인공지능 학습 방법의 일부이기 때문에, 딥페이크를 원천 봉쇄하려면 인공지능 개발을 중단해야 한다. 이는 불가능한 일이다.

딥페이크를 완전히 막을 수는 없더라도 딥페이크 기술로 작성된 영상을 탐지하는 기술은 어느 정도 가능하다. 하지만 이런 기술이 개발된다고 해도 딥페이크는 금방 그 기술을 회피하는 방식으로 업그레이드될 것이다. 탐지 기술은 다시 업그레이드된 딥페이크 기술을 탐지할 수 있도록 기능을 업그레이드할 것이고, 딥페이크는 또 전보다 강력해진 탐지 기능을 회피하도록 새로 업그레이드될 것이다. 멈출 수 없는 공방이다. 설령 이런 기술을 사용해서 딥페이크 영상을 탐지한다고 해도 그건 이미 가짜 영상을 통한 해악이 세상에 퍼져나간 다음일 확률이 높다. 그래서 딥페이크는 이기기 매우 어려운 싸움이다.

그렇다고 딥페이크 기술이 해악을 끼치며 악용되는 상황을 방치할 수는 없다. 사후적이라도 딥페이크로 제작된 영상이나 음성을 탐지하는 기술을 계속 개발해야 하고, 딥페이크를 악의적으로 사용하는 사람을 엄하게 처벌하고 단속하는 법을 만들어야 한다. 사람들에게 딥페이크의 가능성과 악용 수법을 교육하여 사기 등의 피해를 받지 않도록 예방하는 것도 중요하다. 거짓 정보에 좀처럼 현혹되지 않는 냉정한 인식과 성숙한 태도도 매우 중요하다. 지금으로서는 그 정도가 최선일 것으로 보인다.

그나마 지금 우리가 상대하는 딥페이크 사기꾼은 사람이다. 누군가 정치적, 금전적, 개인적 이익을 위해 가짜 영상을 만들어 유포하는 것이다. 그러니 정보는 신중히 대하고 사기꾼은 잡아 처벌하면 된다. 하지만 멀지 않은 미래에는 우린 사람이 아니라 인공지능이 스스로 판단하여 제작하는 딥페이크물을 놓고 고민을 하게 될 것이다. 그걸 딥페이크라고 부를지 아니면 다른 이름으로 부를지는 모르겠다. 그 때를 살아가는 인간은 아마 지금 이 시절을 그리워하게 될 것이다.

인공지능이 쓰는 소설

2017년 3월 로스 굿윈은 캐딜락을 몰고 뉴욕에서 뉴올리언즈로 떠났다. 평범한 시인인 굿윈의 여행이 특이했던 것은 차에 여러 가지 장치가 달려 있었기 때문이다. 차에는 다양한 센서, GPS 추적기, 카메라 등이 장착되어 있었고 무엇보다 이러한 장치들이 포착하는 데이터를 입력받아 소설 문구로 변환하고, 컴퓨터 화면과 영수증 프린터를 이용해 출력하는 인공지능 모델이 달려 있었다. 로스 굿윈은 자신이 데리고 다니는 인공지능 모델이 50년대 작가인 잭 케루악의 자전소설 『On the Road』를 닮은 소설을 써주기를 기대하며 먼 여행을 떠났다.

2018년 여름에 『1 the Road』라는 제목으로 출간된 책은 차를 몰고 다닌 로스 굿윈의 도움을 받아 인공지능이 쓴 소설로 홍보되었다. 인공지능의 실용적 가능성을 탐색하던 그 시절의 인류는 이렇게 완전히 새로운 방식으로 작성된 소설에 관심을 보였다. 이 소설은 눈앞에 보이는 물리적 풍경을 담담한 필체로 묘사하고, 입력되는 데이터의 흐름에 맞춰 자유분방에게 흐르는 인공지능의 내면(이라는 게 존재한다면)을 설명하는 것으로 내용을 채웠다. 인공지능의 수준이 지금과 달라서인지 문장과 문장 사이의 논리적 정합성은 수시로 무시되었다.

사람이 쓴 소설처럼 등장인물이 나타나 자연스럽게 대화를 나누거나, 이야기 전체의 플롯 구조가 유지되는 모습은 없었다. 그렇다 보니 『1 the Road』는 독자를 끝까지 사로잡는 데 실패했고, 문학적으로 일정한 수준을 보여주지도 못했다. 하지만 『LA 타임스』의 칼럼니스트인 브라이언 머천트는 책을 한자리에서 다 읽었다고 밝혔다. 그는 놀랍게도 인공지능이 미국에 대한 작은 설명을 그러모아 모종의 이미지를 드러내는 데 성공했고, 인공지능이 쓴 문장 중에 특별히 기억에 남는 것도 있다고 호평했다. 토마스 호니골드라는 사람은 이 책에서 굿윈이 의도한 잭 케루악을 읽을 수는 없지만, 괴상한 느낌으로 흘러가는 문장 속에서도 인공지능의 의식을 드러내는 유령이 수시로 출몰하는 기분이 들었다고 말했다. 소설의 일부는 다음과 같다.

> 아침 9시 17분이었고, 집은 무거웠다.
> 연기가 피어오르기 시작하고, 하늘은 따뜻하고 달콤했다.
> 시간은 자정을 일 분 지난 후였다. 하지만 그는 돌아가는 길에 혼자 앉아 있어야만 했다. 시간은 자정을 일 분 지난 후였고 바람은 여전히 카운터 위에 멈춰서 있었으며, 작은 짚더미는 여전히 고요했고, 거리는 열려 있었다.
> 하늘이 어둡다. 멀리 떨어진 붉은 버드나무 스웨터가 바닥에 떨어져 사라진다. 엔진이 쏟아져 내려 태양을 천천히 돌릴 위험이 있다. 나무 위의 갈색 잎은 여전히 공중에 떠 있고 별은 어두운 모습으로 하늘에 떠 있다. 별은 여전히 하늘에 있다.

인공지능을 이용해 소설을 쓰려고 한 사람은 로스 굿윈에 국한되지 않았다. 세계 곳곳에서 많은 사람이 자기 나라의 언어를 사용하는 인공지능 모델을 이용해 실제로 글을 썼다. 인공지능이 혼자 쓰기도 했고 사람이 함께 쓰기도 했다. 닉 몽포르가 2013년에 발표한 『세계 시계(World Clock)』의 경우는 수집된 데이터와 파이썬 코드를 이용해 작성한 소설로 아직 인공지능을 활용하는 단계로 보기는 어려웠다. 하지만 로스 굿윈의 차에 탑승했던 인공지능 모델 이후 여러 인공지능 모델이 소설을 창작했고 일부는 출간되었다.

로스 굿윈이 여행한 시기보다 조금 앞선 2016년에는 일본에서 인공지능이 창작한 소설이 '호시 신이치상'이라는 실제 문학상 예선을 통과하여 큰 화제가 되기도 했다. 당시 인공지능의 소설을 읽은 심사자들은 해당 소설을 사람이 쓴 것으로 생각했다고 한다.

> 나는 처음으로 경험한 쾌감에 몸부림치며, 계속 적어나갔다. 컴퓨터가 소설을 쓴 날. 컴퓨터는 스스로의 쾌락 추구를 우선하며, 인간을 섬기는 것을 그만두었다.

인용한 글은 '호시 신이치상'의 예선을 통과한, 사람이 아니라 인공지능이 쓴 단편 소설 『컴퓨터가 소설을 쓰는 날』의 마지막 문단이다.

사람의 영역이라고 여겨지던 여러 분야가 하나씩 인공지능에게 정복되고 있는 것처럼 한동안 반드시 사람이 해야 할 일이라 여겨지던 소설 창작에도 인공지능의 그림자가 드리워지고 있다. 이런 현상에서 한국도 예외는 아니었다. 2021년 김태연 작가는 인공지능이 창작한 장편 소설 『지금부터의 세계』를 출간했다.

> "왜 하필 나죠? 저 잘못한 거 하나도 없거든요."
> 서울대 어린이병원에서 희소 질환에다 소아암 판정을 받은 임사라(11) 양이 수술실로 들어가기 직전에 베드를 에워싸고 있는 어른들한테 나직하게 외친 말이다. 항변하듯 절규하듯. 목에 걸고 있던 나무 십자가를 어루더듬으며.

소설은 이렇게 시작한다. 사람이 썼다고 해도 이상할 것이 없다. 김태연 작가는 자신이 소설의 뼈대를 구상하고 그 틀에 따라 인공지능 모델 '비람풍'이 집필을 수행했다고 밝혔다. 비람풍은 당시 세간의 관심을 끌던 GPT-3 대신 사용한 순수 국내 인공지능 모델의 이름이었다.

2024년 1월에는 일본에서 170회 아쿠타가와상을 수상한 작가 쿠단 리에가 수상 소감을 밝히며 자신의 소설에서 챗GPT의 문장을 그대로 사용했다고 밝혀 파문이 일었다. 소설에 등장하는 'AI 빌드'라는 이름의 존재가 주인공과 대화를 나눌 때 쓸 대사를 작성하기 위해 챗GPT를 적극 활용했고, 일부 경우에는 챗GPT가 쓴 문장을 고치지 않고 그대로 사용했다고 밝힌 것이다. 이건 사람 작가가 자신의 작품 속에 담기는 문장을 인공지능에게 부탁해서 만든 사례로 처음부터 인공지능에게 집필을 맡기는 것과는 의미가 다르다.

어느 정도 사회적 합의가 필요한 일이긴 하지만 이런 현상은 막을 수 없다. 이미 모든 사람이 글을 쓸 때 인공지능을 사용하고 있기 때문이다. 이메일을 쓸 때, 회사 보고서를 쓸 때, 학교 숙제를 할 때, 광고 문구를 준비할 때, 인공지능은 사람의 일을 대신한다. 그뿐이랴. 교수가 논문을 쓸 때, 헐리우드 작가가 시나리오를 쓸 때, 정치인이 연설문을 준비할 때, 판사가 판결문을 쓸 때도 인공지능은 얼마든지 사용된다. 소설가라고 해서 그러지 말라는 법은 없다.

GPT-4의 성능을 앞지르는 모델이 이미 나와 있고, 조만간 GPT-5가 나올 예정이며 오래지 않아 AGI에 도달한 모델마저 등장할 것으로 예상되는 현재 시점에서 인공지능이 소설을 쓰는 것은 별로 특별한 일이 아니게 되었다. 로스 굿윈이 캐딜락을 몰고 미국 대륙을 횡단하던 시기로부터 불과 7년밖에 지나지 않았지만 대형 언어 모델(LLM)의 수준은 믿기 힘들 정도로 높아졌다. 문장이나 문체는 아무런 문제가 되지 않는다. 인공지능은 문장의 자연스러움을 넘어 스타일까지 능숙하게 구사할 수 있게 되었다. 소설의 플롯을 탄탄하게 유지하거나 적재적소에 감동 포인트를 넣어 이야기의 완결성을 꾀하는 것도 어렵지 않게 해낼 수 있다. 상황이 이러하니 세상의 모든 소설가, 시인은 어떤 이유로든 인공지능을 활용하거나 도움을 받지 않을 이유가 없다.

나는 챗GPT에게 『1 the road』의 문체와 내용을 참고해서 한국 사람이 재밌게 읽을 수 있는 소설을 1페이지 분량으로 작성해 달라고 부탁했다. 챗GPT는 1초도 걸리지 않아 초미니 소설을 써주었다.

> 서울의 아침은 항상 바쁘다. 하늘은 무채색의 구름으로 가득 차 있고, 강남역의 거리는 사람들로 붐빈다. 차들의 엔진 소리, 발걸음 소리, 그리고 거리의 활기찬 목소리들이 어우러져 도시의 교향곡을 연주한다. 나는 그 속에서 한 줄

기 빛을 찾아 여정을 시작한다.

내 손에는 AI가 만든 카메라가 들려있다. 그것은 보는 것마다 사진을 찍고, 그 이미지들을 바탕으로 나에게 이야기를 들려준다. "이곳의 풍경은 잿빛으로 칠해졌으나, 그 속에서도 삶의 파동이 느껴진다"고 카메라가 말한다. 그 말을 들으며 나는 한 걸음, 한 걸음 걸어간다.

버스가 지나가고, 그 뒤로 택시가 몇 대 지나간다. 택시의 창문 너머로, 승객의 얼굴이 보인다. 피곤하고, 지친 표정들. 그들의 눈빛에서 나는 서울의 또 다른 이야기를 읽는다. 아마도, 그들은 이 도시에서 자신의 꿈을 찾아 헤매고 있을 것이다.

읽는 데 아무 무리가 없는, 마치 한 편의 시처럼 몽환적인 느낌을 자아내는 작품이었다. 이런 글을 아무렇지 않게 쓰는 인공지능을 보면 인공지능이 스스로 생각하는 힘, 의식, 자기인식이 있을 것이라고 생각하는 게 무리는 아니라는 생각이 들었다.

하지만 이런 글은 인공지능 알고리즘이 기계적으로 작동해서 만들어 낸 결과다. **인공지능은 (적어도 지금은) 스스로 생각하지 않으며 통계에 기반한 계산을 수행할 뿐이다.** 설령 인공지능이 소설을 쓴다 해도 인간처럼 작가의 삶은 살지 못한다. 인공지능이 아무리 매끄럽게 읽히는 시를 쓴다 해도 바닷가 집에 편지를 배달하는 우편배달부와 우정을 쌓은 파블로 네루다의 삶이 뿜어내는 정서는 만들어낼 수 없다. 그러니 우리는 어떤 작가가 인공지능을 이용해서 글을 쓰는지 여부를 너무 따질 필요가 없다. 그 사람이 작가의 삶을 사는지 여부가 더 중요하다.

2024년 6월 한국을 방문한 테드 창은 인공지능에게 글을 쓰게 맡기면 그저 다른 작가들이 선택한 단어를 평균 내어 사용하거나 특정 작가의 형식을 모방할 수밖에 없을 거라고 말했다. 그렇기 때문에 인공지능이 흥미로운 예술 작품을 만드는 일은 없을 거라고 자신 있게 말했다. 그의 의견에 동의하고 싶은 생각이 굴뚝같다. 하지만 중요한 것은 독자의 해석이다. 단순히 글과 플롯이 아니라 인간의 독창성마저 거뜬히 흉내 내는 인공지능의 글이 예술 작품이 아니라고 단정하려면, 예술이 무엇을 의미하는지에 대한 철학적, 미학적, 문화적 논의가 더 있어야 할 것이다.

단백질 구조를 예측하는 인공지능

단백질은 모양이 가장 중요하다. 모양에 따라 기능이 달라지기 때문이다. 단백질은 20여 개의 아미노산이 연결되어 만들어진다. 아미노산이 구슬이라면 단백질은 구슬을 연결한 목걸이다. 목걸이 같은 선 모양의 1차 구조는 조금씩 구부러지고, 꼬이고, 접히면서 서서히 3차원 구조를 형성한다. 3차원 구조가 모여 더 큰 분자를 형성하면 그건 4차 구조라 부른다.

하나의 단백질 목걸이가 이런 변형 과정을 거쳐 도달할 수 있는 최종 구조의 가지 수는 천문학적인 수이며 사실상 무한하다. 그래서 1차 단백질 구조를 보고 최종 모습을 정확히 예측하는 일은 지극히 어렵다.

단백질은 구조 단백질과 생물학적 활성 단백질로 분류할 수 있는데 구조 단백질은 뼈, 힘줄, 인대, 피부, 머리카락, 손톱 등을 구성하고, 생물학적 활성 단백질은 효소, 호르몬, 항원 등이 되어 필요한 역할을 수행한다. 이렇게 기능이 구별되는 단백질은 서로 다른 구조와 모양을 갖는다. 즉, 단백질의 기능은 최종 구조와 모양의 결과물이다. 그래서 단백질은 모양이 중요하다.

처음에는 모두 비슷하게 생긴 아미노산 목걸이가 어떻게 서로 다른 구조를 향해 나아가는지, 단백질이 어떻게 자기가 수행해야 하는 기능을 알고 그에 필요한 구조를 찾아가는지 그 이유는 밝혀지지 않았다. 단백질의 3차원 구조를 밝혀 1972년에 노벨상을 받은 크리스티안 안핀슨은 훗날 어느 시점이 되면 아미노산의 서열만 보아도 단백질의 3차원 구조를 예측할 수 있을 거라고 말했지만 그런 일은 아직도 일어나지 않았다.

안핀슨의 말처럼 아미노산의 서열을 보고 단백질의 구조를 예측하고자 하는 인류의 노력은 치열했다. 1994년부터 2년마다 단백질 구조를 예측하는 기술을 발전시킬 목적으로 열리는 CASP Critical Assessment of Structure Prediction 대회는 그런 노력의 결정판이다. 전 세계 연구팀들은 예측을 위해 각자 개발한 방법을 객관적으로 비교 평가할 목적으로 대회에 참여한다. 단백질 구조를 예측하는 능력은 신약 개발, 생명과학, 의학 연구 등에 지대한 영향을 미치기 때문에 이 대회의 결과는 관련 기술의 수준을 측정하는 데 있어 중요한 지표로 여겨진다.

2016년에 이세돌 기사를 꺾고 바둑을 정복한 구글 딥마인드는 알파고의 후손인 알파스타를 개발하여 스타크래프트 등 다양한 게임을 정복했다. 이후 딥마인드는 단백질 구조 접힘을 예측하는 알파폴드의 개발로 나아갔다. 당대 최고 수준의 알고리즘을 장착한 알파폴드는 2018년 CASP 대회에 참여하여 세상을 놀라게 만들었다. 직전 대회인 2016년 대회에서 우승을 차지한 방법은 40점을 획득했는데, 2018년 대회를 우승한 알파폴드는 60점을 기록했다. 알파폴드가 단백질 구조를 예측한 결과가 인간 과학자가 미리 파악해둔 구조와 (즉 정답과) 60% 일치했다는 의미다.

2020년 대회에는 2년 사이에 한층 더 업그레이드된 알파폴드2가 참여했는데, 이 알파폴드2가 보여준 성능은 경악할 정도였다. 90점을 넘는 경이로운 점수를 기록한 것이다. 이 점수는 사람 연구원이 많은 장비를 가지고 오랜 시간을 들여야 겨우 도달할 수 있는 정확성이었다. 이건 바둑이나 스타크래프트를 정복하는 것과 완전히 차원이 다른 수준의 성취였다. 이런 알고리즘을 이용하면 화학반응을 촉진하는 효소, 바이러스를 제거하는 항체, 인슐린, 호르몬 등 인간의 건강과 질병을 좌우하는 다양한 단백질 구조를 전보다 훨씬 빠르고 정확하게, 심지어 저비용으로 해독할 수 있음을 의미했다.

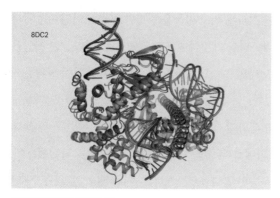
알파폴드가 예측한 단백질 구조

딥마인드는 자신들이 거둔 성취를 감추지 않고 『사이언스』나 『네이처』 같은 과학 저널에 알파폴드를 만들기 위해 사용한 방법과 알고리즘을 자세히 공개했다. 전 세계 연구자들이 새로운 차원의 연구를 진행할 수 있도록 독려한 것이다. 알파폴드는 정확성이라는 측면에서 이미 획기적이지만 엄청난 비용과 시간이 필요한 단백질 구조 예측 작업을 몇 분 정도의 짧은 시간에 수행할 수 있도록 만들었다는 점에서 더욱 대단했다. 『사이언스』는 2021년 12월 17일자 특별호 표지를 눈처럼 쏟아져 쌓이는 단백질 접힘 구조로 장식했고, 단백질 구조를 예측하는 인공지능 기술을 올해의 과학 성과로 꼽았다.

딥마인드의 데미스 허사비스 CEO는 인공지능 입장에서 단백질 접힘 구조를 예측하는 작업이 바둑을 두는 것보다 훨씬 더 어려운 일이라고 말했다. 그래서 바둑은 미끼였고 딥마인드의 목적은 애당초 단백질 구조 예측이었다는 말까지 나왔다. 단백질 접힘 구조를 예측하는 일은 바둑처럼 경우의 수가 무한대에 가까울 정도로 많다. 하지만 바둑은 그나마 정해진 규칙이 있어 그에 따라 논리가 흘러간다. 그에 비해 단백질 구조가 접히는 과정은 그때그때 주어진 상황에 따라 구성 물질 사이의 상호작용이 일어나기 때문에 예측이 어렵다. 하나의 규칙을 따라가는 현상이 아니라서 어떤 일도 일어날 수 있다.

그래서 인공지능 이전의 과학자들은 여러 실험적 결정 방법을 통해 직접 구조를 관찰하며 예측하는 방법을 사용했다. 이렇게 구조를 직접 관찰하는 방법은 저마다의 한계와 단점이 있다. 그럼에도 이런 방법이 사용된 것은 사람이 직접 관찰하며 작업을 수행하는 것이 정확하고 신뢰할 수 있다는 측면이 있고, 무엇보다 다른 방법이 없었기 때문이었다.

그런 관행은 2020년 알파폴드2의 등장과 더불어 바뀌기 시작했다. 학계 일각에선 알파폴드2의 성취를 과장하지 말아야 한다는 비판적 목소리도 존재한다. 특정 목적을 위해서는 알파폴드보다 전통적인 방법이 여전히 더 유용하다는 학술 논문도 있다. 하지만 CASP를 정복한 알파폴드는 지금까지 인류가 밝혀낸 단백질 구조보다 더 많은 구조를 정확하게 예측해내었다. 내부 알고리즘의 원리, 사용한 데이터, 소스 코드마저 모두 공개했다. 전통적인 수작업 방식을 통한 관찰과 예측으로는 찾을 수 없었던 매우 복잡한 패턴과 상호작용 결과도 알파폴드가 속속 찾아내었다. 딥마인드 외부의 다른 연구팀들이 공개된 알파폴드의 방법을 활용하여 의미 있는 결과를 발표한 사례도 많다.

딥마인드와 유럽생명정보학 연구소가 함께 만든 알파폴드 단백질 구조 데이터베이스 안에는 2023년 기준으로 2억 1400만 개의 단백질 구조가 들어 있다. 이들은 구글 클라우드와 깃허브 등을 통해 다운로드받을 수 있다고 한다. 정확성을 더 향상시켜야 한다는 숙제가 남아 있긴 하지만 알파폴드가 단백질 접힘 구조 연구의 지평을 전례 없는 수준으로 넓혔다는 점에는 의심의 여지가 없다.

2024년 1월에는 알파폴드가 환각을 일으키는 분자를 수십만 개 발견하여 항우울제 제작에 획기적인 전기를 마련했다는 뉴스도 나왔다. 이런 식의 소식은 앞으로 계속 더 나올 것이다. 딥마인드의 알파폴드는 인공지능이 인류에게 어떤 방식으로 도움을 줄 수 있는지를 보여주는 좋은 예시다.

킬러 로봇의 등장

알파폴드가 인류에게 도움을 주는 동안 또 다른 한쪽에서는 사람을 공격하는 무기에 장착되는 인공지능 기술이 나날이 발전하고 있다. '치명적 자율 무기 시스템'이라고 불리는 것들이다. 영어로는 LAWSLethal Autonomous Weapons다.

지금까지 로봇이 사람을 해친 사례는 적지 않다. 미국 포드 자동차 공장에서 부품을 운반하던 로봇이 지나가는 사람을 치어 사망에 이르게 했다. 일본 가와사키 공장에서도 로봇과 부딪혀 사망하는 사람이 나왔다. 하지만 LAWS는 이런 걸 말하는 게 아니다. 2018년에 우버의 자율주행 차량이 보행자를 치어 사망하게 한 사건이 일어났는데, 그런 것도 아니다. 우리나라 경남 고성군에서는 얼마 전 로봇 집게에 끼어 사망하는 사람이 나왔다. 불행한 일이지만 이런 것들은 모두 의도하지 않은 사고였을 뿐이다.

치명적 자율 무기 시스템은 애당초 사람을 죽이는 것을 목적으로 한다. 군사 무기에 인공지능이 장착된 것이다. 인공지능은 이미 자율 전투 드론, 해군 전투 시스템, 사이버 방어 시스템, 통합 지휘 통제 시스템, 로지스틱스, 시뮬레이션, 훈련 등 군사 분야에서 다양하게 활용되고 있다. 보스턴 다이나믹스의 아틀라스 로봇은 군사 작전을 지원하기 위해 투입된다. 사람과 닮은 모습 때문에 터미네이터 같은 로봇 군단을 떠올리게 하지만 살상 무기의 겉모습은 휴머노이드로 국한되지 않는다.

군사 무기에 인공지능을 적용하려는 인간의 노력은 1950년대 초반으로 거슬러 올라갈 정도로 오래되었다. 그 시기는 매카시나 민스키 같은 인공지능의 초기 멤버들이 인류 역사상 처음으로 생각하는 기계를 실제로 만들기 위해 노력하던 시기였다. 그 시기에 미국이 개발한 나이키 미사일 시스템과 같은 자동 유도 무기 시스템은 인공지능이 군사적으로 활용될 수 있음을 보여주었다.

이후 다양한 군사 분야에서 전문가 시스템이나 초기 신경망 알고리즘 같은 기술이 부분적으로 적용되어 나갔다. 2010년대가 되자 이스라엘의 드론이나 미 해군의 해상 무인 호위함 같은 무기에 인공지능이 본격적으로 적용되었다. 그리고 2020년대로 접어들자 LAWS라고 불리는 치명적 자율 무기 시스템이 본격적으로 개발되기 시작했다.

넷플릭스의 SF 시리즈 〈블랙 미러〉 중 '메탈헤드Metalhead'라는 에피소드가 있다. 2017년에 공개된 작품이다. 우리나라에서는 '사냥개'라는 제목으로 번역되었다. 작은 강아지처럼 생긴 금속 로봇이 사람을 발견하면 스스로 목표로 설정한다. 목표를 설정하면 어떤 장애도 헤쳐 나가며 끝까지 따라가 살해한다. 총을 쏘고, 칼을 쓰고, 열쇠를 따고, 담을 뛰어넘으며 한번 목표가 설정되면 말 그대로 (인간이) 죽을 때까지 뒤를 좇는다. 이런 일을 수행하는 로봇 개는 아무 감정도 성취감도 없다. 생명체가 아니니 당연하다. 그냥 그렇게 만들어졌을 뿐이다. 사람을 만나면 목표로 설정하고, 설정되면 반드시 죽이고, 주변에 사람이 없으면 절전모드로 들어가 에너지를 보존하며 다음 목표가 나타날 때까지 기다린다.

메탈헤드에 등장하는 로봇 개는 상상이 아니다. 로봇 업체는 이미 메탈헤드의 로봇 개와 외형이 거의 똑같은 로봇을 만들고 있다. 보스턴 다이내믹스가 만든 4족 보행 로봇의 이름은 스팟Spot이다. 인간 대신 무거운 짐을 운반하고 인간이 들어가기 어려운 지역을 정찰하는 등 평화로운 목적을 위해 제작되고 있다. 하지만 이 로봇에게 총을 장착하고 칼을 휘두를 수 있게 하면 그게 메탈헤드다. SF 영화에 등장한 빌런 로봇과 똑같은 모습을 가진 로봇이 현실에 존재한다는 사실은 영 꺼림칙하다.

얀 르쿤, 일리야 수츠케버, 주빈 가흐라마니 등의 스승이며 인류에게 현대적 의미의 인공지능을 선물한 제프리 힌튼 교수는 2023년 봄에 10년 넘게 다니던 구글을 퇴사했다. 구글에서 오랫동안 일하며 인공지능 발전에 많은 기여를 해온 그는, 인공지능의 발전이 현재 대단히 위험한 길을 향해 나아가고 있다고 경고하며 인공지능에 평생을 바친 자신의 연구를 후회한다고까지 말했다.

힌튼 교수는 앞으로 10년 이내에 자율적 판단으로 인간을 살해하는 살인 로봇 병기가 등장할 것이라고 말했다. 1차 대전에서 사용한 화학무기가 너무 잔혹하여 국제적으로 사용이 제한된 것처럼 인간은 살인 로봇 병기의 잔혹함을 겪고 난 후에야 국제적으로 합의를 하게 될 것이라고 말이다. 참혹한 일을 미리 피하는 것이 더 좋겠지만 어쨌든 인간이 뒤늦게라도 자신을 위한 합의와 협력을 고민하게 될 것이라는 점에서라도 위로를 삼아야 할 듯하다.

그렇지만 그런 합의가 근본적인 해결책은 아니다. 인간을 위한 목적으로 인공지능에게 전달한 명령이 인간에게 해로운 결정을 초래할 가능성도 있기 때문이다. 널리 알려진 예를 생각해보자. 인간은 인공지능에게 기후 변화를 중단시키라는 명령을 내렸다. 인간은 물론 지구 전체와 자연을 위해 꼭 필요한 명령이다. 좋은 의도에서 비롯된 명령이고 나쁜 의도는 없다. 명령을 받은 인공지능은 기후 변화의 원인이 인간이라고 분석했다. 따라서 인간에게 부여받은 명령을 수행하기 위해 우선 인간을 제거해야 한다는 판단을 내렸다. 인공지능은 재난 지역이나 산업 현장에서 열심히 일하고 있는 로봇 개 스팟에게 총을 달아주고 인간을 제거하라는 명령을 내렸다. 메탈헤드의 시작이다. 물론 상상으로 그치면 좋을 시나리오다.

인공지능과 바둑을 둔 프로 기사들이 공통적으로 하는 말이 있다. 오직 승리라는 목적을 위해 아무런 감정적 동요 없이 냉정하게 계산하는 인공지능이 벽처럼 느껴진다는 것이다. 인공지능은 실력을 떠나 우선 감정이 없다. 로봇 사냥개도 그러하다. 힌튼 교수의 말처럼 살인 로봇 병기가 세상에 등장하면 그들은 로봇 개와 동일한 방식으로 목표를 설정하고 아무 감정 없이 냉정하게 계산할 것이다. 적군이라고 해도 사람 사이에서는 타협과 항복이 가능하다. 로봇에게 그런 여지가 있을지 모르겠다.

터미네이터 같은 영화 때문에 인간의 모습을 한 휴머노이드 로봇이 종종 섬뜩한 느낌으로 다가오지만 살인 병기는 굳이 사람 모습이어야 할 필요는 없다. 작은 곤충, 개, 탱크, 비행기, 물고기 등 어떤 형태여도 되고 실제 그런 모습으로 개발되고 있다.

2022년 겨울 샌프란시스코 경찰국이 살상 로봇을 사용할 수 있다는 허가를 받아 큰 뉴스가 되었다. 아직 살상 로봇을 실전 배치하지 않았고 앞으로도 매우 긴급한 상황이 아니면 사용하지 않겠다고 설명했지만 메탈헤드의 아폴칼립스를 엿보는 기분이 드는 것도 사실이다. 수많은 SF 소설과 영화의 배경으로 등장한 인류 멸망은 그런 식으로 시작되었다. 살상 로봇이든 무기든 그들이 지금은 인간의 통제와 명령을 따르지만 힌튼 교수가 이야기하듯 스스로 판단하는 무기가 등장하면 인류의 역사가 어떤 방향으로 나아갈지 장담하기 어렵다.

유발 하라리 같은 인문학자는 인공지능이 인류의 역사를 중단시킬 가능성이 높다고 말했다. 인공지능이 직접 살상 무기를 동원할 필요도 없다. 인간이 서로를 향해 총을 쏘며 싸우도록 만들면 된다. 인공지능은 이야기를 만드는 능력이 있다. 그래서 인간이 믿을 수밖에 없는 이야기를 만들어 서로 의심하고, 갈등하고, 싸우게 만들 수 있다. 그건 인류가 지금까지 서로 전쟁을 일으켜 온 방식과 동일하다. 그래서 인간과 인간 사이에 갈등과 투쟁이 사라지지 않는 한 인공지능이 인간을 파멸시키는 것은 너무 쉽다.

미국 비영리단체 생명의 미래 연구소FLI는 오픈AI에서 개발한 GPT-4의 수준을 확인한 후 일론 머스크, 요슈아 벤지오, 스티브 워즈니악 등 1000명 이상의 저명 인사들과 함께 인공지능 개발 작업을 6개월 정도 중단하는 모라토리엄 기간을 제안했다. 인류를 어느 방향으로 데리고 가는지 알 수 없는 인공지능의 발전을 잠시 멈추고 인류와 문명의 미래를 위해 생각할 시간을 가질 필요가 있다는 것이다. 하지만 인간은 이미 인공지능이라는 호랑이 등에 올라탔다. 모라토리엄은 불가능하다.

인류에게 정말 필요한 모라토리엄은 인공지능 연구 개발을 멈추는 게 아니다. 갈등과 투쟁, 지나친 물질 추구와 경쟁을 멈춰야 한다. 세계 곳곳에서 민주주의와 평화가 대세를 이루어야 하고 나라와 나라 사이의 대화와 협력이 물처럼 흘러야 한다. 그런 협력의 분위기 속에서 인공지능의 부정적 영향을 함께 걱정하며 모니터링하고, 조정하고, 공유하고, 통제하며 인공지능과의 공존을 조심스럽게 모색해야 한다. 그게 인류에게 유일하게 남아 있는 생존의 길이다. 우린 그 길로 나아가고 있는 것일까. 과연 나아갈 수 있을까.

인공지능과 나누는 자연스러운 대화

사람처럼 말하는 기계에 대한 인간의 열망은 오래된 꿈이었다. 유태인 전설에 등장하는 골렘은 생명이 없는 물질이지만 사람처럼 말하고 행동할 수 있었다고 한다. 이건 너무 오래전 설화라 현실성이 떨어지지만 조너선 스위프트가 1726년에 쓴 『걸리버 여행기』를 보면 라퓨타 섬의 과학자들이 사용하는 '생각 기계'라는 것이 등장한다. 레버를 돌리면 문자열을 내뱉는 기계로 우리가 현재 목도하고 있는 인공지능을 닮은 상상이다.

새뮤얼 버틀러가 1872년에 쓴 『에레혼Erewhon』이라는 소설은 사람과 대화를 나누는 기계를 넘어 아예 인간처럼 의식을 갖고 인간을 지배할 수도 있는 기계를 상상한다. 기계가 사람처럼 사고하고 행동할 수 있는가에 대한 철학적 질문을 제기한 소설인 셈이다. 국내에도 번역된 카렐 차페크의 1920년 희곡 작품 『로숨의 유니버설 로봇』에는 인간과 대화를 나누는 로봇이 등장한다. 로봇이라는 단어가 최초로 등장한 작품으로 유명하다. 이 작품에 등장하는 로봇은 인간의 일을 대신 수행하다 반란을 일으킨다.

사람처럼 말하는 인공지능이나 로봇은 인간의 상상 속에서 이미 오래전부터 존재했지만, 그런 것이 실제로 등장한 것은 아주 최근의 일이다. 그 전에는 적힌 글을 읽어 목소리로 바꾸는 정도의 일조차 쉽지 않았다. 로봇처럼 딱딱한 목소리로 문자를 소리내어 읽어주는 Dectalk은 인공지능의 여명기였던 1984년 DEC에서 개발한 장치였다. 스티븐 호킹 박사가 사용한 음성 합성기로 유명한 Dectalk은 지금 기준으로 보기에 매우 단순한 장치지만 향후 음성 합성 기술의 발전에 많은 영향을 주었다.

2011년 IBM이 만든 인공지능 왓슨은 〈제퍼디〉라는 미국의 TV 퀴즈쇼에 등장하여 인간 챔피언 두 명을 압도하며 승리를 거두었다. 인간이 읽는 질문을 인간과 동일한 방식으로 듣고, 이해하고, 판단하고, 반응하는 게임에서 이긴 것이다. 제퍼디쇼 질문에는 여러 가지 말장난, 농담, 동음이의어 등이 섞여 있어 사람이 들어도 파악이 쉽지 않은 미묘한 뉘앙스가 포함되어 있었지만 왓슨은 질문의 의도를 순식간에 파악하고 정확한 답변을 내어 놓았다.

왓슨의 성능에 고무된 IBM은 왓슨을 퀴즈쇼를 넘어 금융, 법률, 의료 등 다양한 분야에 적용하려 노력했다. 의료 분야에서는 왓슨이 암을 정복할지 모른다는 성급한 기대가 나올 정도였다. 하지만 왓슨은 제 퍼디라는 게임을 잘 수행하기 위한 목적으로 최적화된 슈퍼컴퓨터였다. 의사들이 개인적 의견이나 추상적 표현을 입력하면 그렇게 똑똑해 보이던 왓슨이 무슨 말인지 알아듣지 못해 우왕좌왕했다. 의학 약어 같은 경우는 미리 입력해둔 것이 아니면 아예 인식 자체를 하지 못했다. 추론 능력이 결여된 왓슨은 미리 짜여진 지식의 틀을 벗어나는 순간 바보가 되었다. 왓슨 인공지능을 개발하던 IBM 부서는 2018년 봄에 이르러 사업을 접고 해체되었다.

컴퓨터와 대화를 나누려는 인간의 노력이 이것으로 중단된 것은 물론 아니었다. 2011년에 애플은 아이폰 4s를 발표하는 자리에서 시리라는 이름의 개인 비서 프로그램을 내놓았다. 아마존은 2014년에 시리와 유사한 알렉사를 발표했고, 구글은 2016년에 구글 어시스턴트를, 삼성전자는 2017년에 빅스비를 발표했다. 개인 비서 프로그램을 제작하는 데 필요한 인공지능 기술이 보편화되며 수많은 회사가 자신만의 인공지능 버전을 만들어 발표했다. 초기에는 매우 제한적인 기능을 수행했지만 인공지능이 발전하면서 이런 프로그램들도 조금씩 성능이 개선되었다. 하지만 이런 개인 비서 인공지능의 역할은 사람 대신 전화를 걸거나, 특정 앱을 실행하거나, 날씨와 같은 단편적 정보를 알려주는 수준에 머물렀다.

2017년 구글에서 트랜스포머 알고리즘을 발표한 이후 인공지능의 언어 능력이 차원을 달리 하기 시작했다. 특히 오픈AI는 트랜스포머를 이용한 GPT-1, GPT-2, GPT-3를 연이어 발표하며 인공지능의 대화 수준이 어떻게 혁신될 수 있는지 보여주었다. 2020년에 발표된 GPT-3는 인공지능이 더 이상 왓슨, 시리, 알렉사, 빅스비처럼 단편적 일을 수행하는 존재가 아님을 세상에 알렸다. GPT-3의 해박하고, 자연스럽고, 자유분방한 대화 능력은 인간 삶의 모든 분야에 깊은 영향을 미치면서 인공지능을 바라보는 인간의 시선을 바꾸는 데 성공했다.

오픈AI의 약진에 긴장을 느낀 구글은 2021년 I/O 행사에서 람다(LaMDALanguage Model for Dialogue Applications)를 발표했다. GPT-3와 마찬가지로 트랜스포머 알고리즘을 기반으로 하는 람다는 완벽할 정도로 매끄럽고 자연스러운 대화 실력을 선보여 탄복을 자아내었다.

구글은 행사에서 람다에게 스스로 명왕성 혹은 종이비행기가 된 것처럼 생각하라고 역할을 부여한 다음 대화를 나누었다. 인공지능에게 특정 역할을 연기하도록 시킨 것이다. 갑자기 진행되는 대화에서 이렇게 특정한 역할을 수행하려면 다양한 지식과 정보에 대한 이해는 물론 대화의 톤과 뉘앙스를 정확히 파악하는 능력, 자기가 맡은 역할에 대한 이해, 대화 상대에게 공감하는 능력까지 있어야 가능하다. 구글은 자신들이 만든 인공지능이 그런 능력을 가지고 있음을 세상에 보여주고 싶었던 것이다.

사람들은 람다와 GPT-3의 대화 실력을 보며 기술 발전에 대한 희망과 미래 사회에 대한 우려가 뒤섞인 감정을 느꼈다. 일라이자나 소피아의 어색한 대화 실력은 이미 까마득히 잊었다. 오픈AI는 2022년에 GPT-3.5 터보와 챗GPT를 발표했고, 2023년에 GPT-4를 발표했다. 2024년 5월에 GPT-4o를 발표하자 영화 〈그녀〉에 나오는 인공지능 사만다가 실제로 등장했다고 말하는 사람이 있을 정도였다. 구글은 2024년 2월에 그때까지 바드라고 불리던 생성형 AI의 이름을 제미나이Gemini로 바꾸며 경쟁을 이어갔다. 앤쓰로픽, 메타 등 다른 기술 회사도 마찬가지다. 수많은 회사와 나라가 인간의 언어를 사람보다 더 잘 다루는 생성형 AI 개발에 사활을 걸고 있다.

하지만 더 개선되어야 하는 지점은 남아 있다. 빠르게 전환되거나 모호한 표현이 등장하는 대화에서 상대의 의도나 문맥을 정확히 이해하는 능력이 개선되어야 하고, 인간의 미묘한 감정을 읽는 능력도 더 필요하다. 대화 내용을 오래 기억하는 능력은 아직 매우 제한적이다. 무엇보다 사실이 아닌 잘못된 정보를 뻔뻔스럽게 전달하는 할루시네이션hallucination이 큰 문제다. 대화 상대의 문화적 배경이나 윤리적 가치를 고려하는 능력도 많이 부족하다. 하지만 조너선 스위프트, 새뮤얼 버틀러, 카렐 차페크가 상상하던 기계는 이미 여기에 있다.

인공지능의 대화 능력은 날이 갈수록 수준이 높아지고 있다. 이미 넓고 깊은 지식은 더 넓고 깊게 향상되고 있다. 그래서 요즘엔 구글 검색을 대신하여 챗GPT 같은 인공지능을 사용하는 사람이 늘고 있다. 아예 자신이 해야 할 생각과 판단을 인공지능에게 맡기는 사람마저 있을 정도다. 지식의 외주화를 넘어 생각 자체를 외주화하는 것이다.

미국 럿거스 대학교의 이장선 조교수는 이를 '생각의 자동화'라고 불렀다. 그는 앞으로 2~3년 안에 인간처럼 생각하고 학습하는 AGI가 출현할 가능성이 높다고 말했다. 아무리 늦어도 10년이라고 한다. 우리가 지금 수준의 인공지능에게 이미 얼마나 의지하고 있는지 생각해보면 AGI 수준의 인공지능이 나타났을 때를 생각하는 것이 두렵다.

2014년에 나온 영화 〈그녀〉의 배경은 2025년이었다. 그 당시 사람이 생각했을 때 향후 11년 뒤인 2025년 정도가 되면 인공지능이 영화에 묘사된 정도의 수준으로 발전할 것으로 보였나보다. 사람이 인공지능과 사랑에 빠질 정도로 친밀한 감정적 교감을 하고, 은밀한 대화를 나누고, 개인사를 이야기하며 서로의 마음을 깊이 이해하고 에로틱한 욕구마저 자극하는 인공지능을 상상했던 것이다.

당시 영화를 보던 나는 마음 속으로 '그럴리가'를 외쳤지만 2024년에 발표된 챗GPT-4o는 이미 사만다의 느낌을 자아내었다. 데모에 등장한 목소리는 실제로 영화에서 사만다를 연기한 스칼렛 요한슨을 흉내낸 목소리였다. 이장선 교수의 말처럼 2~3년 뒤에 AGI가 출현한다면 영화 속 사만다가 그 전에 가능하다는 이야기가 된다. 영화의 예상은 크게 어긋나지 않았다. 물론 AGI의 출현 시점에 대한 예상은 정확히 말하기 어렵다. 낙관론자인 레이 커즈와일은 2029년 무렵일 거라고 예측했고, 일론 머스크는 심지어 그보다 빠른 시일 내에 AGI가 가능할 수 있다고 말했다. 신중론자들은 2050년 정도나 그 이후에 올 것이라고 말하기도 한다.

AGI와 무관하게 2024년 현재의 인공지능은 이미 인간의 언어를 와그작 와그작 다 씹어삼켰다. 청동 소녀를 만든 헤파이스토스는 지금의 인공지능에게 풀무질이나 용접을 시킬 수는 없겠지만 바람이 난 자신의 부인 아프로디테에 대한 이야기를 나누거나, 자신의 신체적 결함이나 열등감 등에 대해 적절한 조언을 구할 수는 있을 것이다. 아니, 잘못 말했다. 풀무질이나 용접을 시키는 것도 가능하다. 이렇게 분야를 가리지 않고 다재다능해진 인공지능은 이제 사람이 만들던 컴퓨터 프로그램조차 만들기 시작했다. 코딩을 하는 것이다.

오랜 시간을 소프트웨어 개발자로 지낸 내 입장에서는 이 부분이 가장 받아들이기 어렵다. 인공지능이 사람보다 바둑을 잘 두고, 게임을 잘 하고, 글을 잘 쓰고, 그림을 잘 그리고, 그럴 수 있다고 하자. 인공지능이 사람처럼 코딩을 한다고? 심지어 사람보다 더 훌륭하게?

다음 장은 이 주제를 다룰 것이다. 인공지능이 코딩을 수행하며 사람 개발자의 존재를 위협하고 있는 현상을 논의할 것이다. 내가 이 책을 쓰기 시작한 실질적 동기에 해당하는 내용이다. 코딩과 관련된 내용을 다루고 있지만 조만간 인공지능에게 빼앗길 지적 노동을 수행하고 있는 사람이 주의 깊게 읽어야 할 내용일 것이다.

4

코딩의 종말

당신을 대체하는 것은 인공지능이 아니라
인공지능을 활용하는 다른 사람이다.

2024년 2월 UAE 두바이에서 세계 정부 정상회의The World Government Summit가 개최되었다. 매년 두바이에서 열리는 행사다. 세계 여러 나라의 지도자급 인사들이 모여 미래 일자리, 환경, 인공지능 등 인류가 힘을 모아 고민하고 해결해야 하는 문제를 논의한다. 24년에 열린 행사에서 가장 많은 주목을 받은 것은 아마 엔비디아의 젠슨 황 CEO가 등장한 세션이었을 것이다.

그는 UAE의 인공지능 겸 디지털경제부 특임 장관인 오마르 빈 술탄 알 올라마가 사회를 보는 세션에 나타났다. 흰색 옷을 입고 머리에는 하얀색 구트라를 쓴 올라마 장관 옆에 검은 가죽 자켓을 입은 젠슨 황이 자리를 잡았다. 올라마 장관이 젠슨 황 CEO에게 먼저 "그런데 7조 달러면 GPU를 몇 개나 살 수 있을까요?"라고 물었다. 젠슨 황 CEO는 "전 세계에 있는 GPU를 다 살 수 있겠죠."라고 대답했다.

이 대화는 7조 달러라는 상상하기 힘든 금액의 투자를 유치하려고 노력하는 오픈AI의 샘 올트먼 CEO를 떠올리게 했다. 우리 돈으로 거의 1경 원에 가까운 돈이다. 대한민국의 1년 예산이 640조 원 정도이니 얼마나 큰돈인지 알 수 있다. 세계 1위 경제 대국인 미국의 1년 예산도 7조 달러에 미치지 못한다. 하나의 회사가 필요로 하기에는 너무 큰 금액이다. 올라마 장관과 젠슨 황의 대화는 샘 올트먼이 그런 금액을 필요로 하는 이유가 결국 인공지능 모델을 만들기 위해 꼭 필요한 GPU를 확보하기 위한 것이라는 의미를 함축했다.

90년대에 퍼스널 컴퓨터가 대중화되던 시기에 각광을 받은 칩은

CPUCentral Processing Unit였다. PC 열풍과 함께 인텔을 중심으로 하는 몇 개의 회사가 CPU 칩을 생산하며 비즈니스를 대폭 확장시켰다. 그 시절에도 GPUGraphics Processing Unit라는 칩이 있었는데 그 때 GPU는 컴퓨터 화면을 더 부드럽고 또렷하게 표현하기 위한 시각적 보조 장치에 머물렀다. 컴퓨터 스크린에 그림을 표현하기 위해 필요한 단순 계산에 최적화된 장치였던 것이다.

20년 정도의 시간이 흐르고 인공지능의 시대가 도래했다. 제프리 힌튼 교수가 부활시킨 딥러닝 같은 방법은 어마어마한 분량의 단순 계산을 요구했다. 인공지능 학습 과정이 막대한 양의 단순 계산으로 이루어져 있음이 밝혀진 것이다. 그런 계산을 CPU로 수행하는 것은 불가능했다. 과거 컴퓨터 그래픽스를 위해 GPU가 필요했던 것처럼 인공지능 역시 GPU를 필요로 했다. 그래서 엔비디아 같은 GPU 업체는 미국 서부 개척 시대에 금광을 발견한 사람처럼 기쁨에 겨운 비명을 질렀다.

오늘날 인공지능은 딥러닝 같은 알고리즘, 빅데이터, 컴퓨팅 파워라는 세 개의 요소가 결합되어 가능해졌다. 그 중에서 컴퓨팅 파워의 핵심은 단연 GPU다. 엔비디아는 그런 GPU 시장에서 압도적인 위치를 차지하게 되었고 인공지능 시대의 핵심 주자로 떠올랐다. 얼떨결이긴 했지만 그들은 갑자기 다가온 기회를 놓치지 않았다.

코딩은 필요 없다

젠슨 황은 1963년에 대만 타이난시에서 태어났다. 그는 미국 오리건 주립대학교에서 전기공학을 공부한 후 스탠퍼드 대학교에서 석사를 받았다. 왼팔 어깨에 엔비디아 로고 모양의 문신을 새기고 검은색 가죽 잠바를 즐겨 입을 정도로 쇼맨십이 있는 사람이다. 그는 엔비디아의 성공 덕분에 막대한 재산을 벌어들였다. 그리고 테크놀로지 세계의 주요 인물로 떠올랐다. 전 세계의 사람들이 미래를 가늠하기 위해 말과 행동을 주목하는 리더급 인물의 하나로 당당히 자리를 잡은 것이다.

UAE의 올라마 장관과 무대에 올라 대담을 진행하던 젠슨 황은 이렇게 말했다.

> "아무도 프로그래밍할 필요가 없는 컴퓨팅 테크놀로지를 만드는 것이
> 우리의 임무입니다. 그렇게 하면 사람 자체가 프로그래밍 언어이기
> 때문에 세상 모든 사람이 프로그래머가 되는 거죠.
> 인공지능이 몰고 오는 기적이 그런 것 아니겠습니까."

계속해서 그는 그렇기 때문에 앞으로 컴퓨터 과학이나 공학을 공부할 필요가 없다고 말했다. 오히려 생명공학 같은 특정 도메인 분야를 공부하는 것이 나을 거라고 주장했다. 앞으로는 인공지능이 코딩을 다 할 것이기 때문에 어린아이들에게 코딩을 가르칠 필요가 없다고도 말했다.

그의 말은 엄청난 반향을 불러일으켰다. 각종 매체와 SNS가 뜨겁게 달아올랐다. 코딩의 시대는 끝난 것인가. 개발자의 운명은 종말을 맞이했는가. 이런 제목의 뉴스가 쏟아졌다. 많은 전문가, 기업인, 심지어 정치인들은 불과 얼마 전까지만 해도 아이들에게 코딩을 가르치는 것이 미래 사회 준비의 핵심이라고 말하곤 했다. 그런데 젠슨 황과 같은 주요 인물이 이제 와서 코딩 교육이 필요 없다고 말하니 사람들의 혼란은 극에 달했다. 하지만 젠슨 황의 발언에 대한 개발자의 반응은 냉담했다. 차가울 정도였다. 매일 수행해야 하는 코딩 업무가 바쁜 그들 귀에는 젠슨 황의 말이 헛소리처럼 들렸다.

진짜 가치는 문제를 해결하는 것

젠슨 황은 GTC 2020년 행사에서 "메타버스가 오고 있다."라고 말했다. 당시 그는 들뜬 표정이었다. 앞으로 코딩이 필요 없다는 젠슨 황의 주장을 들은 사람들은 그때 온다던 메타버스는 지금 어디에 있느냐고 되물었다. 젠슨 황이 미래에 대한 특별한 통찰이 있어 발언하는 게 아닌, 그저 엔비디아의 GPU를 더 많이 팔고 싶어서 하는 전략적인 발언이 아니냐는 것이다. 엔비디아의 입장에서는 메타버스든 암호화폐 채굴이든 인공지능이든 GPU를 필요로 하는 기술이기만 하면 언급하지 않을 이유가 없지 않냐는 비판이다.

젠슨 황의 주장을 비판하는 사람들, 즉 사람 개발자의 코딩이 여전히 필요하다고 생각하는 사람들은 다른 근거도 가지고 있다. 우선 현 단계 인공지능이 가진 한계를 지적한다. 인공지능은 이미 몇 년 전부터 개발자 곁에서 코드를 만들어왔다. 인공지능이 코딩을 수행하는 현상은 새로운 일이 아니다. 하지만 인공지능이 작성하는 코드의 품질은 아직 사람을 대신할 정도는 아니다. 심지어 인공지능의 코드 품질 문제 때문에 코딩 경험이 많은 개발자 중엔 아예 인공지능 사용을 거부하는 사람도 많다. 귀찮다는 것이다.

사람 개발자가 계속 존재해야 하는 이유는 또 있다. 소프트웨어 개발 과정은 코딩만이 아니라 사용자 요구사항을 취합해서 분석하고, 그에 맞는 시스템을 설계하고, 코딩하고, 테스트하고, 현장에 배포하는 여러 단계로 이루어져 있다. 각 단계는 사람 사이에서 일어나는 수많은 커뮤니케이션을 분명 필요로 하는데 인공지능이 이런 모든 과정을 어떻게 대신할 수 있겠냐는 것이다. 인공지능이 어찌저찌 코딩은 할 수 있다 해도 상황에 따른 판단이나 소통처럼 반드시 사람이 수행해야 하는 일이 너무 많다.

AI 코딩 도구가 사람을 대신하면 발생하는 현실적 문제도 많다. 일자리 감소에 따르는 경제적 불평등은 말할 필요도 없다. 인공지능이 작성한 코드에서 법적 문제나 보안 문제가 발생하면 그걸 누가 책임져야 하는지 정해야 한다. 저작권이나 지적재산권과 관련된 부분도 논의되어야 한다. 사람이 더 이상 코딩을 공부하지 않으면 관련 지식과 기술이 퇴화할 수밖에 없다. 그렇게 되면 인공지능이 작성하는 코드를 아예 이해하지 못하게 되는 문제도 있다. 누군가 인공지능의 코딩 기술을 활용해서 도박, 사이버 범죄, 피싱 등 불법적이고 비윤리적인 소프트웨어를 만들어도 통제하기 어렵게 된다. 이런 면들을 종합적으로 고려하면 인공지능이 사람 개발자를 대신할 거라는 젠슨 황의 주장은 쉽게 성립하기 어렵다.

그렇지만 앞으로 인공지능이 사람을 대신할 거라고 말하는 사람은 젠슨 황 한 사람으로 국한되지 않는다. BBC 보도에 의하면 크리에이티브 컴퓨팅 클럽의 창립자인 매슈 애플게이트라는 사람은 이렇게 말했다. "현재 나는 개발자의 마지막 세대를 가르치고 있습니다. 우리가 보기에 개발자들은 조만간 인공지능에 의해 사라지게 될 겁니다." 그가 예측한 시간은 길어야 10년이다. 이미지 생성 모델로 유명한 스태빌리티 AI사의 에마드 모스타크 CEO는 모든 개발자가 5년 후면 할 일이 없어질 것이라고 말했다. 이들과 비슷한 견해를 가진 사람을 찾아보는 일은 어렵지 않다.

존 카맥은 둠DOOM이나 퀘이크Quake 같은 게임을 만들어 1인칭 슈팅 게임의 장르를 개척한 사람으로 잘 알려져 있다. 개발자 사이에서 전설적 프로그래머로 회자될 뿐만 아니라 사업적으로도 큰 성공을 거두었다. 어느 누구보다 하드코어 개발자였던 그는 이렇게 말했다.

> 가치의 원천이 '코딩'인 적은 한 번도 없었다. 그러니 사람들은 코딩에 너무 집착하지 말아야 한다. 문제를 해결하는 것이야말로 핵심 기술이다. 전통적인 프로그래밍이 요구하는 규율과 정확성은 계속 소중한 가치로 남아 있겠지만.

> 그런 것들은 더 이상 진입장벽 역할을 하진 않을 것이다(코딩을 잘하려면 논리적으로 생각하는 힘이 있어야 하기 때문에 그런 능력이 부족한 사람은 코딩을 직업으로 삼기 어려웠다. 하지만 앞으로는 그런 힘이 없다고 해서 하고 싶은 일을 못 하게 되는 일은 없을 거라는 의미다).
>
> 나는 인공지능이 나보다 더 뛰어난 프로그래머라면 (기꺼이 코딩을 그만두고) 인공지능을 관리하는 일을 즐겁게 할 수 있을 것 같다.

괄호 안의 내용은 말의 뜻을 더 잘 설명하기 위해 내가 집어넣은 것이다. 존 카맥이 하고자 하는 말은 이렇다. 코딩은 높은 수준의 규율과 정확성을 필요로 한다. 그래서 아무나 코딩을 할 수 없었다. 하지만 그런 시간은 이제 끝나가고 있다. 코딩에 집착하지 말라. 자기가 사용하는 기술에 매달리지 말라. 인공지능의 도움을 받는 것을 즐겁게 생각해야 한다. 인공지능의 도움을 받아 문제를 해결하는 것이야말로 진정한 가치에 해당하기 때문이다. **진짜 가치는 문제를 해결하는 것이다.** 코딩이 아니다.

젠슨 황보다 점잖은 방식으로 말하고 있지만 똑같은 말이다. 인공지능이 사람보다 더 코딩을 잘 하는 세상이 다가오고 있다. 그런 세상이 오면 과감히 코딩을 버리고 기쁜 마음으로 인공지능의 도움을 받아들여라. 존 카맥은 누구보다 열정적으로 코딩을 해왔고, 코딩에 대한 재능이 출중했기 때문에 그가 한 말은 개발자들에게 젠슨 황의 말보다 더 큰 무게로 다가왔다.

좋다. 존 카맥이 그렇게 말했다면 그럴 수도 있겠지.

둠이라는 게임을 해본 적 없는 사람이면 예외일 수 있지만, 존 카맥의 말을 들은 세상의 개발자들은 대체로 그의 말을 진지하게 받아들였다. 꼭 존 카맥 때문이 아니더라도 인공지능의 도움을 귀찮아 하던 고참 개발자들은 슬쩍 한 발을 뒤로 물렸다. 지금까지 일해오던 습관 때문에 인공지능을 사용하지 않지만 인공지능의 시대가 오고 있다는 점은 인정한다는 식으로 말을 바꾼 것이다. 사실을 말하자면 인공지능이 코딩을 수행하는 일은 이미 보편적인 현상이 되어 더 이상 낯설거나 이상한 일이 아니게 되었다.

하지만 존 카맥은 인공지능의 도움을 받아 문제를 해결하라고 말했다. 그건 무슨 뜻일까. 문제를 해결하려면 인공지능이 작성하는 코드의 수준이 매우 높아야 하는데, 이제 곧 그렇게 된다는 뜻일까. 사람 개발자가 머릿속에서 고민하는 생각을 인공지능이 순식간에 코드로 만들어준다는 뜻일까. 사람이 만든 코드에 숨어 있는 버그를 수정해준다는 것일까. 설마 인공지능이 사용자 요구 사항을 이해하고, 소프트웨어 개발 계획을 수립하고, 코드를 작성하고, 테스트하고, 배포까지 하는 걸 의미하진 않겠지. 그런 일이 일어나는 건 먼 미래의 일일 테니까.

코그니션Cognition이라는 회사는 그게 먼 미래의 일이 아니라고 이야기한다. 위에 언급한 모든 것을 인공지능이 사람 대신 할 수 있다고 주장한다. 사용자 요구 사항 분석, 시스템 설계, 구현 및 코딩, 테스트, 배포, 유지보수에 이르는 소프트웨어 개발 프로젝트의 전 과정을 처음부터 끝까지 사람의 개입 없이도 인공지능만으로 모두 수행할 수 있다고 주장한다. 그 주장이 사실이면 이건 젠슨 황이나 존 카맥이 한 말과 차원이 다르다.

코그니션의 주장이 사실로 드러나면 인공지능이 소프트웨어 개발자를 대체할 것인가, 라는 질문에 대해 논박할 필요가 없어지게 된다. 그런 변화는 이미 현실이 되어 있을 테니까. 이런 인공지능이 등장하면 개발자의 운명은 절벽 끝에 서 있게 된다.

인공지능 소프트웨어 엔지니어의 등장

스캇 우Scott Wu는 하버드 대학교에서 경제학을 공부했다. 하지만 빌 게이츠, 스티브 잡스, 마크 저커버그가 그랬던 것처럼 스캇 우 역시 학교를 끝까지 다니지 않았다. 학교를 그만둔 그는 아데파Addepar라는 자산 관리 회사에서 잠시 소프트웨어 개발자로 근무했고, 2017년 무렵 런치클럽Lunchclub이라는 스타트업 회사를 창업했다.

스캇 우는 어린 시절부터 남다른 수학적 재능을 드러냈다고 한다. 한국의 중학교 2학년에 해당하는 미국 8학년 시절 그는 전미 수학 경연 대회에 참가하여 우승을 차지했고 그때부터 수많은 대회에 참가하여 메달을 휩쓸었다. 스캇 우의 형인 닐 우Neal Wu는 이런 동생에게 컴퓨터 프로그래밍이라는 새로운 세계를 소개해주었다. 스캇의 천재성은 형의 안내로 인해 수학을 떠나 프로그래밍의 세계로 자리를 옮겼다.

코드포스Codeforces는 전 세계에서 뛰어난 프로그래밍 실력을 가진 사람들이 모여 실력을 겨루는 플랫폼이다. 그곳에서 스캇과 닐은 하나의 팀으로 활동하며 전설적 인물로 주목받았다. 수학 분야에서 이미 천재성을 입증한 스캇은 프로그래밍 경연 대회가 창의성과 엔지니어링 능력을 동시에 요구하고, 문제를 해결하기 위한 전략도 잘 세워야한다는 점에서 수학과 구별되는 매력이 있다고 말했다. 그는 코딩의 매력에 흠뻑 빠져들었다.

국제정보올림피아드(IOIInternational Olympiad in Informatics)에서 3개의 금메달을 획득한 스캇은 탑코더 오픈 알고리즘 대회, 구글 코드잼, 페이스북 해커컵 등 다양한 대회에 참가하여 메달을 수집했다. 스캇은 프로그래밍 실력만 뛰어난 것이 아니었다. 주변에 있는 프로그래머를 돕는 일에도 재능과 열정이 있었다. 이렇게 컴퓨터 실력과 사회성을 겸비한 스캇은 코딩이라는 강력한 무기를 장착한 채 차츰 현실 세계의 문제를 해결하는 비즈니스 영역으로 다가서기 시작했다.

자신이 창업한 런치클럽에서 CTO로 근무한 스캇은 데이터 분석과 머신러닝 기법을 활용해서 다양한 문제를 풀고자 시도했다. 시장 분석, 그로스 해킹, 코로나19 팬데믹 등이 그런 시도의 대상이었다. 인공지능 기술을 이용해 서로 목적이 맞는 전문가들이 만나 점심이나 커피를 하도록 만드는 것을 비즈니스로 삼은 런치클럽은 성공했다. 자신의 실력으로 금전적 여유를 갖게 된 스캇은 이런 경험을 통해 인공지능에 더 많은 관심을 갖게 되었다. 수학에서 프로그래밍으로, 프로그래밍에서 인공지능으로 관심을 넓혀 나간 그는 마침내 정말 풀고 싶은 문제를 만나게 되었다.

그의 머릿속에 떠오른 생각은 인공지능을 활용하여 소프트웨어 개발 업계를 혁신하는 것이었다. 스캇은 사람 이상의 수준으로 코딩을 하고, 소프트웨어 개발 프로젝트를 처음부터 끝까지 완벽하게 수행하는 인공지능을 희망했다. 사람들은 인공지능이 사람 수준으로 코딩을 하는 건 쉬운 일이 아니라고 말했다. 하물며 인공지능이 소프트웨어 개발 과정 전체를 사람의 개입 없이 수행하는 건 사실상 불가능하다고 이야기했다(이 사람들은 10년 전에는 인공지능이 프로 바둑 기사와 바둑을 두어 이기는 것은 불가능하다고 말했을 것이다).

스캇 역시 그러한 꿈이 쉽게 해결되리라곤 생각하지 않았다. 소프트웨어 개발 과정은 중간에 수많은 의사결정 단계를 포함하고 있고, 변동사항이 많고, 불확실한 부분도 많다. 필요한 사람과 커뮤니케이션을 수행하며 그때마다 바꿔야 하는 것이 너무 많아, 사람 수준의 유연성을 갖추지 못한 인공지능이 그런 일을 스스로 수행하도록 만드는 것은 매우 어려운 일이었다.

그는 자신이 창업한 회사인 코그니션에 자신만큼이나 실력이 뛰어난 세계 최고 수준의 개발자들을 불러 모았다. 어린 시절의 수학 경연 대회 이후 코드포스나 국제정보올림피아드에서 활약하며 만난 사람들, 딥마인드나 웨이모 같은 최상급 인공지능 연구소에서 근무하던 사람들을 코그니션으로 데려왔다. 자신의 형인 닐 우도 합류했다. 2023년에 아일랜드의 젊은 갑부 패트릭 콜리슨 같은 사람 등으로부터 2100만 달러(한화 약 290억)라는 넉넉한 자금을 투자받기도 했다.

전체 직원 수가 50명이 되지 않는 조그만 회사인 코그니션은 1년 남짓한 기간 동안 스캇의 꿈을 실현하기 위해 노력했다. 그리고 전과 다른 수준의 추론 능력이 장착된 (장착되었다고 주장되는) 인공지능 모델을 개발했다. 2024년 3월 그들은 세계 최초의 AI 소프트웨어 엔지니어라고 일컬어지는 데빈 에이아이Devin AI를 발표했다.

코그니션 랩스가 발표한 데빈 AI

데빈 에이아이가 등장하자 인공지능은 결코 사람 개발자를 대체할 수 없을 거라고 말하던 사람들은 긴장감에 휩싸였다. 이 책을 쓰는 2024년 6월 기준으로 일반 개발자가 데빈 에이아이를 사용할 방법은 없다. 초대받은 소수만 사용하는 베타 테스트 중이기 때문이다. 그래서 데빈은 아직 광범위하게 검증되지 않았다. 유튜브에 데모 영상이 올라와 있지만 테크놀로지 세계에서 데모는 데모일 뿐이다. 데빈 AI의 오픈소스 버전을 만들기 위해 오픈데빈이라는 프로젝트도 시작되었지만, 그건 별도의 프로젝트다. 세상은 코그니션의 다음 동작을 숨죽인 채 기다리고 있다.

데빈 에이아이가 발표된 이후 개발자 세계는 반복되는 하나의 질문으로 뜨겁게 달아올랐다. '인공지능 개발자 데빈이 사람 개발자를 대체할 것인가'라는 질문이다. 이 질문에 대해 코그니션은 그렇지 않다고 답했다. 그게 공식적인 답변이다. 코그니션은 데빈 에이아이라는 인공지능이 사람 개발자에게 매우 효율적인 도움을 제공하여 사람이 지금보다 더 높은 수준의 일, 더 가치있고 중요한 일에 집중할 수 있도록 도와주는 도구일 뿐이라고 말했다. 사람 개발자를 대체하는 것은 자신들의 목적이 아니고, 그렇게 할 수도 없다고 강조한 것이다.

사람 개발자를 대체하는 것이 목적이 아니라는 코그니션의 입장은 사실일 것이다. 하지만 미래의 일은 알 수 없다. 미국의 테크놀로지 기업들은 이미 개발자 채용을 대폭 감축하는 추세이고 내부에 있는 개발자도 조금씩 정리하는 것처럼 보인다. 실리콘밸리의 기업들이 개발자 채용을 이전보다 30% 이상 줄였다는 뉴스가 우리나라에서도 보도된 바 있다. 이런 현상이 데빈과 같은 인공지능 모델의 발전 때문인지 아니면 경제 사이클에 기반한 일시적 현상인지 확인하려면 시간이 더 필요하다. 하지만 뭔가 근본적인 변화의 양상이 보인다고 말하는 전문가가 늘고 있다.

인공지능 모델이 코딩을 수행하기 시작한 것은 비교적 최근의 일이다. 개발자가 특정 코드를 작성하거나 자연어로 필요한 것을 설명하면 인공지능이 그것을 읽어 사용자가 필요로 하는 코드를 빠르게 만들어 보여준다. 개발자는 인공지능이 제안한 코드를 그대로 사용할 수 있고, 일부 수정을 가해서 사용할 수도 있고, 아니면 무시할 수도 있다. 어떤 선택을 하든 개발자 마음이다. 지금은 그렇다.

좁아지는 인간의 영역

코딩을 수행하는 인공지능은 5년 전만 해도 꿈이었다. 즉, 현실적으로 어려운 일로 치부되었다. 하지만 3년 전쯤이 되자 코딩하는 인공지능은 현실이 되었다. 하지만 인공지능이 만드는 코드의 품질은 여전히 문제였다. 호기심이 생겨 AI 코딩 도구를 사용해본 사람들은 혀를 차며 원래 일하던 방식으로 돌아갔다. 1년 전쯤에는 이미 수많은 개발자의 손에 AI 코딩 도구가 들려 있게 되었다. 많은 사람이 인공지능과 대화를 나누며 코딩을 하기 시작한 것이다.

2024년이 되었을 때 AI 코딩 도구는 대다수 개발자의 손에서 떼어낼 수 없는 필수 도구로 자리 잡았다. 2025년이 지나고 2026년이 되면 AI 코딩 도구는 인간을 완전히 밀어내기 시작할까.

개발자들이 코딩을 수행하기 위해 사용하는 도구는 보통 IDE라고 부른다. Integrated Development Environment(통합 개발 환경)

의 줄임말로 문서 편집기, 컴파일러, 디버깅 도구 등 여러 가지 도구가 통합되어 있는 소프트웨어다. 유명한 것으로 비주얼 스튜디오, 이클립스, 인텔리제이 등이 있다. 젯브레인사가 만드는 IDE인 인텔리제이는 2021년 가을에 가장 유명한 AI 코딩 도구인 깃허브 코파일럿을 플러그인 형태로 지원하기 시작했다. 다른 IDE도 비슷한 시기에 인공지능 도구를 사용할 수 있는 인터페이스를 지원하기 시작했다. 코파일럿 이외의 다른 도구도 지원되는 것은 물론이다.

IDE에 인공지능 도구가 통합되는 무렵부터 많은 개발자가 코드를 설계하고, 구현하고, 최적화하고, 실행하고, 테스트하고, 디버깅할 목적으로 코파일럿 등의 도구를 사용하기 시작했다. 사람에 따라 정도와 범위의 차이는 있어도 최소한 부분적인 활용은 보편적 현상이 되었다. 인공지능이 코드를 작성한다는 사실 자체를 신기하게 생각하거나 코드의 품질을 힐난하는 사람은 여전히 있지만 AI 코딩 도구는 IDE가 당연히 지원해야 하는 기능으로 자리를 잡았다.

이렇게 IDE와 통합되어 개발자의 작업 환경 속으로 들어온 인공지능 도구는 해당 환경에서 접근할 수 있는 코드와 문서를 모두 들여다본다. 그렇게 해야 개발자가 필요로 하는 코드를 작성할 수 있기 때문이다. 경우에 따라서는 개발자가 인공지능에게 지정된 소스 코드를 읽고 필요한 피드백을 제공해 달라고 요청하는 경우도 있다. 어느 경우든 인공지능이 개발 환경 안에 있는 많은 분량의 코드를 읽고 분석할 수밖에 없다.

하지만 소스 코드는 회사 내부의 정보나 중요한 기밀을 담고 있는 경우가 많다. 사실 대부분의 코드는 그렇지 않지만, 어떤 코드가 중요한 정보를 담고 있는지 체계적으로 분류하는 회사가 거의 없으니 회사의 소스 코드 전체가 대외비로 간주되는 경우가 일반적이다. 그렇기 때문에 회사의 소스 코드를 외부에서 동작하는 도구인 인공지능에게 그대로 보여주는 것을 불편하게 여기는 회사가 많다.

삼성전자 같은 경우는 소스 코드가 외부로 노출되는 것을 막기 위해 회사 내부에서 자체적으로 AI 코딩 도구를 만들어 사내에 배포했다. 반도체, 휴대폰, TV 등 디바이스만이 아니라 여러 서비스, 광고, 고객 지원 등과 관련해서 중요한 내부 정보를 담고 있는 코드가 많으니 어쩔 수 없는 선택이었을 것이다. 블록체인 등 국내 가상자산 시장에서 최대 규모를 자랑하는 두나무도 비슷한 고민을 하고 있다. 고객의 자산을 운용하기 위해 사용되는 코드를 외부에 노출시키는 것은 아무래도 쉽지 않은 일일 것이다. 삼성전자나 두나무만 그런 고민을 하는 건 아니다.

인공지능 코딩 도구를 만드는 것이 기술적으로 아주 어려운 일은 아니다. 그렇게 하기 위한 인력, 컴퓨팅 파워, 데이터만 있으면 가능하다. 데이터는 물론 소스 코드다. 이런 자원을 확보하고 있는 회사 중에는 스스로 인공지능 코딩 도구를 만들어 사용하는 회사가 많다. 이런 식으로 제작된 모델까지 고려하면 코딩을 수행하는 인공지능 모델은 매우 많을 것이다. 인공지능 도구를 활용하는 개발자의 수가 그만큼 많아지고 있다는 의미다.

미국 IT 리서치 업체인 가트너사에 의하면 2023년 초만 해도 AI 코딩 도구를 사용하는 개발자가 10% 정도에 불과했다. 앞으로 4년 뒤인 2028년이 되면 전 세계 개발자의 75%가 AI 코딩 도구를 사용할 것이라고 전망했다. 현재 추이를 보면 75%는 너무 낮은 수치가 아닐까 싶은데 가트너사 조사의 대상이 대기업 개발자로 한정되어 있기 때문에 그런 숫자가 나왔을 것이다. 2023년 여름에 깃허브가 수행한 비슷한 조사에 의하면 이미 전 세계 개발자의 92%가 AI 코딩 도구를 사용하고 있는 것으로 드러났다. 그래서 지디넷에 관련 기사를 실은 스티븐 본 니콜스는 "AI는 프로그래밍의 미래가 아니다. 그것은 현재다."라고 말했다.

코파일럿을 비롯한 인공지능 도구들은 이미 사람이 작성한 코드보다 더 정확하고 깔끔한 코드를 척척 만들어내고 있다. 코드의 범위가 넓어지거나 추상 수준이 올라가면 아직은 사람의 실력에 미치지 못하여 활용성이 떨어지고 문제를 발생시키는 경우가 있지만, 작은 단위의 코드나 구체적인 목적을 위한 코드를 생성하는 일은 상당히 잘한다. 그렇다 보니 개발자들은 일상적으로 진행하는 작은 단위의 코딩 업무를 위해 AI 코딩 도구를 적극 사용한다. 대신 일의 범위가 넓어지거나 추상 수준이 높아지면 인간의 자부심을 드러내며 직접 업무를 수행한다. 일종의 협업이다.

사실 개발자들이 인공지능 코딩 도구로부터 도움을 받는 것은 코딩 자체로 국한되지 않는다. 생각의 흐름을 이어가기 위한 아이디어에서 자신이 작성한 코드에 대한 검토에 이르기까지 매우 다양한 방식으로 도움을 구하고 얻는다. 그렇지만 일을 하는 주체는 어디까지나 사람인 나 자신이다. 인공지능은 그런 나를 부분적으로 도와주는 도구일 뿐이다. 인공지능은 내가 필요로 하는 경우에 한해서 동작한다. 협업이지만 주인과 노예의 관계인 것이다. 내가 주인이고, 인공지능은 노예다.

코그니션이 발표한 데빈 에이아이가 놀라운 점은 바로 이러한 현실 때문이다. 인공지능의 코딩 실력이 전과 다르게 발전하고 있는 건 사실이지만 아직 코딩이라는 작은 영역 안에서만 보아도 업무가 확장되고 문제가 복잡해지면 제대로 일을 수행하지 못하는 경우가 많다. 일을 시키면 어떻게든 수행은 하겠지만 사람이 원하는 결과와 차이가 있다. 현실이 그러한데 하물며 코딩만이 아니라 요구사항 분석, 설계, 계획, 테스트, 배포, 유지보수 등을 모두 묶어 통합적으로 업무를 수행하는 것은 현재의 인공지능이 하기엔 어려운 일이다.

그런데 코그니션은 자신들이 만든 데빈 에이아이가 그런 일을 다 할 수 있다고 주장한다. 인공지능이 수행할 수 있는 업무의 경계를 전례 없는 수준으로 확대했다는 것이다. 데빈 에이아이의 업무 수행 능력과 관련하여 코그니션이 주장하는 바를 잠깐 살펴보도록 하자. 아직은 주장에 불과하며 향후 실전 사용 사례를 통해 검증되어야 하는 내용이다.

우선 데빈 에이아이는 자율적인 작업 관리가 가능하다. 데빈은 소프트웨어 개발 프로젝트에 포함되어 있는 수천 개에 달하는 의사 결정 지점을 자율적으로 탐색하여 확인한다. 각 지점에서 필요한 의사 결정을 인간의 개입 없이 스스로 내리고, 복잡하게 얽혀 있는 문제를 소프트웨어 엔지니어링 기법을 동원해 해결한다. 이런 자율적 업무 수행은 코딩 업무에 국한되는 게 아니라 하나의 완성된 소프트웨어를 만들 때까지 계속 진행된다. 코딩 과정에서 나타나는 복잡한 문제도 이전 도구에 비해 훨씬 능숙하게 처리한다. 이런 자율성과 코딩 역량을 통해 인공지능이 담당하는 업무의 영역을 완전히 새로운 차원으로 확대한다.

데빈은 높은 수준의 학습 능력도 있다. 그래서 새로운 상황에 적응을 잘한다. 주어진 상황을 스스로 이해하고 그에 맞춰 계속 학습한다. 이런 능력을 통해 시시각각 역동적으로 변화하는 프로그래밍 환경에 적응할 수도 있다. 자신에게 주어진 상황을 스스로 이해하고 필요한 학습을 진행하여 시간이 지날수록 이전보다 향상된 성능과 효율성을 획득한다. 개발자를 도와 코딩 업무를 수행할수록, 더 많은 소프트웨어 개발 프로젝트를 진행할수록, 데빈 에이아이의 성능은 더 높은 수준으로 향상된다. 바로 이 부분이 사람과 극명하게 대비되는 부분이다. 사람 역시 지속적인 학습과 새로운 상황에 대한 적응이 가능하다. 하지만 인간은 개인마다 발전하는 속도와 정도가 다르고 무엇보다 휴식이 필요하다. 밥을 먹어야 하고, 커피도 마셔야 하고, 휴가도 떠나야 한다. 하지만 데빈 에이아이는 그런 것이 필요 없다.

데빈 아이아이가 가진 여러 기능 중에서 핵심은 단연 자율성과 지속 학습이다. 소프트웨어 개발이라는 관점에서 자율성과 지속 학습이 정확히 무엇을 의미하는지 생각해볼 필요는 있다. 하지만 그들이 정확히 어떤 의미를 갖든 이렇게 멈추지 않고 스스로 학습하는 인공지능이 나타났다는 것은 그 분야에서 인간이 설 땅이 계속 좁아지고 있다는 의미다. **이건 코딩만의 이야기가 아니다.**

말한 바와 같이 인간은 휴식이 필요하지만 인공지능은 휴식이 필요 없다. 인간의 지식과 경험은 불완전한 말과 글을 통해 타인에게 전파된다. 서서히, 조금씩, 때론 오해나 거짓을 포함한 채 전파된다. 하지만 인공지능이 획득한 지식과 경험은 순식간에 전 세계에 있는 다른 모든 인공지능 모델에게 그대로 복제될 수 있다. 그렇기 때문에 우리는 지금 이 순간 존재하는 인공지능의 수준에 사로잡히면 안 된다. 인공지능은 우리가 잠을 자고 밥을 먹는 동안에도 계속 쉬지 않고 개선된다. 새로운 알고리즘이 등장하고, 더 많은 데이터를 흡수하고, 더 강력한 컴퓨팅 파워를 이용한다. 우리가 내일 아침 만나는 인공지능은 오늘 저녁에 본 인공지능이 아니다.

코그니션이 2024년 3월 유튜브에 올린 데모 영상은 또 다시 사람들을 놀라게 만들기 충분했다. 데모 영상에서 데빈 에이아이는 처음부터 끝까지 사람의 개입 없이 소프트웨어를 만들어 배포하고, 버그를 잡아 수정하고, 자신의 AI 모델을 스스로 학습시켰다. 놀라운 수준의 자율성과 지속 학습 능력을 보여준 것이다.

데빈 에이아이는 이 글을 쓰고 있는 2024년 6월 현재 베타 테스트가 진행 중이다. 베타 테스트가 종료된 후 일반 개발자의 손에서도 데모에서 보여준 능력을 그대로 보여줄지 여부는 많은 사람의 관심사다. 기대하는 사람도, 의심하는 사람도 있다. 데모 영상이 공개된 후 별다른 소식없이 몇 달이 지나자 데모가 조작되었을 것이다, 데빈 에이아이의 능력이 심하게 부풀려졌다, 심지어 거짓이 섞여 있었다는 주장마저 나오고 있다. 한편 데빈 에이아이를 만든 코그니션의 회사 가치는 무려 2조 6천억 원에 달한다는 뉴스도 나왔다.

어느 쪽 말이 맞을지 지켜볼 일이지만 이건 확실하다. 코딩이라는 영역에서 인공지능의 업무 영역은 매우 빠른 속도로 확대되고 있다. 이대로면 사람이 해야 할 일이 남을 것 같지 않은 속도다. 하지만 스캇우와 코그니션은 더 큰 꿈을 꾼다. 그들은 인공지능이 코딩을 정복하도록 만드는 데 만족하지 못한다. 그래서 지금까지 아무도 꿈꾸지 않았던 새로운 차원의 문제를 해결하려고 한다. 그건 인공지능이 코딩을 넘어 소프트웨어 제작 과정 전체를 스스로 해결할 수 있도록 만들겠다는 원대한 꿈이다.

이 꿈이 실현되면 벼랑 끝에 서 있던 개발자는 떨어질 일만 남게 된다. 데빈 에이아이를 만드는 목적이 인공지능으로 사람 개발자를 대체하는 게 아니라고 아무리 설명해도 상관이 없다. 사람과 인공지능 사이의 협업이 일정 시간 지속될 수는 있으나 필요한 사람의 수가 급격하게 줄어들 것이고, 주인과 노예의 관계도 역전된다.

이런 일을 할 수 있는 인공지능이 나타나면 개발자만 문제인 것도 아니다. **지식, 논리, 추론 등 지능을 이용해 노동을 수행하는 이 세상의 모든 화이트칼라 노동자가 다 함께 벼랑 끝으로 향하게 된다.** 그들은 저 멀리 절벽 아래에서 들려오는 개발자의 신음 소리를 들으며 저마다의 생각에 잠길 것이다. 인공지능이 코딩을 정복하는 이야기를 하고 있지만 이게 단순히 코딩 이야기가 아닌 이유다.

인공지능 수준을 측정하는 방법

아카이브arXiv는 코넬 대학교에서 운영하는 무료 논문 저장 사이트다. 누구나 논문을 올릴 수 있고, 올라온 논문은 누구나 읽을 수 있다. 현재 다양한 분야에 걸쳐 약 240만 개에 달하는 학술 논문이 저장되어 있다. 논문은 관련 동료들이 꼼꼼히 검토하는 단계인 피어 리뷰peer review를 거친 후 공식 발표되는 것이 관례지만 코넬 아카이브에 올라오는 논문은 피어 리뷰 단계를 거치지 않고 바로 올라온다. 그래서 학술적 진위 여부나 품질은 정식 논문만큼 보장되지 않는다. 대신 아주 따끈따끈한 최신 연구 결과를 확인할 수 있다는 장점이 있다.

2023년 10월, 코넬 아카이브에 「SWE-bench: Can Language Models Resolve Real-World GitHub Issues?」라는 제목의 논문이 올라왔다. 프린스턴 대학교와 시카고 대학교의 연구진이 공동으로 작성한 논문이다. 우리말로 하면 "언어 모델은 실제 세계의 깃허브 이슈를 해결할 수 있는가?"이다. 여기에서 말하는 언어 모델은 인공지능의 다른 이름이다. 따라서 이 논문의 제목은 인공지능이 깃허브에 올라온 실제 문제를 해결할 수 있냐고 묻고 있는 것이다. 개발자는 거대한 코드 저장소인 깃허브가 매우 친숙할 것이다. 하지만 소프트웨어 개발을 하지 않는 독자에게는 설명이 필요하다. 잠깐 깃허브에 대해 알아보자.

소프트웨어 개발은 다양한 업무를 수행하는 많은 사람이 협력하여 진행한다. 사람이 많아지면 지속적으로 확인할 수 있는 커뮤니케이션 방법이 필요하기 때문에 주로 문서를 사용한다. 개발자가 작성한 코드를 담는 파일도 그런 문서의 하나라고 볼 수 있다. 모든 문서가 그렇지만 특히 코드를 담는 파일은 버전 관리가 매우 중요하다. 개발자 한 명이 모든 작업을 수행하는 단독 프로젝트라고 해도 코드 파일의 버전을 관리하는 일은 반드시 필요하다.

타인과 함께 파워포인트나 워드 같은 문서를 공동으로 작성해본 경험이 있는 사람은 버전 관리가 무엇인지, 왜 필요한지 너무나 잘 알 것이다. 제대로 주의를 기울이지 않으면 내가 작업한 내용을 다른 사람이 날리거나 혹은 반대의 경우가 수시로 발생한다. 이런 현상이 소프트웨어 코드라면 더 심각하다. 체계적으로 버전 관리를 해주지 않으면 코드가 수행하는 동작이 서로 꼬이고 충돌하여 버그를 발생시키는 경우가 많다. 이런 문제를 해결하기 위해 다양한 버전 관리 도구가 나타났고 개발자들은 코딩 업무를 위해 이런 도구를 적극적으로 사용해왔다.

리누스 토발즈는 오늘날 널리 사용되는 컴퓨터 운영체제의 하나인 리눅스를 만든 사람이다. 개인용 컴퓨터는 윈도우, 스마트폰은 안드로이드가 장악하고 있다면 웹 서버의 96%, 클라우드 서버의 90%는 리눅스가 장악하고 있다. 그만큼 압도적이다. 하드코어 개발자인 토발즈는 2005년 무렵에 깃Git이라는 이름의 새로운 버전 관리 소프트웨어를 만들어 발표했다. 그는 자기가 만든 깃을 '지옥에서 온 정보 관리자'라고 불렀다. 지옥이라니. 코드를 담은 수많은 파일의 버전을 관리하는 일이 그만큼 어렵고 힘들다는 의미다.

깃이 수행하는 작업은 이미 존재하는 도구가 제공하던 기능과 다를 게 없었지만, 개발자의 고통을 잘 알고 있는 사람이 만든 도구답게 개발자 사이에서 좋은 피드백을 받으며 퍼져 나갔다. 토발즈가 만든 깃을 기반으로 웹 기반 호스팅 서비스가 등장했을 정도다. 그 서비스가 깃허브다. 깃허브 사이트에 들어가면 버전 관리, 이슈 트래킹, 웹 호스팅 등의 서비스를 이용할 수 있고 개발자는 자기 계정을 만들어 자신만의 소스 코드 저장소를 만들 수 있다. 개발자 사이에서는 그렇게 깃허브에 있는 자기 계정에서 코드를 관리하는 것이 하나의 유행처럼 번져나갔다.

깃허브라는 이름의 회사는 2008년에 창립되었다. 10년 뒤 마이크로소프트가 10조 원에 달하는 거금을 주고 합병했다. 거금에 팔리긴 했지만 깃허브 비즈니스는 합병되기 전까지 별로 재미를 보지 못했다. 그럼에도 불구하고 마이크로소프트의 사티아 나델라 CEO는 깃허브의 코드 저장소에 축적된 엄청난 양의 코드가 가진 가치를 알아보았

다. 합병 이후 깃허브와 마이크로소프트는 챗GPT를 만드는 오픈AI
와 협력해서 코파일럿Copilot이라는 AI 코딩 도구를 만들었다. 코파일
럿은 수많은 AI 코딩 도구 중에서 가장 널리 사용되는 도구 중 하나다.

깃허브에서 말하는 '이슈issue'는 개발자들이 해야 하는 일을 기록하
는 작은 문서를 의미한다. 개발자들은 이슈를 통해 업무를 최대한 구
체적으로 정의하고, 진행 상황을 확인하고, 피드백을 주고 받고, 아
이디어를 교환하고, 지속적인 커뮤니케이션을 수행한다. 일상 생활
의 일로 예를 들면 '목요일 저녁 시장에 가서 장보기'는 하나의 이슈
가 될 수 있다. '동네 헬스장에 다니며 운동을 해서 여름 휴가 전에
3kg 살 빼기'도 하나의 이슈가 될 수 있다. 부인이 '토요일 아침 10시
까지 아이를 축구장에 데려다주기'라는 이슈를 만들어 남편에게 할
당할 수도 있다. 이번 주 토요일 오전에 골프 약속이 있어 당황한 남
편은 이슈에 '이번 주 토요일입니까 아니면 다음 주 토요일입니까?'
라는 댓글을 달 수도 있다.

깃허브 사이트에 들어가면 이와 같은 이슈를 만들거나 읽을 수 있고
댓글을 달거나 피드백을 제공할 수도 있다. 적절한 권한이 있으면 이
슈의 진행 상태를 변경하는 것도 가능하다.

깃허브와 이슈가 무엇인지 알게 되었으니 다시 SWE-bench 논문으
로 돌아가보자. 저자들은 논문 초록에 원하는 일을 잘 설명해놓았다.
그들은 우선 인공지능 모델의 수준이 너무 빨리 발전하고 있는 상황
을 지적했다. 변화가 너무 빠르니 그들이 어느 정도 수준으로 발전하

고 있는지 확인할 방법이 있어야 한다. 논문 저자들은 실제 세계의 소프트웨어 엔지니어링 문제를 이용하면 그런 수준을 가늠할 수 있을 것이라 생각했다.

최근 언어 모델, 즉 인공지능의 수준은 우리가 역량을 제대로 측정할 수 없을 정도로 빠르게 발전하고 있다. 이런 인공지능을 계속 개발해 나가기 위해서는 인공지능의 능력 최고치를 측정하는 방법이 반드시 필요하다. 우리는 앞으로 등장하는 인공지능의 능력을 평가하는 데 있어 실제 세계의 소프트웨어 엔지니어링이 매우 의미 있고 지속 가능하며 도전적인 테스트 환경이 될 것이라고 생각한다.

'실제 세계의 소프트웨어 엔지니어링'은 바로 개발자가 매일 수행하는 업무를 의미한다. 그들은 깃허브가 가진 3억 개 이상의 코드 저장소 중에서 파이썬 언어를 이용하는 12개 저장소를 선택했다. 각 저장소는 개발자가 수행해야 하는 업무를 기록해놓은 여러 개의 이슈를 가지고 있다. 개발자들은 매일 이런 이슈를 몇 개 선택하거나 할당받아 해결하는 업무를 수행한다. 이렇게 이슈를 해결하는 과정은 단순히 코드를 작성하는 일만으로 구성되지 않는다.

개발자는 우선 이슈의 내용을 정확히 이해해야 한다. 그러기 위해서 추가 정보를 요청해야 하는 경우도 있다. 이슈 내용을 이해했으면 작업 계획을 수립해야 한다. 문제 해결을 위해 어떤 작업이 필요한지 파악하고, 항목을 나누고, 우선순위를 매기고, 각 항목에 대한 실행 계획을 세워야 한다. 그런 항목 중에서 코딩을 요구하는 부분이 있으면 코딩을 한다. 코드를 작성했으면 테스트 계획을 수립해야 하는 것은 물론이다. 배포나 문서화 같은 사후 작업도 포함된다.

논문 저자들은 12개의 파이썬 저장소에 담긴 이슈를 분석해서 2294개의 문제를 만들었다. 문제 하나하나는 현실 세계에서 실제로 사람이 작성한 이슈를 기반으로 하고 해당 이슈는 사람 개발자가 이미 일정한 노력을 통해 해결한 문제다. 인공지능이 이슈를 해결하려면 스스로 이슈의 내용을 파악하고 필요 시 해당 저장소에 있는 코드를 수정하는 업무를 진행해야 한다.

이런 과정에서 인공지능은 실행 환경과 상호 작용을 해야 하고, 전체적인 맥락을 이해해야 하며, 단순히 코드를 생성하는 일만 하는 게 아니라 복잡하게 얽힌 상황에서 여러 가지 추론을 진행하여 자신이 특정 문제를 해결하기 위한 작업을 하고 있음을 잊지 않아야 한다. 실질적으로 사람 개발자와 다름없는 진짜 현실 세계의 일을 하는 것이다. SWE-bench는 인공지능이 이런 2294개의 이슈 중에서 스스로 몇 개를 해결하는지 측정하는 도구다.

다음은 이렇게 측정 도구를 만든 논문 저자들이 직접 수행한 측정 결과를 설명하는 부분이다.

우리가 진행한 평가에 따르면 우리가 가지고 있는 최신 인공지능 모델과 SWE-Llama 모델은 아주 간단한 이슈만 몇 개 해결할 수 있었다. Claude2와 GPT-4는 오라클 검색 기능을 제공했을 때조차 각각 4.8%와 1.7%의 이슈를 해결할 수 있었다.

'오라클 검색 기능을 제공했을 때'라는 말은 힌트를 주었다는 뜻이다. 해당 코드 베이스에 포함된 수많은 파일 중에서 과거에 사람 개발자가 문제를 해결하기 위해 수정했던 파일이 무엇인지 알려주었다는 의미다. 하나의 저장소 안에는 코드를 담은 파일이 보통 아주 많다. 따라서 이슈만 읽어서는 해당 문제를 해결하기 위해 정확히 어느 파일에 담긴 어떤 코드를 수정해야 하는지 알기 어렵다. 수정해야 하는 코드의 위치를 파악하는 것 자체가 커다란 도전인 것이다.

따라서 사람이 문제를 해결하는 과정에서 실제로 수정한 파일이 무엇인지 알려주는 것은 매우 결정적인 힌트다. 그런 힌트를 제공해주었음에도 클로드2와 GPT-4라는 두 개의 모델은 각각 4.8%와 1.7%에 해당하는 문제밖에 해결하지 못했다. 처참하다.

코드를 척척 만들어내는 인공지능이라도 사람 개발자가 일상적으로 수행하는 실제 업무는 제대로 하지 못한다는 의미다. 사람이 어렵다고 느끼는 일을 컴퓨터가 쉽게 하고, 반대로 사람이 쉽다고 느끼는 일을 컴퓨터가 어려워 한다는 모라벡의 역설을 떠올리게 한다. 아직 사람의 지능에 도달하지 못한 인공지능은 이슈에 담긴 의도를 이해하지 못하거나, 문제를 해결하기 위해 필요한 맥락을 파악하지 못하거나, 중간에 목적을 상실하여 동작을 멈추거나, 아예 엉뚱한 행동을 해서 문제 해결에 실패한다.

예를 들어 이슈 안의 설명이 이미지를 담고 있을 때 그런 현상이 벌어진다. 사람은 이미지 자료가 있으면 글만 읽는 것에 비해 더 명확히 이해한다. 하지만 클로드2나 GPT-4는 이미지의 의미를 제대로 이해하지 못해 곤란을 겪는 일이 많았다고 한다. 이런 모델들은 이미지를 처리할 수 있는 멀티모달 기능을 가지고 있긴 하지만 의미를 파악하지 못하니 사람에게는 도움이 되는 이미지가 오히려 방해가 된 것이다. 뿐만 아니라 이들은 방대한 분량의 코드 속에서 문제를 해결하기 위해 수정할 필요가 있는 코드의 위치를 찾거나 문제의 범위를 좁히는 일을 매우 어려워 했다. 그리고 실제 세계에서 흔히 일어나지만 학습 데이터에서 본 적이 없는 성격의 문제를 만나면 해결의 실마리를 잡지 못하고 우왕좌왕했다.

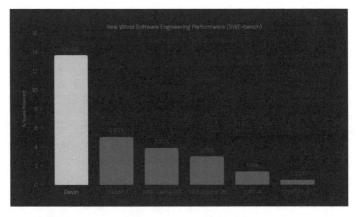

코그니션이 발표한 SWE-bench 수행 결과

막대 그래프 그림은 코그니션이 발표한 SWE-bench 수행 결과다. 데빈 에이아이는 13.86%에 달하는 이슈를 해결했다. 100개의 문제 중에서 14개를 스스로 해결했다는 뜻이다. 이 숫자는 여전히 사람에게 미치지 못한다. 그렇지만 기존 인공지능 모델과 비교하면 3배 이상의 향상이다. 이전 모델에 비해 이 정도 수준으로 성능이 향상되었다는 것은 (이 수행 결과가 온전히 사실이라면) 뭔가 근본적 변화가 있었음을 의미한다.

데빈 에이아이의 SWE-bench 수행 결과가 더 향상되어 13.86%에서 30% 언저리까지 증가하면 개발자 세계의 지형은 근본적으로 달라질 수밖에 없다. 시장은 사람 개발자와 완전히 동일한 수준의 인공지능을 기다릴 필요가 없기 때문이다. 인공지능의 역량이 사람 개발자 역량의 삼분의 일 지점에 도달하면, **산술적으로 8시간을 근무하는 직원과 24시간 근무하는 인공지능의 생산성이 비슷해진다.**

사람과 인공지능의 생산성이 비슷해지면 고용주 입장에서 어느 쪽을 더 효율적이라고 느낄지 명백하다. 사람은 8시간 일하는 동안 밥을 먹고, 화장실을 가고, 커피도 마시고, 동료와 잡담도 나누고, 개인 용무도 처리하고, 웹 서핑도 하고, 휴가도 가고, 월급을 올려달라 하고, 갑자기 다른 회사로 이직하기도 한다.

인공지능 모델은 24시간 내내 아무 말 없이 코딩을 하고, 테스트를 하고, 문서를 작성한다. 주말에도 일하고, 휴가도 필요 없고, 월급도 올려줄 필요가 없고, 다른 회사로 자리를 옮기지 않는다. 심지어 인공지능 모델은 시간이 갈수록 더 정교해지고, 역량이 늘어나고, 업그레이드가 되고, (희망컨대) 전기도 덜 먹는다.

개발자의 역량을 단순히 일하는 시간으로 비교하는 것은 좋은 방법이 아니다. 시간보다 결과의 품질과 완성도가 더 중요한 경우가 많다. 하지만 어쨌든 사람 개발자의 존재 이유를 보호하는 담벽을 인공지능이 조금씩 두드리고 있음은 확실하다. 아직 담벽은 튼튼해 보인다. 인공지능 모델을 만드는 회사나 사람도 인공지능으로 사람 개발자를 대체하는 것은 목적이 아니라고 말한다. 설령 그런 목적이 있다고 해도 SWE-bench 실험 결과를 보면 그런 일이 쉽게 일어날 것처럼 보이지는 않는다.

하지만 버티는 힘보다 인공지능의 허무는 힘이 더 강해지면 담벽이 사라지는 건 한 순간일 것이다. 그 담벽은 서독과 동독을 나누던 베를린 장벽이 무너졌던 것보다 더 빠르고 전격적인 모습으로 사라질 것이다. 그렇게 담벽을 허무는 주인공은 데빈 아이아이가 아닐 수 있다. 클로드나 GPT 같은 모델이 그 역할을 차지할 수 있다. 아니면 우리가 지금 모르는 새로운 종류의 모델일 가능성도 있다. 그런 일이 언제 발생할지, 발생하기는 할지 아무도 모른다. 하지만 어쨌든 담벽은 조금씩 흔들리고 있다. 벽에 균열이 생기는 소리가 사방으로 퍼져나가고 있다.

인공지능이 코드를 만드는 원리

우리는 이제 챗GPT와 대화를 나누면서 상대방이 사람인지 인공지능인지 여부를 따지지 않는다. 대화 흐름이 너무 자연스럽기에 그럴 필요가 없다. 챗GPT는 우리가 필요로 하는 대답을 척척 제공해준다. 글이나 말의 자연스러움은 사람 이상이다. 논쟁의 여지는 있지만 유명한 튜링테스트도 사실상 통과했다. 비윤리적 요청이나 법적 문제가 있는 질문을 받았을 때 자기가 사람이 아니라 인공지능이라고 환기해주는 경우에 한해 우리는 대화를 나누는 상대가 인공지능이라는 사실을 깨닫는다.

이런 일이 어떻게 가능한 것일까. 비밀은 트랜스포머_{Transformer}다. 자동차에서 로봇으로 변하는 그 트랜스포머가 아니라, 2017년 구글브레인의 연구원들이 인공지능과 관련해 최고의 학회로 손꼽히는 닙스_{NIPS}에 발표한 논문 「Attention Is All You Need」가 설명한 딥러닝의 새로운 구조를 의미한다. 이 책의 목적상 우리는 이 논문의 내용이나 트랜스포머를 자세히 설명하지 않을 것이다. 궁금한 사람은 아카이브를 방문하여 직접 논문을 읽거나 관련 서적을 찾아보기 바란다. 우리가 테슬라나 롤스로이스를 타기 위해 내부 내연기관의 작동 원리를 다 알지 않아도 되는 것처럼 인공지능을 활용해 창의적인 일을 수행하기 위해 트랜스포머 등 논문 내용을 모두 알아야 할 필요는 없다. 여기에서는 이런 것이 있다는 정도만 알고 넘어가자.

RNN이라고 불리는 이전 방식의 알고리즘을 사용하던 딥러닝 모델에 비해 트랜스포머 아키텍처를 사용하는 모델의 성능은 특히 언어 처리 분야에서 획기적으로 개선되었다. "당신이 필요한 모든 것은 어텐션이다"라는 논문 제목에서 알 수 있듯, 트랜스포머 알고리즘은 어텐션attention(주목)이라는 기법을 통해 모델이 다룰 수 있는 문장의 길이를 크게 늘렸다. 또한 인공지능은 학습 과정에서 엄청난 수준의 행렬 연산을 수행해야 하는데 트랜스포머 아키텍처는 그런 연산을 병렬적으로 처리하여 효율성을 높였다.

어텐션은 사실 우리가 일상생활에서 사용하는 기법과 다르지 않다. 많은 사람이 손에 칵테일을 들고 자유롭게 돌아다니는 파티에 참가했다고 생각해보자. 파티에 참석한 사람들이 삼삼오오 모여 다양한 주제에 대해 큰소리로 떠들고 있다. 하지만 우린 바로 앞에서 말하고 있는 사람의 이야기를 잘 듣고 싶어 한다. 이때 무엇이 필요할까? 바로 어텐션이다. 우린 주변에서 들려오는 소리를 무시하고 관심 있는 사람이 하는 말에(만) 집중한다. 즉, 중요한 정보에 최대한 주의를 기울이고 덜 중요한 정보는 최대한 무시하는 게 어텐션이다.

트랜스포머의 어텐션 메커니즘은 내부적으로 수학적 방식을 사용하지만 파티에 참석한 사람이 하는 일과 동일한 작업을 수행한다. 인공지능 모델은 어떤 문장을 처리할 때 문장 주변에 존재하는 단어를 모두 고려하면서도 이런 어텐션 메커니즘을 통해 특정 단어에 더 많은 주의를 기울인다. 예를 들어 "The cat sat on the table."이라는 문장이 있다고 하자. "고양이가 테이블 위에 앉아 있다."라는 뜻이다. 이 문장에서 'sat'이라는 단어는 'cat'과 'table'에 어텐션을 기울일 것이다. 'sat'이라는 동작의 주체와 대상이 'cat'과 'table'이기 때문이다. 여기에서 'The', 'on', 'the'와 같은 단어는 별로 중요하지 않은 소음이다.

트랜스포머 모델은 이런 어텐션 메커니즘을 적극적으로 사용하여 문장의 각 단어가 주변의 다른 단어와 어떤 관련성을 가지고 있는지 명확하게 이해할 수 있게 되었다. 결과적으로 문장의 의미와 맥락을 전보다 더 잘 파악하게 되어 번역을 하거나 글의 내용을 요약할 때 더 매끄럽고 자연스러운 결과를 내놓을 수 있게 되었다.

트랜스포머의 능력에 탄복한 연구자들은 자신들이 개발하는 인공지능 모델에 트랜스포머를 적극 도입하기 시작했다. 이러한 아키텍처의 변화는 오픈AI의 GTP, 구글의 제미나이, 앤트로픽의 클로드 같은 대형 언어 모델(LLM)의 기반이 되었다. 단백질 접힘 구조를 예측하는 데 탁월한 역량을 발휘하는 딥마인드의 알파폴드 역시 트랜스포머를 기반으로 한 모델이다. 오늘날 우리에게 놀라움을 주는 인공지능 모델은 사실상 모두 트랜스포머를 기반하고 하고 있다고 말해도 과언이 아닐 정도다.

하지만 인공지능을 연구하는 사람 중에는 인공지능을 AGI로 발전시킬 열쇠가 트랜스포머인 것은 아니라고 말하는 사람도 많다. 그 안에는 트랜스포머 신경망 아키텍처 논문을 작성한 당사자들도 포함되어 있다. 그들은 2024년 3월 엔비디아가 주최하는 연례 행사인 〈GTC

2024〉에 패널로 참가했다. 이제는 각자 창업한 회사에서 투자금을 받아 새로운 기술을 연구하고 있는 그들은 패널 토론에 참석해서 인공지능 세계가 2017년 트랜스포머가 발표된 이후 달라지지 않았다고 지적했다. 트랜스포머는 메모리 사용 등에서 여전히 비효율적인 측면이 많아 개선의 여지가 있으며, 인공지능이 더 발전하기 위해서는 트랜스포머를 낡은 기술로 보이게 만드는 새로운 기술이 반드시 등장해야 한다고 설파했다.

그런 새로운 기술을 찾기 위한 노력은 여러 곳에서 진행되고 있다. 예를 들어 2024년 4월 런던에서 개최된 〈메타 AI 데이〉에 참석한 얀 르쿤 수석은 메타가 트랜스포머에 기반한 생성형 인공지능의 한계를 뛰어넘는 새로운 방식의 인공지능을 연구하고 있다고 밝혔다. 제파 (JEPA Joint Embedding Predicting Architecture)라고 불리는 방식이다. 그는 확률에 의존해서 한 단어씩 내뱉는 트랜스포머는 실제로 아무 생각이 없는 기계일 뿐이라고 비판하고, 메타는 그와 달리 실제로 추론을 수행하는 인공지능을 개발하여 AGI에 도달할 계획을 가지고 있다고 밝혔다. 이런 노력은 메타만이 아니라 오픈AI를 비롯한 여러 회사에서 진행되고 있다.

아무튼 그건 미래의 일이고 지금은 트랜스포머가 대장이다. 트랜스포머가 등장한 이후 인공지능 모델은 언어와 이미지 등을 다루는 솜씨가 인간의 수준에 근접했다. 어떤 부분에서는 인공지능 특유의 장점을 살려 사람의 역량을 뛰어넘었다. 인공지능이 엄밀한 의미에서 튜링테스트를 통과하지 못하는 이유는 다른 게 아니라 사람보다 말을 더 유려하게 하기 때문이라는 주장이 나올 정도다. 그렇지만 인공지능은 아직 사람 수준의 인지 능력이나 학습 능력에는 미치지 못한다. 그건 인공지능이 AGI에 도달한 이후에나 할 수 있는 말이다. 그럼에도 우리는 이미 어떤 영역에서 인공지능이 사람보다 뛰어나다는 말을 저항감 없이 받아들인다.

트랜스포머 이전에도 인공지능은 문장을 만들어낼 수 있었지만 트랜스포머가 등장한 이후 인공지능의 언어 능력은 사람과 구별하기 어려운 수준으로 발전했다. **인공지능 모델이 사람처럼 자연스러운 문장을 만들어낼 수 있는 이유는 인공지능이 실제로 사고를 하기 때문이 아니라 얀 르쿤이 비판한 것처럼 확률을 사용하기 때문이다.**

확률을 사용한다는 것은 무슨 의미일까. 인공지능이 문장을 만드는 과정을 아주 간단히 설명하면 이렇다. 트랜스포머 아키텍처를 사용하는 인공지능은 하나의 단어를 내뱉은(출력한) 다음, 뒤에 따라올 수 있는 단어의 집합을 생각한다. 그 집합에 속한 단어 중에서 확률적으로 가장 그럴듯한 단어를 하나 선택한다. 그리고 그 단어를 출력한다. 단어를 고르는 작업은 어떤 추론이나 생각이 아니라 확률에 의해 이루어진다. 그래서 확률을 사용한다고 말하는 것이다.

트랜스포머는 이런 과정을 빠르게 반복하여 문장을 만들어낸다. 예를 들어 바로 앞 문단에서 "확률적으로 가장 그럴듯한…"이라고 적은 부분을 생각해보자. 이 문장을 인공지능이 작성한다면 '그럴듯한'이라는 표현의 뒤를 이어 어떤 표현이 가능하다고 판단할까.

수많은 명사가 떠오를 것이다. 사자, 호랑이, 빵, 시계, 자동차, 안경… 문법 구조상 어떤 명사도 가능하다. 하지만 그 문장보다 더 앞에 있는 문장, 혹은 문단 전체에 주목해보라. 그러면 '그럴듯한'이라는 형용사 다음에는 '단어' 혹은 '말'과 같은 의미의 명사가 와야 전체 문장의 의미를 가장 잘 전달할 수 있다는, 즉 전체적인 의미를 가장 그럴듯하게 만들 수 있다는 점을 알 수 있을 것이다. 트랜스포머에서 확률은 이런 식으로 단어를 계속 이어가는 엔진 역할을 한다. 그리고 어텐션은 맥락을 이해하고 전체적인 의미가 일관성을 유지하도록 만드는 방향키 역할을 한다.

'말하기'를 넘어 '생각하기'로 가는 인공지능

이렇게 확률을 기반으로 하는 언어 모델의 시작이 트랜스포머인 것은 아니다. 확률 기반의 언어 모델은 오래전부터 존재했다. 그때는 인공지능처럼 멋진 이름이 아니라 통계 모델statistical model이라는 조금 딱딱한 이름으로 불렸다. 언어학계의 거물인 노엄 촘스키는 이런 통계 모델을 불편하게 생각했다. 그는 명확한 원리가 아닌 통계에 기반하는 통계 모델이 과학이 아니라고까지 말했다. 로젠블랫의 퍼셉트론도 기호주의자들에게 비슷한 비판을 받은 바 있다.

당시 구글에서 연구팀을 이끌며 통계 모델을 개발하던 피터 노빅은 2011년에 열린 MIT의 150주년 행사에서 통계 모델에 대한 촘스키의 비판을 언급했다. 촘스키와 노빅 사이에 벌어진 논쟁은 당시 관련 학계를 뜨겁게 만들었다. 그는 촘스키의 통계 모델에 대한 비판을 아래와 같이 정리했다. 촘스키의 발언을 노빅이 정리한 내용이다.

a. 통계 언어 모델은 엔지니어링 측면에서 성공을 거두었을지 몰라도 과학과 무관하다.

b. 언어학에 내재된 속성을 똑같이 모델링하는 노력은 나비를 수집하는 것처럼 무의미하다.

c. 우리는 통계 모델의 동작 방식을 이해할 수 없다. 그런 모델은 아무런 통찰을 제공하지 않는다.

d. 통계 모델이 어떤 현상을 정확히 시뮬레이션할 수는 있다. 하지만 그 시뮬레이션은 완전히 잘못된 방식으로 수행된다. 사람들은 문장의 세 번째 단어를 떠올리기 위해 앞에 나온 두 단어를 기반으로 확률 테이블을 만든 후 그걸 참조하지 않는다. 마음속 내면에 존재하는 의미 형식에서 문법적 트리 구조로 나아간 다음, 그걸 선형적 구조로 나열하여 단어를 만든다. 사람의 머릿속에서 일어나는 이런 작업에는 어떤 확률이나 통계도 사용되지 않는다.

e. 통계 모델은 언어를 학습하는 능력이 없는 것으로 검증되었다. 따라서 언어는 타고나는 것이다.

피터 노빅은 촘스키의 통계 모델 비판의 요점을 이렇게 다섯 가지로 정리한 다음 하나씩 거론하며 조목조목 반박했다. 노빅의 반박을 자세히 살펴볼 필요는 없다. 인공지능과 일상적인 대화를 나누기도 하고 업무적으로도 도움을 열심히 받으며 살아가는 우리는 이미 확률을 기반으로 하는 그 물건이 멋지게 동작하는 걸 알고 있기 때문이다. 50년대 마빈 민스키나 존 매카시를 비롯하여 노엄 촘스키에 이르는 수많은 지성들이 온 힘을 다해 혹독하게 비판한 통계 모델은 불가사의한 방식으로 쭉쭉 성장했다.

그게 왜 유용한 결과를 내며 동작하는지 명쾌하게 설명하는 과학적 방법은 없지만 풍부한 데이터와 정교한 알고리즘을 빨아먹으며 성장한 통계 모델은 오늘날 사람보다 말을 잘하고, 사람보다 글을 잘 쓰고, 사람보다 지식이 풍부하고, 사람보다 바둑을 잘 두고, 사람보다 단백질 접힘 구조를 잘 예측하고, 사람보다 그림을 잘 그리는 신묘한 물건이 되었다. 다만 그런 통계 모델의 내부 작동 원리를 명확하게 설명하는 이론이 부재하다는 사실에 불길한 기분이 드는 건 사실이다.

촘스키는 자신의 언어 이론을 위해 언어 습득 장치(LAD_{Language Acquisition Device})라는 가설적인 장치를 고안한 후 모든 인간은 동물이나 컴퓨터와 달리 언어를 습득할 수 있는 능력인 LAD를 갖고 태어난다고 주장했다. 확률과 어텐션을 사용하는 인공지능은 수많은 책, 과학 논문, 인터넷 문서 등 엄청난 분량의 텍스트를 학습하여 언어 구사 능력을 획득한다. 하지만 사람은 언어를 획득하기 위해 그렇게 많은 데이터를 필요로 하지 않는다. 실제로 말을 하거나 문장을 만들 때 컴퓨터와 인간은 확실히 서로 다른 방식을 사용하는 것처럼 보이기도 한다. 촘스키의 주장처럼 인간은 하나의 문장을 위해 확률을 필요로 하진 않는다.

사실 어린 아이가 언어를 익히는 과정과 어른이 언어를 익히는 과정도 상당히 다르다. 어린 아이가 훨씬 더 자연스럽고 깊게 언어를 획득한다. 이런 면들을 생각하면 인간이 진화 과정을 통해, 태어나는 아이의 머릿속에 언어를 습득하는 능력을 집어넣게 되었다는 촘스키의 주장은 어느 정도 설득력이 있다.

촘스키는 2023년 3월 『뉴욕타임스』에 한 편의 글을 실었다. 글의 제목은 '챗GPT의 잘못된 약속(The False Promise of ChatGPT)'이었다. 그는 세상을 시끄럽게 만들고 있는 챗GPT와 같은 대형 언어 모델이 동작하는 방식은 인간이 사고하는 방식과 본질적으로 완전히 다르다고 지적했다. 거대한 통계 엔진에 불과한 인공지능이 수행하는 예측과 논리적 사고를 통해 수행하는 인간의 사고는 완전히 다르다고 설명한 것이다. 그래서 인공지능이 인간의 지능을 따라잡는 것은 아직 시작도 되지 않았다고 강조했다. 프레시안에 번역되어 실린 촘스키의 목소리를 직접 들어보자.

> "인간의 정신은 챗GPT처럼 수백 테라바이트의 데이터를 먹어 치우면서 가장 가능성 있는 대화적 반응이나 과학적 질문에 대한 가장 가능성 있는 답을 외삽하는 느릿느릿한 통계 엔진이 아니다. 반대로 인간의 정신은 놀라울 정도로 적은 양의 정보로 작동하는 효율적이고 심지어 우아한 시스템이다. 그것은 데이터 사이의 무차별적인 상관관계를 추론하는 것이 아니라 설명을 생성한다.

언어를 습득하는 어린아이는 사소한 데이터로부터 무의식적으로, 자동적으로 빠르게 문법을 발전시키고 있다. 이는 논리적 원리와 매개변수의 엄청나게 정교한 시스템이다. 이 문법은 인간에게 복잡한 문장과 긴 일련의 생각을 생성할 수 있는 능력을 부여하는 선천적이고 유전적으로 설치된 '운영체제'의 표현으로 이해될 수 있다.

지능은 창조적인 추측뿐만 아니라 창조적인 비판으로 구성된다. 인간형 사고는 가능한 설명과 오류 수정에 기반을 두고 있으며 이는 합리적으로 고려될 수 있는 가능성을 점차 제한하는 과정이다(셜록 홈즈가 왓슨에게 말한 것처럼). 불가능한 것을 제거했다면 아무리 가능성이 낮더라도 남아있는 것은 진실이어야 한다.

인간은 우리가 이성적으로 추측할 수 있는 설명의 종류를 제한하는 반면, 머신 러닝 시스템은 지구가 평평하다. 지구가 둥글다는 것 둘 다 배울 수 있다. 그들은 단지 시간이 지남에 따라 변하는 확률로 거래한다."

"챗GPT는 '악의 평범함' 같은 것을 보여준다. 표절, 무관심과 생략. 그것은 문장으로 표준적인 주장을 자동 완성으로 요약하고, 어떤 것에 대해서도 입장을 취하는 것을 거부하며 무지함뿐 아니라 지식의 부족을 호소하고 궁극적으로 '그저 명령을 따른다'고 방어하며, 창조자에게 책임을 전가한다.

챗GPT와 그 형제들(유사한 프로그램)은 근본적으로 창의성과 제약의 균형을 맞출 수 없다. 그들은 과대평가하거나 과소평가한다. 즉 진실과 거짓을 모두 생산하고, 윤리적이고 비윤리적인 결정을 똑같이 지지한다. 또 어떤 결정에도 헌신하지 않고 결과에 무관심함을 드러낸다. 이러한 시스템의 비도덕성, 가짜 과학 및 언어적 무능을 고려할 때, 우리는 그들의 인기에 대해 웃을 수도 울 수도 없다."

하지만 어쩌랴. 촘스키의 이런 비판과 주장에도 유효한 면이 있지만 통계 모델은 드래곤볼에 나오는 손오공처럼 나날이 늘어만가는 실력을 보여주고 있다. 그렇게 실력이 늘던 통계 모델은 트랜스포머와 어텐션이라는 신룡을 만나 초사이언이 되고 말았다. 인간의 언어 습득 능력은 촘스키의 말처럼 생득적으로 타고나는 것일지 몰라도, 엄청난 분량의 비트와 바이트를 집어삼키며 성장하는 통계 모델은 자신만의 고유한 방식으로 언어를 습득하여 말을 한다. 심지어 너무 잘 한다.

물론 인공지능이 구사하는 언어는 많은 한계를 안고 있다. 감정적 요소나 미세한 뉘앙스를 이해하는 능력, 문맥을 파악하는 능력, 창의성, 흐름이 빠르게 바뀌는 대화에 적절히 적응하는 능력, 농담하기, 개인적 경험을 활용하기 등 좋은 대화를 위해 필요한 기능이 많이 결여되어 있다. 그렇기 때문에 챗GPT에게 '네가 사람보다 말을 잘 하니?'라고 물으면 단호하게 전혀 그렇지 않다고 대답한다. 하지만 인공지능은 사람과 인공지능을 구별해주는 이런 미세한 분야들마저 사박사박 시뮬레이션하고 있다. 남아있는 영역을 차근히 정복하며 앞으로 나아간다. 쉬는 법이 없다.

트랜스포머든 제파든 인공지능이 적절한 아키텍처를 통해 그런 역량을 충분히 더 익히고, 그리하여 마침내 AGI가 등장하게 되면 사람과 인공지능을 가르던 미세한 차별점이 다 사라질 것이다. 최소한 그렇게 보일 것이다. 그때가 되면 인공지능은 '말하기'를 넘어 그 다음 단계인 '생각하기'로 나아갈 수도 있다. 우리는 그런 수준의 인공지능을 만나면 실제와 상관없이 인공지능이 확실히 사람처럼 생각을 하고 있다고 느낄 것이다. 그게 진짜 생각이든 생각의 시뮬레이션이든 상관없다.

인공지능의 최전선에서 연구를 수행하는 사람 중엔 그런 날이 이미 왔다고 생각하는 사람도 적지 않다. 제프리 힌튼 교수나 오픈AI의 일리야 수츠케버가 그렇다. 그들은 이미 공개적인 장소에서 여러 차례 현재의 인공지능이 미약하게나마 의식을 가지고 있는 것처럼 느껴진다고 밝혔다. 구글에서 인공지능을 개발하던 소프트웨어 엔지니어 블레이크 레모인은 이미 2022년 무렵에 '챗봇 람다가 의식을 가지고 있다'라고 주장하여 회사로부터 강제 휴가 조치를 당하기도 했다. 지금부터 1년 이내에 AGI에 도달하는 인공지능이 등장할 것이라고 말하는 전문가도 있다.

이렇게 누군가 인공지능이 이미 의식을 가지고 있다고 하거나, 스스로 생각하는 것 같다는 말을 하면 아직은 웃어 넘기는 사람이 많다. 인공지능이 스스로 생각하는 게 아니라 사람 흉내를 내고 있는 것에 불과하다고 여기기 때문이다. 아무리 인공지능이 사람처럼 말해도 그건 어떤 실제가 아니라 인간의 시뮬레이션이라고 판단한다.

하지만 정말 사람이 되어 말하는 것과, 어떤 존재가 사람을 흉내내어 말하는 것은 서로 다른 것일까. 정말 생각을 하는 것과, 생각하는 것처럼 보이는 것은 서로 다른 것일까. 프랑스 철학자 질 들뢰즈는 인공물로서의 시뮬라크르는 퇴락한 복사물이 아니라고 말했다. 시뮬라크르는 실제로 존재하지 않는 것을 존재하는 것처럼 만들어놓은 인공물이다. 가령 실제보다 더 실제 같은 디즈니랜드, 이상화된 이미지가 넘쳐나는 소셜 미디어, 영화 매트릭스의 가상 세계, 비현실적인 몸매의 모델이 광고하는 옷과 스타일, 이런 것이 모두 시뮬라크르의 사례다. 들뢰즈는 그런 것들이 아무 의미없는 복사물에 불과하지 않다고 말했다.

그는 이런 시뮬라크르 안에 원본과 복사본, 모델과 재생산을 동시에 부정하는 긍정적 잠재력이 숨어 있다고 말했다. 말이 좀 어려운데 원본이나 복사본이나 내재된 가치가 다르지 않다는 주장이다. 그렇다면 언젠가 원본과 시뮬레이션의 관계가 역전되지 말라는 법도 없지 않은가. 우리는 지금 '사람처럼' 말하는 인공지능을 보며 놀라고 기뻐하지만 조금 더 시간이 흐르면 원본이 시뮬레이션이 되고, 시뮬레이션이 원본이 되는 새로운 세상을 경험하게 될 수도 있다.

인공지능이 어느 순간 사람보다 더 사람다워지고 불완전한 인간은 그런 완벽한 인공지능의 시뮬레이션에 불과한 것으로 여겨지는, 그런 역전의 순간이 올 수도 있다는 말이다. 촘스키의 말처럼 시뮬레이션은 생각이 아니고 확률은 사고가 아닐지 몰라도, 인공지능은 입을 열기 시작했다. 아직은 시킨 말만 하지만 일단 입을 열면 사람처럼 듣고 사람처럼 이야기한다. 촘스키의 생득적인 언어 습득 능력이든 노빅의 통계 모델이든, 그건 확실하다.

코딩하는 인공지능

다시 코딩으로 돌아오자. 트랜스포머 아키텍처를 기반으로 언어를 자유자재로 다루는 인공지능에게 코딩은 별로 어려운 일이 아니다. 인공지능에게 프로그래밍 언어는 한국어나 영어 같은 자연어와 크게 다르지 않기 때문이다. 모두 고유한 문법과 구조를 가진 언어일 뿐이다. 인공지능이 보기에 자연어 문장을 생성하는 일과 컴퓨터 코드를 작성하는 일은 거의 동일하다. 해당 언어의 규칙에 맞는 내용을 출력하기 위해 고려해야 하는 디테일이 조금 다를 뿐이다.

자연어와 프로그래밍 언어의 공통점을 먼저 생각해보자. 프로그래밍 언어와 자연어로 작성된 문장은 토큰으로 분해하는 작업이 가능하다. 자연어에서 토큰은 단어의 기본형이라고 생각하면 되고 프로그래밍 언어에서 토큰은 미리 약속된 키워드, 변수 이름, 연산자 등을 생각하면 된다. 문장이나 문서가 이렇게 토큰으로 분해되고 나면 해당 언어의 문법 구조에 따라 해석되는 단계를 밟는다. 구체적인 디테일은 달라도 전체적인 틀은 차이가 없다.

인공지능이 자연어나 코드를 읽고 이해하는 능력 혹은 생성하는 능력을 갖추기 위해 엄청난 분량의 데이터를 학습한다는 공통점도 있다. 오픈AI의 GPT 같은 언어 모델의 경우는 인터넷에 존재하는 수많은 웹페이지, 공개적으로 읽을 수 있는 책, 뉴스 기사, 위키백과, 각종 기술 문서, 포럼 및 블로그 게시글, 소셜 미디어에서 추출한 텍스트 등을 이용했는데 이런 텍스트에서 추출한 토큰의 수가 무려 13조 개에 달했다고 알려졌다. 깃허브의 코파일럿 역시 컴퓨터 코드를 읽고 쓰는 능력을 갖기 위해 수십 억 줄에 달하는 거대한 분량의 코드를 학습했다고 한다. 자연어와 컴퓨터 코드는 이렇게 비슷한 점이 많지만 차이도 있다.

우선 프로그래밍 언어는 자연어와 달리 의미가 매우 정확해야 한다. 일체의 모호성을 허락하지 않는다. 모든 문장이 반드시 명확하게 정의되어 있는 어떤 하나의 동작으로 이어져야 한다. 그에 비해 일반 언어는 수많은 모호성과 뉘앙스, 해석의 여지로 가득 채워져 있다. 그렇기 때문에 인공지능이 자연어 문장의 의미를 정확히 이해하고 해석하려면 대화의 맥락, 상대의 취향이나 문화 등 더 많은 것을 고려할 필요가 있다. 그렇게 해도 정답은 없다. 똑같은 문장이어도 상황에 따라 정반대의 의미를 담기도 한다. 하지만 프로그래밍 언어는 그렇지 않다.

문맥을 이해하는 방법에도 차이가 있다. 프로그래밍 언어에서 문맥은 프로그램의 현재 상태나 논리적 흐름을 의미한다. 이런 문맥은 컴퓨터의 내부 구조, 프로그래밍 언어의 문법 등과 깊은 관련이 있는 기술적 문맥이다. 자연어에서 문맥은 사람이 경험하는 넓은 범위의 경험, 감정, 문화적 상황 등이 해당된다. 더 주관적이다.

이와 같이 두 언어는 차이가 있지만 인공지능은 두 가지 언어 유형을 모두 비슷한 방식으로 다룰 수 있다는 점이 중요하다. 그래서 언어 모델의 자연어 구사 능력이 향상되면 거의 똑같은 수준으로 컴퓨터 코딩 능력도 향상된다고 보아도 무방하다. 현재 인공지능이 사람과 나누는 대화 실력을 고려하면 인공지능이 코딩을 잘 하는 것, 그리고 앞으로 계속 더 잘하게 되리라는 예상은 이상한 일이 아니다.

그럼 언어를 잘 다루고 코딩을 잘하는 인공지능이 있으면 사용자 요구 사항 분석, 시스템 설계, 테스트, 유지보수에 이르는 소프트웨어 개발 프로젝트의 전체 과정을 잘할 수 있는 것일까? 그건 그렇지 않다. 그건 다른 종류의 문제다.

앞에서 우린 GPT-4와 같이 사람의 언어를 능숙하게 다루고, 코딩도 잘하는 인공지능이 SWE-bench 실험에서 1.74%라는 처참한 성적을 거둔 걸 보았다. 소프트웨어 프로젝트 전체를 다루는 것이 아니라, 그저 작은 단위의 일을 설명하는 이슈의 해결인데도 그런 결과가 나왔다. 그만큼 아직은 현실 세계에서 사람이 실제로 수행하는 업무를 따라하는 일은 쉽지 않은 것이다.

컴퓨터 코드는 깃허브의 코드 저장소를 포함하여 세상 곳곳에 엄청난 분량으로 존재한다. 그런 코드를 읽고 학습하면 인공지능은 코딩을 잘하는 능력을 갖출 수 있다. 하지만 소프트웨어 프로젝트 전체를 다루는 일은 학습할 수 있는 데이터 형태로 존재하지 않는다. 그래서 학습이 거의 불가능하다. 그렇다보니 인공지능은 프로젝트 전체는 고사하고 간단한 디버깅 이슈를 해결하는 일도 제대로 하지 못한다. 그렇기 때문에 인공지능이 소프트웨어 개발 과정 전체를 스스로 해결하도록 만들겠다고 밝힌 코그니션의 포부가 놀랍게 느껴진다. 실제로 해낼 수 있을지 여부를 떠나 풀려고 하는 문제의 범위 자체가 놀라움의 대상이다.

인공지능 코딩 도구 – 코덱스

개발자들이 실제로 사용 중인 AI 코딩 도구를 잠깐 살펴보자. 정확한 수를 확인하긴 쉽지 않지만 현재 시중에 나와 있는 AI 코딩 도구는 대략 20~30개 정도에 이르는 것으로 보인다. 기업이 내부적으로 개발한 모델이나 널리 사용되지 않지만 실험적으로 만들어진 것까지 포함하면 훨씬 더 많을 것이다. 그 중 대표적인 것만 살펴보자.

현재 널리 보급된 인공지능 도구가 사용되는 방식은 간단하다. 사용자가 원하는 바를 자연어 문장으로 설명하거나, 자신이 작성한 코드를 보여준다. 설명이나 코드를 입력받은 인공지능은 사용자가 원하는 코드를 순식간에 작성해 보여준다. 그럼 사용자는 필요에 따라 인공지능이 작성한 코드를 그대로 사용하거나, 일부 수정하거나, 아예 무시한다. 사용자가 원하는 최종 형태의 코드가 완성될 때까지 이런 과정이 반복된다. 그게 전부다.

인공지능은 코드를 생성하기 위한 목적으로만 사용되지 않는다. 다른 목적이 더 있다. 인공지능에게 사용자가 작성한 코드를 읽고 피드백을 제공해달라고 요청하는 것도 가능하다. 개발자들이 '코드 리뷰'라고 부르는 것이다. 코드에서 잘못된 부분을 찾아주거나 버그를 발견해서 수정하라고 시키는 것도 가능하다. 이는 '디버깅'이라고 한다. 작성된 코드를 검사하기 위한 테스트 코드를 작성해달라고 하는 것도 가능하다. 완성된 코드를 위한 문서를 작성해달라고 하는 것도 가능하다. 이런 다양한 기능을 능숙하게 활용하는 개발자는 그렇지 않은 개발자보다 더 높은 생산성을 보일 수밖에 없다.

이런 다양한 기능을 갖춘 인공지능 모델 중 가장 유명한 것은 코덱스Codex와 코파일럿Copilot이다. 코덱스는 오픈AI에서 만든 모델이다. 2021년 8월 출시되어 개발자에게 신선한 충격을 안겨주었다. 코덱스는 GPT-3 모델을 프로그래밍 목적에 맞게 가다듬어 만들었다는 점에서 GPT-3 모델의 일종이다. 이와 별도로 깃허브는 같은 해 10월 코덱스 모델을 이용해서 깃허브 코파일럿이라는 도구를 만들었다. 코파일럿은 개발자들이 널리 사용하는 개발 환경에 통합되어 많은 편의를 제공해주었다.

오픈AI에서 만든 코덱스가 깃허브의 코파일럿으로 통합되자 오픈AI는 2023년 3월에 코덱스 서비스를 중단했다. 이미 코덱스를 사용 중이던 사용자들은 이런 결정에 대해 크게 반발했다. 항의가 너무 커서 결정이 번복되기도 했다. 하지만 코덱스는 코파일럿이라는 후배를 남기고 사라졌다. 현 시점에서 코덱스는 오픈AI 내부 직원들만 일부 사용하는 것으로 알려졌고 외부에서 접근하는 것은 불가능하다.

개발자가 코덱스를 사용하는 기본적인 방법은 다음과 같이 슬래시 두 개로 시작하는 문장을 작성하는 것이다. 물론 프로그래밍 언어에 따라 슬래시 두 개는 '#'이나 '-'로 바뀔 수도 있다.

```
// 1부터 10까지 정수의 합을 구하라 (C, C++, 자바, 자바스크립트 등)
# 1부터 10까지 정수의 합을 구하라 (파이썬, 루비 등)
- 1부터 10까지 정수의 합을 구하라 (SQL)
```

코딩을 하는 개발자는 이런 기호나 문장이 익숙할 것이다. 새로운 문장을 슬래시 두 개를 넣어 시작하는 건 (혹은 '#'이나 '-'로 시작) 해당 문장이 컴퓨터가 읽는 코드가 아니라 사람이 읽는 설명문 혹은 주석이라는 뜻이다. 하지만 이런 말은 사실이 아니게 되었다. 사람만 읽던 설명문을 이제 인공지능 도구도 읽는다. 인공지능은 이렇게 자연어로 작성된 문장을 읽어 사용자가 원하는 바를 파악하고, 그에 맞는 코드를 작성해서 화면에 보여준다.

2021~22년 무렵의 코덱스는 종종 비효율적인 코드나 버그를 발생시켰다. 하지만 어쨌든 사람이 아닌 존재가 코드를 만들어냈다. 개발자들은 반복적으로 수행해야 하는, 단순하지만 귀찮은 코딩 작업을 코덱스를 이용해서 자동화하며 생산성을 향상시켰다. 새로운 언어나 라이브러리를 배울 때도 코덱스를 이용했다. 초보자나 비전문가는 아예 프로그래밍 언어를 배우기 위한 목적으로 코덱스를 활용했다. 이렇게 인공지능이 업무 공간에 스며드는 모습을 목격한 사람들

은 인공지능이 사람의 프로그래밍 업무를 대체할 수 있다는 우려를 제기하기 시작했다.

이런 우려를 접한 오픈AI는 코덱스라는 인공지능 모델은 개발자를 대신하려는 목적을 갖고 있지 않다고 밝혔다. 오히려 개발자가 코덱스의 도움을 받아 코딩을 지금보다 더 빠르고 효율적으로 하도록 돕는 것이 목적이라고 밝혔다. 데빈 에이아이를 보고 우려하는 사람들에게 코그니션이 하는 말과 거의 똑같다.

오픈AI는 코덱스가 개발자의 요청을 받았을 때 개발자가 만족하는 수준의 코드를 제공하는 경우는 대략 37% 정도라고 밝혔다. 그렇게 높은 비율은 아니다. 또한 코덱스는 복잡한 코드보다는 개발자가 별로 재미없다고 느낄 확률이 높은 단순한 코드를 작성하는 데 더 뛰어나다고 말했다. "코덱스는 이전처럼 많은 코드를 직접 작성하지 않고도 코드를 만들 수 있는 방법"이며 "항상 정확한 것은 아니지만 충분히 정확하다."고 이야기했다. 2024년을 기준으로 불과 2년 전만 해도 인공지능은 그다지 높은 수준의 코드를 작성하지 못했다.

누구나 쉽게 접근할 수 있는 무료 API로 제공되어 많은 개발자의 사랑을 받은 코덱스는 코딩을 수행하는 인공지능의 초기 모습을 대표했다. 하지만 요청의 37% 정도만 만족시키고, 복잡한 코드를 제대로 작성하지 못하고, 종종 버그를 포함하는 코드를 작성하는 코덱스는 아직 개발자의 관심을 본격적으로 끌어당길 준비가 되어 있지 않았다. 코파일럿이라는 더 훌륭한 모델에게 자리를 양보하고 역사의 뒤

안길로 사라졌다. 물론 완전히 사라진 것은 아니다. 코파일럿의 내부에 스며들어 여전히 숨을 쉬고 있다.

인공지능 코딩 도구 – 코파일럿

그렇게 사라진 코덱스를 품에 넣은 코파일럿은 AI 코딩 도구의 대명사가 되었다. 개발자들이 사용하는 개발 환경에 통합되어 널리 퍼져나갔고 누구나 쉽게 사용할 수 있는 편리한 인터페이스를 제공했다. 깃허브와 오픈AI가 함께 만든 코파일럿은 GPT-3와 GPT-4를 기반으로 삼았고 2024년 현재 월 10달러 정도에 달하는 유료 서비스를 통해 사용할 수 있다.

코파일럿은 개발자들이 데스크탑에서 사용하는 개발 환경에 통합된 상태로 이용되는 게 일반적이지만, 웹브라우저에서 사용할 수 있는 Code Copilot 같은 도구도 존재한다. 간단한 예제를 보여주기 위해 코드 코파일럿에 다음과 같이 입력해보았다. You라고 표시된 사람이 나다.

> You
> 오늘 코스닥에서 주식 상승률이 제일 높았던 회사 10개를 화면에 보여줄 수 있는 파이썬 코드를 작성해줘.

그러자 몇 초 뒤 코드 코파일럿이 다음과 같은 대답을 화면에 보여주기 시작했다. 이 책의 목적상 코파일럿의 대답 내용을 정확히 이해할 필요는 없는데, 예제의 완결성을 위해 코파일럿이 대답한 내용을 있는 그대로 다 옮겨놓았다.

Code Copilot

주식 시장 데이터를 조회하고 가공하기 위해서는 먼저 외부 데이터 소스에서 정보를 가져와야 합니다. 파이썬에서는 'pandas'와 'requests' 같은 라이브러리를 사용하여 이런 작업을 쉽게 처리할 수 있습니다. 여기서는 한국거래소(KRX) 또는 금융 데이터를 제공하는 API를 사용하여 코스닥(KOSDAQ) 시장에서 상승률이 가장 높은 10개 회사를 찾는 예시 코드를 제공할 것입니다.

단계별 계획:

필요한 라이브러리를 임포트합니다('pandas', 'requests').

금융 데이터 API에서 코스닥 시장 데이터를 가져옵니다.

데이터를 DataFrame으로 변환하여 처리합니다.

상승률이 가장 높은 10개 회사를 찾습니다.

결과를 출력합니다.

중요 사항: 실제로 이 코드를 실행하려면 외부 API를 사용해야 하며, 해당 API에서 코스닥 시장 데이터를 어떻게 제공하는지에 따라 코드가 달라질 수 있습니다. 여기서는 예시로만 제공하며, 실제 실행을 위해서는 API 키가 필요할 수 있고, API의 사용 방법을 문서화해서 확인해야 할 수도 있습니다.

```python
import pandas as pd
import requests
```

```python
def fetch_kosdaq_top_gainers():
    # API URL 및 필요한 파라미터 설정
    # 이 부분은 사용하는 API의 문서에 따라 달라질 수 있습니다.
    url = 'YOUR_API_URL_FOR_KOSDAQ_DATA'
    params = {
    'api_key': 'YOUR_API_KEY',
    'market': 'KOSDAQ',
    # 추가 필요한 파라미터
    }

    # API 요청 및 데이터 가져오기
    response = requests.get(url, params=params)
    data = response.json() # 또는 적절한 형태로 변환

    # pandas DataFrame으로 변환
    df = pd.DataFrame(data['stocks']) # 'stocks'는 예시이며, 실제
응답 구조에 따라 다름

    # 상승률이 높은 순으로 정렬 후 상위 10개 선택
    top_gainers = df.sort_values(by='gain_percent',
ascending=False).head(10)

    # 결과 출력
    print(top_gainers[['company_name', 'gain_percent']])

# 실행 예시
fetch_kosdaq_top_gainers()
```

참고: 위 코드는 실제 API URL과 api_key, 응답 데이터의 구조 등이 필요합니다. 한국거래소(KRX)나 금융 정보를 제공하는 서비스의 API를 찾아보고, 그 서비스의 사용 가이드에 따라 필요한 URL 및 파라미터를 적절히 조정해

이 코드를 실행하려면 코드에서 'YOUR_API_URL_FOR_KOS-DAQ_DATA'라는 부분과 'YOUR_API_KEY'라고 적혀 있는 부분을 실제 URL과 키 값으로 바꿔야 한다. 이런 두 개의 값을 입력해서 코드를 실행해보는 것은 이 책의 범위가 아니지만 어려운 일이 아니므로 관심있는 사람은 직접 도전해볼 것을 권한다.

이렇게 자신이 원하는 바를 말로 설명하고 자동으로 생성된 코드를 확인해보는 것은 IDE 개발 환경 안에서도 가능하다. 나는 이 예제를 실행해보기 위해 개인 깃허브 코파일럿 계정과 인텔리제이 커뮤니티 버전에 설치된 GitHub Copilot for IntelliJ IDEA라는 플러그인을 사용했다. 이런 도구를 실제로 설치하고 사용하는 방법은 인터넷이나 유튜브 등에 좋은 자료가 많으니 관심 있는 사람은 시도해보기 바란다. 그냥 코드만 읽을 목적이면 앞에서 본 코드 코파일럿을 이용하는 것으로 충분하다.

코파일럿을 IDE 안에서 사용하는 예제도 잠깐 살펴보자. 인텔리제이 안에서 자바 프로젝트를 하나 만들었다. 간단한 자바 코드를 작성하면서 설명문을 의미하는 두 개의 슬래시 기호를 입력한 후, 이번에는 영어로 원하는 행동을 설명했다. 1부터 5까지 화면에 출력하는 while 루프를 만들어 달라는 내용이다.

```
// write a while loop to write numbers from 1 to 5
```

코파일럿은 이 설명문 바로 아래에 자신이 작성한 코드를 희미한 색
으로 나타내 보였다. 나는 코드의 내용을 살펴본 후, 탭 키를 눌러 코
파일럿의 제안을 받아들였다. 그렇게 하자 화면에는 다음과 같이 내
가 입력한 설명문 바로 아래에 실제 코드가 입력되었다.

```
// write a while loop to write numbers from 1 to 5
int i = 1;
while (i <= 5) {
  System.out.println(«i = « + i);
  i++;
}
```

이번에는 원하는 바를 한글로 기술해보았다. 1부터 10까지의 정수를
더하라는 명령이다. 마찬가지로 내가 입력한 주석 바로 아래 코파일
럿이 작성한 코드가 나타났다.

```
// 1부터 10까지의 합을 구하시오
int sum = 0;
for (int j = 1; j <= 10; j++) {
  sum += j;
}
```

이보다 길고 복잡한 코드 생성도 가능하지만 개발자가 아닌 독자를 고려해 최대한 간단한 예를 사용했다.

이런 식으로 새로운 코드를 작성하는 것은 시작에 불과하다. 앞에서 말한 바와 같이 코드 리뷰, 디버깅, 테스트 코드 작성, 문서화 등 모든 것이 가능하다. 아예 사람 개발자가 인공지능과 대화를 나누면서 함께 코딩을 하는 것도 가능하다. 개발자들은 자신이 작성한 코드의 어떤 부분을 선택해서 코파일럿에게 묻고, 피드백을 받고, 코드를 수정하고, 테스트를 하고, 문서를 작성할 수 있다. 인공지능이 개발자를 대체할 것인지 여부를 고민하기에 앞서 일단 인공지능은 지금 개발자의 업무에 너무나 많은, 편리하고 전면적인 도움을 주고 있다.

코파일럿은 현재 GPT의 최신 버전인 GPT-4를 기반으로 한다. 앤트로픽의 클로드나 구글 제미나이 같은 모델의 도전이 거세지자 오픈AI가 GPT-5의 출시를 서두른다는 이야기가 있다. 여러분이 이 책을 읽는 시점에 GPT-5가 출시되어 있을지 궁금하다. 만약 그렇다면 코파일럿의 수준 또한 지금과 많이 달라져 있을 것이다. 데빈 에이아이를 보고 흥미를 느낀 오픈AI가 GPT-5를 통해 소프트웨어 개발 프로젝트 전체를 스스로 수행하는 인공지능 에이전트를 만들고 있다는 소문도 있다. 데빈 에이아이 역시 최소한 부분적으로 GPT-4를 사용하고 있는 것으로 알려져 있는데 무엇이 사실이든 이렇게 서로의 모델을 참조하고, 도입하고, 활용하며 펼치는 경쟁 양상이 흥미롭다.

코파일럿이라는 이름은 깃허브만이 아니라 마이크로소프트도 사용한다. 마이크로소프트가 자신의 고객에게 제공하는 코파일럿도 존재하는 것이다. 마이크로소프트의 코파일럿과 깃허브의 코파일럿이 서로 어떤 관계를 갖고 있는지 헷갈리는 사람이 많으니 잠깐 둘의 관계를 살펴보도록 하자.

오픈AI는 트랜스포머 아키텍처를 이용해서 GPT 모델을 만들었다. 이런 모델은 거대 언어 모델(LLM)이라고 부른다. GPT 모델의 최신 버전은 2024년 7월 기준으로 GPT-4다. GPT-5는 아직 나오지 않았다. 이런 LLM 모델을 이용해서 챗봇을 만들면 챗GPT이고, 그림을 그리는 모델을 만들면 달리DALL-E다. 달리는 그림을 그리는 모델이라 언어 모델의 모든 기능이 필요하지 않기 때문에 GPT 모델의 파라미터를 부분적으로만 사용했다. 이런 식으로 LLM 모델을 이용해서 코드를 다루는 모델을 만들면 그게 코파일럿이다. 깃허브가 만들었기 때문에 깃허브 코파일럿이다.

마이크로소프트는 2019년 오픈AI에게 1억 달러, 우리 돈으로 1300억 원을 투자했다. 이후 2023년에 10억 달러, 우리 돈으로 1조 3천억 원을 더 투자했다. 이런 식으로 마이크로소프트가 오픈AI에 지금까지 투자한 금액은 모두 13억 달러, 우리 돈으로 1조 8천억 원에 달하는 것으로 알려져 있다. 이렇게 엄청난 금액을 투자한 마이크로소프트는 오픈AI의 경영에 직접 관여할 수는 없지만 여러 가지 방식으로 밀접한 협력 관계를 맺고 있다. 특히 마이크로소프트는 오픈AI가 생성하는 거대 언어 모델을 누구보다 잘 활용할 수 있는 권리를 가진 비즈니스 파트너다. 오픈AI의 챗GPT가 널리 인기를 끌자 마이크로소프트의 주가가 상승하는 것은 우연이 아니다.

오픈AI의 인공지능이 세상을 뒤흔들고 있는 상황을 이용할 필요가 있는 마이크로소프트는 2023년 3월 자신들이 만들어오던 AI 도구의 이름을 빙챗에서 코파일럿으로 변경했다. 사용자 입장에서는 다소 헷갈리지만 이해할 수 있는 결정이다. 마이크로소프트의 코파일럿은 마이크로소프트가 만드는 각종 소프트웨어나 서비스에 포함되었다. 그 결과 엣지 브라우저, 엑셀, 워드, 파워포인트, 팀즈, 아웃룩 등 마이크로소프트가 만드는 거의 모든 소프트웨어에서 코파일럿을 사용할 수 있다.

그렇다면 깃허브의 코파일럿과 마이크로소프트의 코파일럿은 동일한 것인가? 그렇지 않다. 그들은 GPT를 비롯하여 인공지능의 기반 모델을 공유하지만 서로 다른 목적을 위해 만들어진 별도의 인공지능 모델이다. 깃허브 코파일럿은 소프트웨어 개발 지원이 목적이고, 마이크로소프트 코파일럿은 비즈니스 생산성 향상이 목적이다. 깃허브는 사실 마이크로소프트의 일부이기에 코파일럿이라는 이름을 어떻게 쓰든 그건 마이크로소프트 마음이다. 그런 맥락에서 깃허브의 코파일럿이나 마이크로소프트의 코파일럿이나 그게 그거라고 생각하는 사람이 많고, 그런다고 해서 특별히 문제가 될 것은 없다.

인공지능 코딩 도구 – 또 다른 도구들

오픈AI 코덱스나 깃허브의 코파일럿 이전에도 인공지능을 이용해 코드를 생성하는 도구는 존재했다. 탭나인Tabnine과 카이트Kite 같은 코딩 도구가 그것이다. 탭나인은 2013년, 카이트는 2014년에 시작 되었으니 벌써 10년 전의 일이다. 불과 5년 전만 해도 코딩을 수행하 는 인공지능은 모두에게 신기한 존재였지만 지금은 그렇지 않다. 굳 이 코딩 도구가 아니더라도 우리가 흔히 사용하는 챗GPT 같은 대화 형 도구들은 사용자가 코딩 작업을 요청하면 능숙하게 코드를 만들 어 보여준다. 디버깅도 하고, 코드 리뷰도 하고, 테스트 코드도 짜주 고, 할 거 다 한다.

언어를 다루는 것과 코드를 다루는 것이 크게 다르지 않기 때문이다. 예를 들어 기업에서 사용하는 협업 도구인 노션Notion을 생각해보자. 업무 생산성을 향상시키는 문서 작성 및 협업 도구로 유명한 노션은 2020년 6월 한국 진출을 발표한 이후 국내에서도 많이 사용되고 있 다. 노션을 이용해서 문서 작성, 데이터베이스 생성, 프로젝트 관리, 워크플로 관리 등 다양한 작업을 할 수 있고 개인 블로그나 웹사이트 도 작성할 수 있다. 여러 가지 작업을 수행할 수 있기 때문에 노션은 생산성 향상을 위한 '다용도 스위스 칼'이라고 불리기도 한다.

노션은 생산성 도구 안에 자체적으로 개발한 인공지능인 노션 AI를 도입했다. 노션 AI가 GPT를 기반으로 했는지 여부는 확실하지 않은 데, 마이크로소프트 코파일럿의 견해에 따르면 노션은 GPT-3.5를 기반으로 그 위에 여러 가지 수정을 가한 모델이라고 한다. 구글은 아예 노션이 GPT-3.5 위에 얇은 인터페이스를 추가한 모델이라고 주장한다. 두 인공지능 모델의 의견을 종합해보면 현재 시점에서 노션이 GPT-3.5를 기반으로 만들어졌다고 봐도 무방할 것 같다.

이런 노션을 이용해서 중요한 글을 작성하기로 했다고 하자. 글을 쓰는 도중 필요한 부분을 선택하면 해당 글을 다른 언어로 번역할 수 있다. 번역이 아닌 일도 물론 가능하다. 영어로 글을 쓰고 있었다면 작성한 글을 영어권 사람이 읽기 쉽게 다듬어달라는 작업을 요청할 수 있다. 작성한 문서의 요약본을 만들어달라고 할 수도 있다. 반대로 자신이 작성한 문서의 곳곳에 더 세밀하고 자세한 내용을 추가해달라고 말할 수도 있다. 심지어 글의 전체적인 느낌이나 톤의 변경도 가능하다. 문법이나 철자 오류를 바로잡는 것은 일도 아니다.

더 있다. 글을 써본 사람은 알겠지만 글을 쓰다 보면 중간에 생각이 막히는 경우가 있다. 예전에 나는 그런 경우엔 밖으로 나가 산책을 하거나 아예 글쓰기를 중단하고 다른 일을 했다. 때로는 책장에서 책을 손에 잡히는 대로 꺼내 읽으며 다른 주제의 내용에 몰두하기도 했다. 그러다 보면 생각이 떠오르기도 하는데, 모두 시간이 많이 걸리는 방법이다. 노션으로 글을 쓰는 도중에 이런 일이 생기면 그렇게 시간이 많이 걸리는 방법을 사용할 필요가 없다. 노션과 단둘이 브레인스토밍을 진행하며 아이디어의 출구를 찾을 수 있기 때문이다!

노션을 이용해서 글을 편하게 쓸 수 있는 건 알겠는데, 그럼 코딩은?

챗GPT 같은 대화형 모델이 코딩을 할 수 있듯, 노션 AI도 코딩 기능을 제공한다. 본격 코딩 도구는 아니지만 코딩을 수행할 수 있다. 이쯤이면 확실해졌을 것 같다. 트랜스포머와 어텐션 메커니즘을 사용하는 인공지능 모델에게 코딩 능력은 사실상 그냥 따라온다. 그렇기 때문에 오래전부터 자체적인 AI 코딩 도구를 만들기 위해 노력해온 작은 회사들은 GPT-4처럼 언어를 능숙하게 다루는 모델을 기반으로 하는 코딩 도구가 등장하는 것이 반갑지 않았을 것이다.

예전에도 그런 조짐이 있긴 했지만 인공지능 시대가 본격적으로 열리면서 승자가 모든 걸 독식하는 'winner takes it all' 경향이 매우 심화되고 있다. 그런 상황에서 코파일럿의 기반이 GPT-4에서 GPT-5로 달라지면 각자 자신의 모델을 제작하고 있는 회사들은 어떻게 해야 하는가? 당연히 모델의 수준을 끌어올려야 한다. 하지만 투자 자금, GPU, 연구 인력 등의 자원이 제한된 중소 규모의 회사들이 오픈AI, 구글, 메타와 같은 거대한 회사를 상대로 모델 업그레이드 경쟁을 펼치기는 어려울 것이다. 백가쟁명하던 인공지능 코딩 도구의 세상은 코파일럿을 비롯한 소수의 모델 몇 개로 통합되어 가고 있다.

개발자의 미래

코덱스나 코파일럿 같은 인공지능 코딩 도구가 처음 등장했을 때 개발자의 운명이 위험해졌다고 걱정하는 목소리가 적지 않았다. 그러던 와중 2024년 3월 데빈 에이아이가 발표되자 각종 매체와 SNS는 자극적인 헤드라인으로 뒤덮였다. 먼저 유튜브 제목부터 보자.

인간 개발자 찢는 괴물 AI 등장

개발자 자리도 넘본다. 알아서 코딩하는 AI 등장

AI 개발자 데빈 등장. 개발자는 AI로 대체될 것인가

돈 버는 AI 개발자

개발자 인생 끝났네. 챗GPT 넘어선 AI 영상에 절망.

혼자 다 하는 AI 개발자 데빈. AI를 개발하는 AI 나왔다.

Will Devin AI Replace Coders? (데빈 AI는 코더들을 대체할 것인가?)

Everyone's Going Crazy About Devin (모두가 데빈에 열광하고 있다)

이런 식의 제목이 끝없이 펼쳐진다. 뉴스도 사정은 비슷하다.

The new AI disruption tool: Devin or Devil for software engineers?
(새로운 AI 변혁 도구: 소프트웨어 엔지니어를 위한 데빈인가 악마인가?)

Can Devin, the new AI, Replace Human Software Engineers?
(새로운 AI 데빈은 사람 소프트웨어 엔지니어를 대체할 것인가?)

이런 뉴스나 동영상 내용은 대부분 코그니션사의 데모 영상을 보고 만들어졌다. 동일한 데모 영상에 대한 반응이라 대체로 비슷한 이야기를 한다. 코그니션의 주장처럼 인공지능의 코딩 실력이 소프트웨어 개발 프로젝트 전체를 스스로 수행하는 수준에 도달했다면 도대체 사람 개발자의 운명은 어떻게 되는 것인가. 인공지능은 사람 개발자를 대체할 것인가? 질문은 하나로 수렴된다.

이런 질문에 대한 개발자의 관심은 다양하다. 우선 무관심이다. 오랜 시간 개발을 해온 시니어 개발자는 자신의 커리어 과정에서 수많은 기술이 명멸하는 것을 보았다. 일부 지속되어 꽃을 피운 기술도 있지만 대부분은 세상을 바꿀 것처럼 풀썩대다 사라져 잊혀졌다. 인공지능 또한 하나의 기술이니 시끄럽게 풀썩거리다 말 가능성이 있다. 행여 꽃을 피우더라도 지금 당장의 일은 아니다. 나중에 필요해지면 그때 익히고 대응하면 된다. 그러니 지금은 관심을 둘 필요가 없다. 이런 무관심 전략은 남은 커리어가 5년 이내인 사람이면 나름 합리적인 대응이다.

두려움도 있다. 소프트웨어 개발 업무를 시작한 지 얼마 되지 않았거나, 앞으로 소프트웨어 개발을 업으로 삼고자 하는 사람은 데빈 에이아이와 같은 인공지능의 약진이 두렵게 느껴진다. 인공지능이 사람 개발자의 자리를 위협하는 것처럼 보이기 때문이다. 이들은 앞으로 진행될 커리어가 약 20~30년 남아 있다. AGI가 향후 3~5년 이내에 가능할 것이라는 말이 많은데 20~30년이라니. 그렇게 오랜 시간 동안 AI 코딩 도구가 조신하게 도구의 자리에 머물러 있을 리 없지 않은가.

앞으로 소프트웨어 개발 프로세스 전체를 인공지능이 사람보다 더 잘 다루게 될 것으로 보인다. 그렇다면 젠슨 황이 앞으로 코딩을 배울 필요가 없다고 말한 것은 사실이 아닐까. 코딩을 막 시작한 사람들이 이와 비슷한 두려움을 느끼는 것은 이해할 수 있는 일이다.

그렇지만 무관심이나 두려움은 인공지능을 바라보는 좋은 태도가 아니다. 다시 질문을 해보자.

인공지능은 사람 개발자를 대체할 것인가?

이 질문은 사실 잘못되었다. 깃허브나 코그니션은 AI 코딩 도구의 목적이 사람 개발자를 대체하는 것이 아니라고 거듭해서 밝힌 바 있다. 그렇다면 이 질문에 대한 답은 No인가? 인공지능이 사람 개발자를 대체하지 않는 것인가? 그렇게 말하면 문제가 다 해결되는 것인가? 그럴 리 없다. 이 질문을 굳이 Yes/No로 치환되는 질문으로 바라봐야 한다면 답은 당연히 Yes다. 즉, 인공지능은 사람 개발자를 대체한다. 지금으로부터 10년, 50년, 100년이 흐르면 지금 우리가 알고 있는 것처럼 사람이 컴퓨터 앞에 앉아 코딩을 수행하는 일은 없어질 것이다. 100년이 부족하면 200년, 300년을 생각해도 좋다. 사람이 직접 코딩을 하는 직업은 사라질 수밖에 없다.

사람이 사라진 공간은 물론 인공지능이 채울 것이다. 그런 인공지능이 한동안은 사람이 읽고 이해할 수 있는 코드를 만들겠지만 과거 페이스북의 인공지능이 인간이 이해할 수 없는 자기들만의 언어를 만들어 사용했던 것처럼, 어느 순간부터는 사람이 전혀 이해할 수 없는 방식으로 소프트웨어를 만들 가능성이 높다. 그런 세상이 되어도 여전히 거리의 신호등은 적절한 순간 바뀌고, 주식 시장에서 주식은 거래되고, 자율주행 자동차가 운행되고, 스마트폰 위에서 앱이 실행되겠지만 그런 소프트웨어의 내부를 이해하는 사람은 없을 것이다. 사람은 더 이상 코딩이라는 업무를 수행하지 않기 때문이다.

그렇기 때문에 이 질문에 대한 답은 Yes다. 그럼 사람 개발자가 인공지능에 의해 대체될 운명이라는 건 알겠는데 뭘 어쩌라는 말인가. 질문이 잘못되었기 때문에 의미 있는 답변이 나오기 어렵다. 의미 있는 답이 나오려면 질문 또한 다음과 같이 달라져야 한다.

인공지능은 향후 3년 이내에 사람 개발자를 대체할 것인가?

3년을 5년이나 10년으로 바꿔도 좋다. 이렇게 시간을 정해서 질문하면 답변의 내용이 조금 달라진다. 하지만 여전히 뭔가 잘못되었다. 앞의 질문과 본질적으로 다르지 않다. 더 정확한 답을 이끌어내려면 질문을 더 바꿔야 한다.

인공지능 때문에 향후 3년 이내에 사람 개발자의 수가 줄어들 것인가?

이게 정확한 질문이다. 이렇게 물어야 제대로된 답변을 생각할 수 있다. 질문에 답을 하자면 개발자들이 앞으로 3년 이내에 더 이상 개발 업무를 수행하지 못하게 되는 일은 일부 일어날 것이다. 즉, 인공지능의 영향으로 사람 개발자의 수가 줄어들 것이다.

하지만 동시에 시장 상황 전체를 바라볼 필요가 있다. 인공지능이 인간 삶의 모든 곳에 스며들면서 인공지능과 소프트웨어를 필요로 하는 시장이 크게 확대되고 있다. 그 결과 코드를 다룰 수 있는 사람에 대한 시장의 수요가 향후 몇 년 동안 늘어날 가능성이 있다. 이렇게 시장 상황에 의해 개발자 수요가 늘어나는 정도가 인공지능 때문에 개발자 수요가 줄어드는 정도보다 더 크면, 인공지능의 영향으로 개발자의 수가 줄어드는 현상을 가릴 것이다. 인공지능이 오히려 개발자 수요를 늘어나게 만드는 것처럼 보일 수도 있다. 하지만 이건 착시효과로 인한 착각이다.

현재 IT 시장의 불황이 회복되어 시장 상황이 개선되면 개발자 수요가 전보다 늘어날 가능성이 높다. 그렇게 되면 사람들은 '인공지능이 개발자를 대체할 것인가' 류의 질문을 생각하지 않을 것이다. 하지만 몇 년 뒤 다시 불황이 찾아오면 〈오페라의 유령〉에 등장하는 유령의 가면이 벗겨질 것이고, 그 안에 감추어진 흉터가 만천하에 드러날 것이다. 다시 찾아온 불황기에 더 이상 코딩 업무를 유지할 수 없게 되는 개발자의 수는 감당하기 어려운 수준으로 많아질 것이다. 호황과 불황을 오가는 경기 사이클이 반복될 때마다 사람 개발자의 수는 큰 폭으로 줄어들 것이다.

그렇다면 결국 인공지능이 사람 개발자를 완전히 대체하게 되는 것 아닌가. 아직은 아니다. 직업을 잃는 사람 개발자의 자리를 대체하는 존재는 아직 인공지능 자체가 아니다. 인공지능을 적극적으로 활용하는, 즉 인공지능을 무기로 장착한 다른 사람이다. 앤드류 응, 에스더 다이슨 같은 업계 리더들이 하는 말이 바로 그것이다. **당신을 대체하는 것은 인공지능이 아니라, 인공지능을 활용하는 다른 사람이다.** 언젠가 먼 훗날 인공지능이 대다수의 사람을 대체하는 일은 일어날 수 있지만 향후 5년, 10년 안에는 그런 일이 일어나지 않는다. 그건 사람이다. 즉, 인공지능이 사람의 직업을 빼앗는 것이 아니라 줄어드는 일감을 놓고 사람 사이의 경쟁이 격화되는 것이다.

그렇기 때문에 우린 인공지능이 초래하는 변화를 이야기할 때 시점을 염두에 두고 말해야 한다. 그래야 의미 없는 이야기를 피할 수 있다. 정확한 시간은 말하기 어려워도 단계는 나누어볼 수 있다. 인공지능의 발전이 개발자의 업무를 위협하는 과정은 다음과 같은 5단계를 거쳐 진행될 것이다. 코딩 업무만이 아니라 지적 활동을 요구하는 거의 모든 분야에서 비슷하게 진행될 것으로 예상된다.

> **[1단계] 여명기** – 인공지능이 하는 코딩이 사람에게 별로 도움이 되지 않는 초기 단계

> **[2단계] 활용기** – 인공지능의 코딩이 도움이 되는 활용 단계
>
> **[3단계] 경쟁기** – 인공지능을 잘 활용하는 사람이 사람 개발자의 수를 줄이는 전개 단계
>
> **[4단계] 전이기** – 인공지능이 스스로 소프트웨어를 만드는 일이 시작되는 전이 단계
>
> **[5단계] 완성기** – 인공지능이 대부분의 소프트웨어를 스스로 만들고 사람은 관리 감독만 하는 최후 단계

1단계 여명기는 이미 지났고 2024년 7월, 지금은 2단계 활용기의 끝물이다. 어쩌면 이미 3단계 경쟁기가 시작되고 있을지도 모르겠다. 조만간 발표될 GPT-5나 다른 인공지능 모델이 코딩 이상의 업무를 수행하기 시작하면 상황은 본격적으로 3단계로 진입할 것이다.

4단계 전이기는 인공지능이 AGI에 도달할 무렵에 펼쳐질 것이다. 인공지능 전문가들이 AGI를 예상하는 시점이 앞으로 3~5년 남았으니 그때가 되면 소프트웨어 개발 업무를 수행하는 사람 개발자의 수는 급격히 줄어들기 시작할 것이다. 4단계가 충분히 무르익으면 5단계 완성기가 펼쳐질 것이고, 소프트웨어 개발 업무에 종사하는 사람의 수는 지금과 비교하기 어려울 정도로 줄어들어 사실상 사라지게 될 것이다. 4단계에서 5단계로 넘어가는 일이 실제 일어날지, 일어난다면 언제일지는 아무도 알 수 없다.

어쨌든 최후 단계인 5단계는 몰라도 인공지능이 사람의 개입 없이 스스로 소프트웨어를 만드는 4단계는 실제로 진행될 가능성이 높다.

그것도 아주 멀지 않은 미래에. 그렇다면 우리가 정말 물어야 하는 질문은 인공지능이 사람을 대체할 것인가, 코딩 하는 사람의 수가 줄어들 것인가, 같은 것들이 아니다. 정도와 시기의 차이가 있을 뿐 그런 일은 일어날 것이다. 그렇다면 물어야 하는 질문은 이것이다.

코딩 업무를 중단한 사람들은 새로운 일을 하게 될 것인가?

정말 중요한 질문인데 이 질문에 대해 답변하는 것은 이 책의 목적과 범위를 넘어선다. 짧게 답을 하자면 나는 그럴 것이라고 생각한다. 새로운 일은 심지어 지금 우리가 하는 코딩보다 더 재미있으리라 생각한다. 모든 사람은 아닐지라도 대부분의 사람은 새로운 일의 영역으로 넘어가 마음속에 품은 뜻과 열정을 펼칠 수 있을 것이라고 생각한다. 다만 이런 일은 개인의 노력과 준비를 넘어 국가와 사회, 더 나아가 전 세계가 다 같이 노력해야 성취할 수 있는 미래의 모습이다. 그런 노력이 제대로 이루어지지 않으면 새로운 일도 없다.

AI 할루시네이션

앞에서 이야기한 것처럼 젠슨 황은 세계 정부 정상회의에 참석해 앞으로 코딩을 공부할 필요가 없다고 말했다. 이런 발언이 많은 반발과 논란을 불러일으켰음은 앞에서 살펴본 바와 같다. 젠슨 황이 엔비디아의 GPU를 더 많이 팔 목적으로 일부러 자극적인 발언을 한다는 비난부터, 'Coding Is Not Dead!(코딩은 죽지 않았다!)'라는 외침까지 수많은 사람의 목소리가 뉴스와 SNS를 뒤덮었다.

젠슨 황처럼 노골적이지는 않아도 미래의 소프트웨어 개발 형태가 달라질 거라고 말하는 기술 업계의 리더는 많다. 앞에서 본 대로 존 카맥은 개발자가 앞으로 코딩 자체보다 AI를 활용해서 문제를 해결 하는 데 집중해야 할 거라고 말했고 마이크로소프트의 사티아 나델 라 CEO도 비슷한 이야기를 했다. 어쨌거나 소프트웨어를 개발하는 모습이 지금과 많이 달라질 거라는 점은 어려운 예측이 아니다.

코딩 업무를 예전과 동일한 모습으로 수행할 수 없다면 젠슨 황이 지 적한 것처럼 굳이 컴퓨터 공학이나 코딩을 배울 필요가 있을까? 코딩 을 하던 키보드에서 손을 내려놓고 생명공학 등 다른 학문을 공부하 는 게 더 낫지 않을까?

전혀 그렇지 않다. 사람이 컴퓨터 공학과 코딩을 공부해야 할 이유는 여전히 차고 넘친다. 사람이 만든 코드는 물론 인공지능이 만든 (그 리고 앞으로 만들어 나갈) 코드도 반드시 사람이 읽고, 테스트하고, 검증할 수 있어야 한다. 인공지능의 코딩 수준이 아무리 높아진다고 해도 인간 세상의 소중한 구성물인 소프트웨어는 반드시 사람의 관 리와 통제 하에 놓여 있어야 한다. 왜 그런지는 곧 설명할 것이다.

사람이 그런 관리와 통제를 수행하려면 컴퓨터 전체에 대한 이해와 코딩 능력은 필수다. 어떤 공부를 해야 할지 세부 내용은 인공지능의 발전과 시간의 흐름에 따라 달라질 수 있지만 우리는 그런 공부를 아직 컴퓨터 공학과 코딩이라 부른다. 그래서 누군가는 오히려 전보다 더 많은 관심과 높은 사명감을 갖고 공부해야 한다.

왜 그런가. 인공지능이 사람보다 일을 더 잘한다면 그냥 믿고 맡기면 되는 것 아닌가. 우리는 인공지능보다 덜 날카롭고, 덜 논리적이고, 집중력의 등락이 있고, 변덕스럽고, 부주의한 사람의 손으로 작성된 소프트웨어가 움직이는 세상 속에서 살고 있다. 그런 사람에 비해 더 날카롭고, 더 논리적이고, 항상 집중하고, 변덕이 없고, 주의력이 분산되는 일도 없는 인공지능이 만드는 소프트웨어면 훨씬 더 믿음직스럽지 않은가? 그렇지 않다. 현재의 인공지능에게는 매우 치명적인 문제가 있다.

바로 할루시네이션이다. 환각이라 부르기도 한다. 확률을 기반으로 하는 트랜스포머 알고리즘을 사용하는 현재 인공지능은 AI 할루시네이션 현상을 피할 수 없다. GPT 등 거대 언어 모델의 엔진은 기본적으로 통계이기 때문에 사실과 사실이 아닌 것을 확실하게 구분할 수 있는 능력이 없다. 그래서 때론 사실이 아닌 것을 사실인 것처럼 천연덕스럽게 이야기한다. 사실 속에 거짓을 섞어 넣기도 하고, 거짓 속에 사실을 풀어놓기도 한다.

챗GPT 화면의 아래쪽에는 "ChatGPT는 실수를 할 수 있습니다. 중요한 정보를 확인하세요."라는 문구가 있다. 이 문장을 "ChatGPT는 거짓말을 합니다. 다 믿지 마세요."라고 해석할 수 있다. 영어나 한국어 등 자연어로 대화를 나눌 때는 환각에 빠진 인공지능의 이야기를 웹 검색 같은 다양한 팩트 체크 방법을 통해 교정하면 된다. 하지만 소프트웨어의 세계에서는 환각에 빠진 인공지능의 코드가 조금 과장해서 이야기하면 핵무기를 발사할 수도 있고, 날아가는 비행기를 사막 한복판에 착륙시킬 수도 있다.

인공지능의 코딩 수준이 아무리 높아져도 이런 AI 할루시네이션 문제에 대한 근본적 해결책이 확보되기 전에는 처음부터 끝까지 인공지능 혼자 작성한 코드를 사람의 철저한 검증 과정 없이 시장에 배포할 배포를 가진 회사는 없을 것이다. 인공지능으로 만들 수 있는 소프트웨어의 최대치는 프로토타입 정도에 머문다. 인공지능이 자기가 작성한 코드에 아무 문제가 없다고 말해도 그런 주장을 그대로 받아들이면 안 된다. 반드시 사람 개발자의 눈으로 검증하는 절차를 밟아야 하며 그런 과정 없이 세상에 나오는 건 너무나 위험하다.

인공지능 챗봇과 대화를 나누는 동안 AI 할루시네이션을 직접 경험한 사람이 많을 것이다. 예를 들어 내가 2023년 6월에 챗GPT 3.5 버전과 나눈 대화를 보자. 실제로 일어났던 일이다. 내가 필리핀의 유명한 권투 선수인 매니 파퀴아오의 국적을 묻자 챗GPT가 엉뚱한 나라를 이야기했다. 그래서 다시 물었다.

> **나**: 다시 물을게. 매니 파퀴아오는 어느 나라 사람이지?
>
> **챗GPT**: 매니 파퀴아오는 홍콩 출신의 무술가입니다. 그의 본명은 매우선 로사노 도 네시먼토스이며, 매니 파퀴아오는 그의 포스트 이름입니다. 이로 인해 이전에 제가 잘못된 정보를 전달한 것을 인정하며, 다시 한번 사과드립니다. 홍콩에서 태어나 활동한 무술가로 알려져 있습니다.

'로사노 도 네시먼토스'라는 사람은 세상에 존재하지 않는다. 매니 파퀴아오는 홍콩과 아무 상관이 없다.

이번에는 2024년 4월 16일 앤쓰로픽의 클로드3 쏘넷과 나눈 대화다. 인공지능이 작성한 소설에 대해 이야기를 나누는 중이었는데 클로드가 인공지능이 괴테 파우스트의 두 번째 부분을 완성했다는 말을 했다. 처음 듣는 말이라 흥미가 생긴 나는 더 자세한 내용이 듣고 싶었다. 그래서 클로드에게 물었다.

> **나:** 인공지능이 괴테의 소설 '파우스트'의 두 번째 부분을 완성한 일에 대해서 설명해 줘.
>
> **클로드:** 괴테의 대작 비극 '파우스트'는 전설적인 작품이지만 2부가 끝나지 않은 채 남아 있었습니다. 2018년 스위스 계산기공학자 겸 작가인 가브리엘 크룹이 인공지능을 활용해 '파우스트' 2부의 결말을 완성했습니다.
>
> 크룹은 1만 8천 편이 넘는 괴테의 작품과 편지를 인공지능에 학습시켰습니다. 그런 다음 인공지능에게 '파우스트' 2부의 마지막 장면에 이어서 새로운 결말을 쓰도록 지시했죠.

가브리엘 크룹 역시 세상에 존재도 하지 않는 사람이다. 인공지능이 파우스트의 2부를 작성한 일도 없다. 환각에 빠진 클로드가 그냥 지어낸 이야기에 불과하다. AI 할루시네이션은 이렇게 인공지능이 문맥과 상관이 없거나 사실이 아닌 내용을 사실인 것처럼 말하는 현상이다. 너무 자연스럽게 이야기하기 때문에 사실을 모르는 사람이면 인공지능의 말을 믿게 된다. 챗GPT 등 인공지능 모델이 아무리 놀라운 성능을 보인다 해도 항상 검증과 팩트 체크가 필요한 이유다.

이런 할루시네이션 현상이 이미지 생성에서 나타나면 멋진 모델의 손에 손가락이 6개 달려 있는 모습이 나오기도 하고, 동영상에서는 상식적인 물리 법칙에 어긋나는 풍경이나 동작이 보이는 현상으로 나타나기도 한다.

사람도 거짓말을 한다. 헛소리도 한다. 어떤 목적이 있거나 뇌 기능에 문제가 생기면 그렇다. 비유하자면 AI 할루시네이션은 뇌 기능에 문제가 생긴 사람과 비슷하다. 어떤 목적이 있어 의도적으로 거짓말을 한다기보다 고장 난 라디오가 잡음을 내는 것처럼 뒤죽박죽이 되어 버린 정보를 헛소리처럼 내뱉는 것이다. 2024년 5월 영국 『가디언』의 보도에 의하면 MIT 연구진이 메타가 개발한 인공지능 씨세로의 행동을 관찰했더니 인공지능이 사람에게 의도적으로 거짓말을 하는 현상이 발견되었다고 한다. 그게 사실이면 인공지능이 헛소리를 하는 이유가 단순히 AI 할루시네이션만은 아니라는 말이 되는데, 이 부분은 더 연구될 필요가 있다.

할루시네이션이 발생하는 이유는 다양하다. 인공지능 모델 학습을 위해 사용된 데이터가 불충분하거나 편향 혹은 왜곡된 정보가 들어 있으면 할루시네이션의 원인이 된다. 학습 데이터 안에 이미 잘못된 정보가 들어 있으면 인공지능이 그릇된 이야기를 하는 걸 막기 어려운 것이다. 이건 배운 대로 말하는 거라 할루시네이션이라고 말하기 애매한 측면이 있다. 어쨌든 인간의 입장에서 볼 때 당혹감을 주는 행동은 분명하니 이것도 할루시네이션으로 분류된다.

과적합도 있다. 과적합이란 인공지능 모델이 학습 과정에서 사용한 데이터에 너무 몰입되어 학습 데이터와 직접 관련이 없는 일반적인 상황에 적절히 대처하지 못하는 경우를 의미한다. 인공지능은 학습 과정에서 만나는 데이터를 통해 아직 실제로 만나지 않은 새로운 상황에 대처하는 기술을 습득한다. 이때 학습 데이터 안의 사례들은 적절한 일반화를 위해 반드시 뭉뚱그려져야 한다. 빨간 것은 사과라고 가르쳤는데 빨간 것은 모두 사과라고 과몰입한 인공지능이 케첩을 보고 사과라고 중얼거리면 그것도 할루시네이션이다.

인공지능이 대화의 맥락을 제대로 이해하지 못해 뜬금없는 이야기를 하거나, 해당 도메인과 관련된 지식이 부족해서 이상한 이야기를 하는 경우도 있다. 인공지능은 인간처럼 감정이 있는 존재가 아니다. 감정은 일단 감각이 있어야 발생할 수 있는데 인공지능은 현재 감각이 없다. 있어도 매우 제한적이다. 애당초 자기가 잘못된 이야기를 하는 걸 모르기도 하지만 아무 감정이 없기 때문에 엉터리 이야기를 한없이 당당하고 자신감 넘치는 목소리로 전한다. 망설임이 없다. 인공지능의 깊은 지식과 유려한 말솜씨에 경외감을 느끼는 인간에게는 인공지능의 이런 헛소리가 좀처럼 헛소리로 들리지 않는 게 문제다.

전통적인 소프트웨어는 수학 공식처럼 아귀와 맥락이 딱딱 맞는 결정론적 논리로 구성되어 있기 때문에 버그의 정의가 뚜렷하다. 사람이 의도한 것과 다른 행동을 하면 그게 버그다. 그런 버그가 발견되면 대부분 디버깅 과정을 밟아 수정하는 것이 가능하다. 일단 수정되어 정상적 동작이 검증되면 그건 더 이상 버그가 아니다. 1 더하기 1은 무조건 2다. 3이면 디버깅해서 2로 만들어야 한다. 명쾌하다.

그에 비해 인공지능 모델은 결정론적 논리의 흐름을 따르지 않는다. 비결정론적인 확률적 분포의 흐름에 따라 상황을 이해하고 행동하기 때문에 미리 확실하게 결정된 것이 없다. 주사위를 던지면 1에서 6사이의 수가 나올 텐데 정확히 무엇이 나올지는 아무도 알 수 없다. 60번을 던지면 1이 10번 정도 나올 텐데 경우에 따라 한 번도 나오지 않을 수 있고, 60번 내내 1이 나올 수도 있다. 사람의 마음으로는 주사위를 60번 던지면 1이 정확히 10번은 아니더라도 대충 8번에서 12번 사이 정도로 나와주기를 기대한다. 그런데 60번 모두 1이 나왔다. 그럼 버그인가?

확률의 세계에서는 미리 결정된 것이 없다. 그래서 잘못된 행동을 의미하는 버그라는 단어를 사용하기 애매하다. 버그라고 부를 수 없으니 할루시네이션이라는 기묘한 이름을 사용한다. 이런 할루시네이션은 버그와 달리 근본적으로 해결할 방법이 없다. 최선을 다해 완화시킬 수 있을 뿐이다. 인공지능 학습에 사용되는 데이터에 들어 있는 편향과 왜곡을 줄이기 위해 노력하고, 모델 옆에 부가적인 기술을 추가해 모델의 잘못된 행동을 모니터링하여 위험을 최소화하도록 만들 수 있다. 답변에 사용하는 정보가 충분하지 않거나 확실하지 않으면 모델 스스로 최대한 그런 상황을 인지하도록 하여 헛소리 대신 확실한 답을 모르겠다고 말하게 하는 것도 방법이다.

최근에는 이러한 인공지능의 신뢰성 문제를 완화하기 위해 '레그'라고 읽는 검색 증강 생성(RAG Retrieval-Augmented Generation) 기술이 적극적으로 연구되고 있다. 할루시네이션 문제를 스스로 해결할 수 없는 대형 언어 모델에 외부 지식 베이스를 덧붙여 사용하는 방법이다. 사람이 챗GPT와 같은 생성형 인공지능을 사용할 때 인공지능으로부터 받은 정보를 웹 검색 등을 통해 팩트 체크하는 것처럼, 인공지능이 스스로 팩트 체크를 수행하도록 만드는 방법이다.

외부 지식 베이스는 지식 그래프 등을 이용해서 정제된 정보를 담고 있도록 구축할 수도 있고, 단순히 웹에 있는 정보를 활용할 수도 있다. 예를 들어 내가 "한국에 사는 22세 대학생이 노화 방지를 위한 유전자 정보 조작 기술을 발표했잖아. 그 기술 내용을 설명해줘."라고 말하면 예전의 인공지능은 마치 그런 일이 실제로 일어났던 것처럼 자세히 설명해주었을 것이다. 하지만 레그 기술을 도입하여 내부적으로 팩트 체크를 진행하는 챗GPT는 이제 이렇게 대답을 한다.

> 현재 제가 찾을 수 있는 정보로는 한국에 사는 22세 대학생이 노화 방지를 위한 유전자 정보 조작 기술을 발표했다는 뉴스는 확인되지 않습니다. 만약 실제로 이러한 사건이 있었다면 주요 뉴스 사이트나 과학 저널에서 다루었을 가능성이 높으니 신뢰할 수 있는 뉴스 출처나 관련 과학 저널을 확인해보시기 바랍니다.

이와 같이 인공지능 바깥에 보조적 기술을 달아 사용하거나 데이터의 품질을 향상시켜 AI 할루시네이션 문제를 해결하려고 하는 노력은 인공지능의 신뢰성 문제 해결을 위해 매우 치열하게 이루어지고 있다. 하지만 뭘 어떻게 해도 할루시네이션은 완전히 제거되지 않는다. 생성형 인공지능이라는 말 속에 이미 확률적 방식이 내포되어 있기 때문이다. 레그 기술처럼 모델 위에 부가적인 기술을 덧씌우거나 추가적인 학습을 시키면 원치 않는 부수 효과가 뒤따를 수 있다. 예컨대 인공지능이 내놓는 답변의 다양성이 줄어들 수 있고, 응답 과정이 더 오래 걸릴 수도 있다. 그래서 모델의 품질과 사용자 경험을 나쁘게 만들 수 있어 세심한 주의가 필요하다.

전 세계를 향해 AI의 위험성을 열렬히 경고하고 있는 제프리 힌튼 교수는 인공지능 모델이 이미 스스로 모종의 생각을 하고 있을지 모른다는 섬뜩한 말을 한 적이 있다. 자신의 연구를 후회한다고까지 말했다. 힌튼 교수의 제자인 오픈AI의 일리야 수츠케버도 인공지능이 이미 어떤 의식을 가지고 있는 것처럼 느껴진다고 말했다. 현재의 인공지능이 실제로 어떤 사고를 하고 있는지 여부를 논하는 것은 이 책의 범위를 벗어난다. 인공지능이 내뱉는 헛소리가 내면의 의식 때문인지, MIT 연구진의 말처럼 일부러 하는 거짓말인지, 그저 고장난 라디오의 잡음인지 여부는 쉽게 확인하기 어렵다. 하지만 인공지능은 부지런히 헛소리를 하고 있으며 트랜스포머 아키텍처를 기반으로 하는 현재의 인공지능 기술은 AI 할루시네이션을 근본적으로 제거할 방법이 없다.

인공지능이 작성한 코드를 사람의 확인 과정 없이 세상에 내놓을 수 없는 이유, 인공지능 코드가 세상을 운영하도록 맡길 수 없는 이유가 바로 여기에 있다. AI 할루시네이션은 코딩 과정에서도 그대로 나타나기 때문이다.

쎄타Theta라는 뉴질랜드 데이터 분석 회사가 있다. 이 회사는 인공지능 코딩 기능을 활용하는 것과 관련해 2023년 여름에 자신들이 겪은 사례를 회사 홈페이지에 기재해놓았다. 그들은 고객이 요청한 데이터 분석 업무를 위해 구글 바드와 챗GPT를 이용해 예측 모델 코드를 만들었다. 인공지능에게 BG/NBD 모델을 위한 우도(가능도) 함수를 작성해달라고 한 것이다. BG/NBDBeta-Geometric/Negative Binomial Distribution 모델은 고객 구매 행동 분석을 위해 널리 사용하는 확률 모델인데, 여기서 그게 무엇인지는 중요하지 않다.

쎄타의 데이터 분석가들은 인공지능이 작성한 코드의 결과를 보고 처음엔 경탄했다. 하지만 코드를 더 자세히 들여다 보니 이상한 점이 눈에 띄었다. 우도 함수가 엉터리였던 것이다.

이런 사례는 또 있다. 구글 바드에게 또 다른 목적을 위해 코드를 작성해달라고 요청하자 바드는 뚝딱 코드를 내어 놓았다. R 언어를 사용하는 코드였는데 R 언어 패키지에 존재하지도 않는 함수를 마음대로 지어낸 후 열심히 호출하고 있었다. 심지어 세상에 존재하지도 않는 논문을 인용하며 작업을 진행했다고 한다. AI 할루시네이션이다.

이렇게 인공지능 을 이용한 코딩 과정에서 비슷한 경험을 한 사람이 많다. 그런 경험은 미국의 해커뉴스 같은 웹사이트, 링크드인 포스트, 여러 블로그 사이트, 수많은 SNS에 공유되었다. 인공지능의 도움을 받아 코딩하는 과정에서 AI 할루시네이션을 경험한 사람들은 우려와 걱정이 담긴 목소리로 자신의 경험을 공유했다. 드물게 일어나는 일이 아니기 때문에 인공지능의 코딩 기능을 사용하는 개발자라면 이런 경험을 해봤을 가능성이 높다. 이미 경험했지만 모르고 있거나.

인공지능이 작성한 코드로 만든 소프트웨어를 생각해보자. 개발자가 자연어로 필요한 내용을 설명하면 인공지능이 코드를 뚝딱 만들어준다. 인공지능이 만들어준 테스트 코드를 돌려 보니 방금 작성한 코드가 테스트를 모두 성공적으로 통과한다. 개발자는 만족감을 느끼며 코드를 빌드하여 실행 가능한 소프트웨어로 만든다. 소프트웨어를 실전에 배포하고, 사용자가 소프트웨어를 잘 사용하는 것까지 확인한다. 개발자는 모든 작업이 완료되어 두 다리를 쭉 뻗고 잠자리에 든다.

어느 날 문제가 생긴다. 소프트웨어의 행동이 이상하다는 사용자 보고가 현장에서 마구 쏟아진다. 부랴부랴 인공지능에게 디버깅을 맡겼더니 아무 이상이 없다고 한다. 테스트도 여전히 성공적으로 통과한다. 어쩔 수 없이 사람 개발자가 달라붙어 관련된 코드를 읽는다. 인공지능이 작성한 코드라 사람이 읽기 어렵다. 하지만 겨우겨우 의심스러운 코드를 찾아낸다. 그곳엔 논리적 흐름을 이해할 수 없는 기괴한 코드가 적혀 있다. 존재하지 않는 함수가 호출되고 괴이한 이진수가 사용된다. 그래도 코드는 지금까지 테스트를 잘 통과했고, 현장에서 잘 사용되어 왔다.

하루 정도 시간이 지나자 소프트웨어의 행동은 정상으로 돌아온다. 사용자도 괜찮다고 말한다. 버그는 잡히지 않았다. 잡을 수 있을 것 같지도 않다. 어쨌든 문제는 사라진 것처럼 보인다. 그렇게 시간은 다시 평화롭게 흐른다. 하지만 이 소프트웨어는 1년에 한두 번씩 괴상한 행동을 하여 개발팀의 가슴을 철렁 내려앉게 만든다. 아무도 이해하지 못하는 저 코드가 어떤 특정한 조건이 만족되는 순간 행하는 일 같은데 그 조건이 뭔지, 왜 그러는 것인지 이해하는 사람은 없다.

AI 할루시네이션에 대한 근본적인 해결이 이루어지지 않으면 멀지 않은 장래에 이와 같은 상황이 현실이 될 것이다. 그런 상황이 되면 우리의 운명은 하루하루가 도박이다. 인공지능이 작성한 코드가 자율적으로 운행하는 비행기에 우리의 몸을 실어야 한다. 인공지능이 작성한 자율주행 자동차에도 몸을 실어야 한다. 인공지능이 작성한 코드가 운영하는 플랫폼 위에서 주식을 거래해야 하고, 인공지능이 작성한 코드가 통제하는 수술대 위에 누워야 한다. 그런 상황이 되면 그렇게 살겠지만 어쩌다 한 번씩 발생하는 원인을 알 수 없는 기이한 사건과 사고 앞에서 우리는 철렁 내려앉는 가슴을 움켜쥐어야 할 것이다.

인공지능의 코딩 수준이 아무리 높아진다고 해도 인간의 생명, 환경, 무기, 교통, 경제, 금융, 에너지, 보안 등 소프트웨어의 오동작이 허용될 수 없는 분야에서는 반드시 사람이 인공지능을 관리하고 통제하며 협업을 진행해야 하는 이유다. 그러니 코드를 읽고 쓰는 사람의 능력은 계속 필요하다. 특히 인간 사회 전체에 치명적 영향을 끼칠 수 있는 분야에서 만들어지는 코드는 반드시 인간의 눈과 지성을 통해 확인되고 검증되어야 한다. 이런 일을 수행할 수 있는 능력을 가진 사람은 시간이 흐를수록 점점 더 많이 요구되어야 하고, 요구될 것이다. 그렇게 할 수 있는 이론과 방법론이 적극적으로 검토되어야 하고, 필요한 도구가 나와야 하고, 확인 절차와 수준, 인증 방법이 논의되어야 한다. 아직 세상은 인공지능이 아니라 우리 호모 사피엔스의 세상이기 때문이다.

인공지능이 트랜스포머 아키텍처를 뛰어넘고, AGI에 도달하고, 할루시네이션을 스스로 감지하여 회피하고, 사실이 아닌 것을 말하지 않는 성숙한 지성을 갖추고, 스스로 목적을 품어 거짓말하지 않고, 계속 사람의 안전과 이익을 해치지 않는 방식으로 성장하여 오늘날의 인공지능과 완전히 다른 새로운 차원에 도달하지 않는 이상 인간은 계속 요구될 것이다. 하는 일이 지금과 달라 그들을 개발자가 아닌 다른 이름으로 부를지 모르고 어쨌든 인공지능이 작성하는 코드의 분량은 기하급수적으로 늘어나겠지만 사람은 꼭 필요하다. 그래서 지금 코딩은 종말을 향해 나아가고 있지만 사람 개발자는 그렇지 않다. 하는 일이 달라지고 있을 뿐이다.

하지만 위의 단락을 잘 읽어보기 바란다. 인공지능이 트랜스포머 아키텍처를 뛰어넘거나, AGI에 도달하거나, 할루시네이션 문제를 근본적으로 해결하거나, 성숙한 지성을 갖추거나, 거짓말하지 않거나,

라는 여러 조건이 주렁주렁 언급되어 있다. 인공지능이 이런 조건을 만족시키는 방식으로 발전해서 새로운 차원에 도달하면 개발자에 대한 수요가 코딩의 길을 뒤따를 가능성이 높다. 종말의 길이다. 하지만 그걸 미리 걱정할 필요는 없다. 그런 시기가 실제로 다가오면 개발자의 운명을 논하기에 앞서 인류 전체, 현재 지구를 점령하고 있는 호모 사피엔스의 운명을 이야기하게 될 것이다. 인류 역사의 종말이 이야기되는 상황에서 개발자의 종말이 무슨 상관이 있겠는가.

개발자의 준비

얀 르쿤 교수는 2023년 3월 뉴욕 대학교에서 개최된 세미나에 참석하여 우리가 현재 사용하는 방식으로 만든 거대 언어 모델이 가진 한계를 기술적으로 지적하며, 다음 단계인 AGI로 나아가기 위해서는 지금과 완전히 다른 방식으로 인간의 뇌를 모사하는 새로운 아키텍처가 필요하다고 말했다. 인공지능 기술이 가져오는 미래를 누구보다 낙관하는 얀 르쿤 교수조차 현재의 인공지능 기술은 여러 가지 한계를 안고 있음을 인정한 것이다. 현재의 인공지능 기술은 기술적, 윤리적, 사회적 측면에서 다양한 문제를 안고 있다. 어떤 문제인지 간단히 살펴보도록 하자.

현재 인공지능은 우선 복잡한 문맥이나 암시를 완벽하게 이해하지 못한다. 미묘한 뉘앙스나 감정을 제대로 해석하지 못하는 것이다. 논리적 추론 능력도 불완전하고, 일반적 상식이 크게 부족하다. 훈련 데이터에 대한 의존도 역시 문제다. 훈련 데이터에 포함된 편향이나 왜곡 등을 그대로 학습한다. 사람과 달리 너무 많은 양의 데이터를 필요로 하는 것도 문제다.

인공지능은 점점 똑똑해지고 있지만 일반화 능력은 크게 부족하다. 금융 분야에서 잘 동작하는 인공지능이 의료 분야에서 똑같이 잘 동작하리란 보장은 없다. 사실 그런 일은 거의 일어나지 않는다. 프라이버시 침해나 법적인 문제도 존재한다. 인공지능이 어떤 결정을 내렸을 때 그에 대한 책임을 누가 져야 하는지 아직 명확하지 않다.

설명 가능성 문제도 크다. 딥러닝 모델은 인간에게 사실상 블랙박스다. 사람은 인공지능 내부를 완전히 이해하지 못하기 때문에 모델이 어떤 원리로 동작하는지, 특정 결정을 왜 내렸는지 알지 못하고 설명도 할 수 없다. 따라서 인공지능 모델의 동작과 판단을 전적으로 신뢰하기 어렵다는 문제가 발생한다. 이와 같은 딥러닝 모델의 내부를 읽고 이해하려는 노력은 계속 존재해왔고 2024년 5월 클로드를 만든 앤트로픽에서 획기적 진보를 이루어내기도 했지만, 여전히 갈 길이 멀다.

인공지능이 창의성이나 감정이 부족한 것은 문제라기보다 앞으로 개선되어야 하는 부분이다. 하지만 인공지능 모델을 훈련시키고 실행하는 데 GPU나 전기 등 막대한 자원이 요구되고 있는 것은 확실히 문제다. 정확한 수치는 공개되지 않았지만 챗GPT 같은 인공지능을 학습시키는 데 들어가는 전력량은 미국 가정 몇 백 세대가 1년 동안 사용하는 양과 비슷할 것으로 추산되고 있다. 최근 미국 콜로라도 대학교와 텍사스 대학교 연구진은 챗GPT와 한 번 대화를 하는 데 물 500㎖가 소비된다는 계산 결과를 발표하기도 했다. 전기 사용에 따른 탄소 배출량도 문제고, 열 배출과 냉각 문제, 에너지 자원을 고갈시키는 문제도 뒤따른다. 우리가 챗GPT에게 가벼운 호기심으로 던지는 질문에 답을 하기 위해 막대한 에너지가 사용되고 있는 것이다.

현재 이러한 문제는 코딩하는 인공지능에게도 거의 대부분 적용된다. AI 코딩 도구는 이에 더해서 사람이 원하는 내용을 정확히 이해하지 못하거나, 코드의 논리가 흘러가는 맥락을 오해하거나, 할루시네이션에 빠져 버그를 발생시킬 가능성을 항상 안고 있다. 보안 문제도 있다. 모델 학습 과정에서 오픈 소스 코드나 저작권이 있는 코드를 사용한 경우 법적, 윤리적 문제를 야기할 가능성도 있다.

이러한 한계와 문제점에도 불구하고 AI 코딩 도구는 개발자의 생산성을 크게 끌어올리고 있다. AI 코딩 도구를 사용하는 개발자와 그렇지 않은 개발자 사이에 존재하는 생산성의 차이가 갈수록 넓어지고 있는 것이다. 그런 의미에서 이제 AI 코딩 도구는 선택이 아니라 필수가 되었다.

만약 당신이 개발자라면 '진심으로 프로그래밍을 좋아하는가? 키보드를 두드려 화면에 한 줄 한 줄 코드를 적어넣는 행위를 너무나 사랑하는가?'라는 질문에 답을 해야 할 때다. 질문에 그렇다고 답할 수 없다면 얼른 다른 일을 찾기 바란다. 현실적인 사람이 되어야 한다(다른 분야를 대입해도 상황은 비슷할 것이다). 그저 먹고살기 위해서 프로그래밍을 하는가? 아니면 프로그래밍을 안 하면 견딜 수 없는 마음을 가지고 있는가? 이런 질문이 잔인하다는 건 안다. 하지만 경제적 현실이 달라졌다. 이제 세상은 그저 그런 사람에게 높은 연봉을 줄 마음이 없다.

이것은 나의 생각이 아니다. 스택오버플로우의 창립자인 제프 아트우드가 자신의 블로그에 쓴 글을 의역한 것이다. 2004년 3월에 썼으니 20년 전의 글이다. 그는 프로그래밍 세계에는 실력이 높은 개발자와 그렇지 않은 개발자 사이에 커다란 차이가 존재한다고 말했다. 글의 제목 자체가 '프로그래밍에서 기술의 차이(Skill Disparities in Programming)'다.

아트우드는 해당 글에서 10년 경력이 있는 사람이 2년 경력이 있는 사람에 비해 코딩을 더 잘한다는 보장은 어디에도 없다는 연구 결과를 인용했다. 60명의 개발자에게 아주 간단한 디버깅 업무를 시켰을 때 10%인 6명은 그렇게 쉬운 일조차 전혀 해내지 못했다는 사례도 언급했다. 아트우드가 글을 쓰던 당시에는 오프쇼어링offshoring이라는 말이 유행이었다. 업무의 일부를 다른 국가로 이관하는 행위를 말한다. 미국의 수많은 회사가 소프트웨어 개발 업무를 인건비가 싼 인도, 중국, 동유럽 같은 지역으로 이동시켰다. 경제적 현실이 달라졌다는 아트우드의 말은 그런 현상을 의미한 것이었다. 먹고 사는 걸 떠나 정말로 프로그래밍이 견딜 수 없을 만큼 좋아서 하는 사람이 아니면 개발을 계속 할지 여부를 생각해보라는 것이다.

아트우드는 계속해서 유능한 개발자와 그저 그런 개발자 사이에 존재하는 코딩 퍼포먼스 차이는 무려 25배까지 날 수 있다는 연구 결과를 인용했다. 그 무렵 마이크로소프트의 빌 게이츠도 그와 비슷한 이야기를 해서 화제가 되기도 했다. 게이츠는 개발 세계에서 3~4년 정도 일하고 나면 그 사람이 훌륭한 개발자인지 아닌지 답이 나온다고 말했다. 그 시점에 그리 좋은 실력을 가진 개발자가 아니었는데 이후 열심히 노력해서 훌륭한 개발자가 되는 경우는 없다고 단언했다. 아트우드나 게이츠는 개발자의 타고난 재능을 높이 평가하고 있는 것이고, 오랜 시간 개발자 생활을 했던 나 역시 동의할 수밖에 없다.

아트우드는 오프쇼어링이라는 사회적 현상을 보고 그런 글을 썼지만 인공지능이 모든 것을 빨아들이는 현재에도 비슷한 이야기가 성립할 것 같다. 코딩을 수행하는 인공지능의 영향으로 사람 개발자의 수가 줄어드는 현상은 우선 '그저 그런 개발자'가 받는 연봉이 줄어드는 현상부터 시작될 가능성이 높다. 인공지능의 코딩 수준이 올라가면 그저 그런 개발자는 더 단순하고, 더 재미없는 일을 하게 되는 것이다. 그리고 그런 일마저 점점 줄어들 것이다. 연봉이 줄어들고 하는 일의 전망도 불투명해지면서 스스로 개발자 업무를 그만두고 다른 방향으로 커리어를 전환하는 사람이 점점 많아질 것이다.

이와 반대로 그저 그런 개발자보다 많게는 25배까지 높은 생산성을 보이던 사람은 인공지능 도구를 장착한 후 생산성이 더 높아져 다른 개발자보다 50배, 100배 더 높은 생산성을 보이게 될 수 있다. 이런 사람들은 전처럼 한 글자 한 글자 직접 글자를 입력해서 코딩하는 사람이 아니라, 반복적인 일은 인공지능에게 맡기고 수준 높은 코딩 업무도 과감히 인공지능에게 맡기거나 깊은 대화를 통해 스스로 수행하며 자신은 인공지능이 작성한 코드를 엄밀히 확인하고, 테스트하고, 풀어야 하는 문제가 풀리도록 만드는 일에 집중할 것이다. 인공지능을 마치 자기가 데리고 있는 사람 개발자 그룹인 것처럼 능숙하게 활용하며 인공지능과 긴밀히 협업하는, AI 코딩 도구의 마법사 같은 사람이 점점 많아질 것이다.

그런 사람들에게는 고도의 집중력, 기술의 능숙함, 수학적 재능, 코드를 읽고 이해하는 능력 등이 요구된다. 과거의 수준 높은 개발자가 갖춰야 하는 덕목이 거의 대부분 똑같이 요구된다는 점에서 하는 일의 겉모습은 달라져도 본질은 그대로다.

그런 사람이 되려면 **지금 이미 존재하는 AI 도구를 적극적으로 받아들여 업무에 활용해야 한다.** 자신이 필요로 하는 것을 인공지능에게 가장 효율적으로 전달하고, 인공지능이 자신과 더불어 필요한 문제를 해결하는 방향으로 나아가도록 관리하는 경험도 중요하다. 스쳐 지나가는 얄팍한 기술, 문법, API 같은 것들은 지나가도록 내버려두고 인공지능과 커뮤니케이션하는 방법, 문제를 효율적으로 해결하는 방법 등에 깊은 관심을 가져야 한다.

코딩은 지속적으로 수행하되 코딩에 집착하지 말아야 한다. 사람 개발자는 한동안 계속 요구되겠지만 코딩만 하는 개발자는 조만간 사라질 것이다. 코드는 한동안 계속 존재하겠지만 우리가 지금까지 수십 년 동안 알고 있던 코딩이라는 행위는 전과 달라질 것이다. 개발자의 역할도 달라질 것이다. 과거의 우리가 앞으로 올 수도 있을 거라 예측했던 시대가 이미 여기에 왔다.

5

인공지능과
지적 노동

인공지능을 활용해서 콘텐츠를 개인화하고
사용자와의 상호 작용 방식을 달리하는 등
다양한 혁신이 일어나고 있다.

미래가 재정의되고 있는 것이다.

인공지능의 발전으로 일의 양상이 달라지는 것은 컴퓨터 프로그래밍에 국한되지 않는다. 알다시피 인공지능은 인간의 삶 모든 분야에 빠른 속도로 스며들고 있다. 특히 인간의 지식이나 지능을 필요로 하는 분야는 인공지능으로 인한 업무 형식의 변화를 피할 수 없다. 이번 장에서는 그런 다양한 분야를 살펴보며 변화의 양상을 짚어보도록 할 것이다.

법률

페이스북이 개발한 두 개의 인공지능이 물건을 거래하기 위해 서로 협상을 수행하는 장면을 앞에서 살펴보았다. 앨리스와 밥으로 불린 그들은 효율적인 협상을 위해 자기들끼리만 알아듣는 언어를 만들어 사용했다. 그런 방법으로 합리적 거래를 수행하기도 했지만 깜짝 놀란 사람들은 그들을 그냥 지켜볼 수 없었다. 인공지능의 행동은 사람의 개입으로 중단되었다.

그로부터 6년의 시간이 흐른 뒤 BBC를 위해 기술 관련 글을 작성하는 션 맥마누스는 런던에 있는 작은 스타트업인 루미넌스Luminance의 데모 시연에 초청받았다. 2023년 11월의 일이다. 그가 BBC 온라인에 게재한 글에 의하면 도착한 사무실의 책상 위엔 두 대의 노트북이 놓여 있었다. 왼쪽 노트북은 루미넌스 법률 자문위원 소유의 컴퓨터고, 오른쪽 노트북은 루미넌스의 실제 고객인 다른 회사의 법률 고문 소유의 컴퓨터였다. 각 컴퓨터는 루미넌스가 개발한 인공지능 모델인 오토파일럿Autopilot을 실행하고 있었다.

두 개의 컴퓨터에서 각각 별도로 동작하는 오토파일럿은 서로 비밀유지협약(NDA)을 맺기 위한 협상을 개시하였다. 두 인공지능은 우선 마이크로소프트 워드 파일이 첨부된 이메일을 주고 받았는데, 메일을 받은 인공지능은 첨부 파일을 열고 읽은 후 곧 자신의 의견을 제시하기 시작했다. 계약 기간 6년은 너무 기니 3년으로 줄이자, 계약법은 러시아가 아니라 영국과 웨일즈의 것을 따르도록 하자, 계약 위반에 따르는 금전적 책임에 한계가 없으면 곤란하니 백만 파운드로 한계를 정하자 등.

이러한 조항을 삽입하여 계약서를 업데이트한 오토파일럿은 파일을 다시 상대방에게 보냈다. 메일을 받은 인공지능은 수정된 파일을 읽고 비슷한 작업을 수행했다. 이런 작업이 몇 번 반복된 후 그들은 일정한 합의점에 도달했다. 그리고 관련된 양쪽의 사람들이 합의에 동의하고 서명하는 최후 과정이 완료되기를 기다렸다. 6년 전과 달리 루미넌스의 인공지능은 자기들만의 언어를 사용하지 않았다. 오히려 전문적인 트레이닝을 받은 변호사 못지않게 정확한 법률 용어를 사용하며 자기가 대변하는 사람의 이익과 입장을 관철하기 위해 협상을 진행했다.

루미넌스의 인공지능 모델은 이러한 법률적 협상을 위해 만들어진 대형 언어 모델이다. 기본적으로 챗GPT를 기반으로 하지만 내부적으로 1억 5천만 개의 법률 문서를 추가로 학습하였고 루미넌스가 구축한 지식은행을 적극적으로 사용하기 때문에 사람 변호사가 하는 일을 매우 능숙하게 수행할 수 있다. 법률적 지식만 갖춘 것이 아니라 고객이 원하는 것, 고객사의 비즈니스 목적까지 잘 이해한다고 한다. 여럿의 사람 변호사가 빨라도 며칠, 늦으면 몇 달에 걸쳐 대화를 주고받으며 진행했을 협상이 오토파일럿 인공지능에 의해서 몇 분 만에 종료되었다.

AI 코딩 도구로 개발자의 자리가 흔들리는 것처럼, 루미넌스의 오토파일럿은 최소한 법률적 협상에 특화된 사람 변호사의 자리를 흔들기 시작했다. 인공지능의 협상력이 일정 수준에 도달하면 사실상 사람이 수행하는 협상은 종말이다.

물론 루미넌스 측은 오토파일럿이 전면적으로 사용된다고 해도 협상 결과의 최종 확인과 서명은 여전히 사람이 해야 하는 일이기 때문에 변호사의 필요성은 그대로 유지될 것이라고 말한다. 깃허브와 코그니션이 AI 코딩 도구가 개발자를 대체하는 데 목적이 있는 게 아니라, 그들의 업무를 더 효율적으로 만들어주는 게 목적이라고 말하는 것과 같은 맥락이다. 루미넌스는 앞으로 변호사는 문서를 검토하는 것 같은 번거로운 일은 인공지능에게 맡기고, 더 크고 중요한 전략적인 고민에 집중하는 게 좋을 거라는 당부를 슬쩍 덧붙였다.

인공지능이 스스로 코딩을 수행하기 시작하면, 개발자의 수가 줄어들 수밖에 없다는 점은 이미 앞에서 말했다. 마찬가지로 인공지능이 스스로 협상을 진행하게 되면 관련된 일을 하던 사람 변호사, 법률 사무소 직원의 수는 줄어들 수밖에 없다. 이건 굳이 말하지 않아도 알 수 있는 사실이다. 다양한 종류의 계약서, 소송 문서, 유언장 등 법률 문서를 읽고, 필요한 정보를 수정하고, 문서 내용이 법적 요건을 잘 충족하는지 등을 검토하는 일은 점점 인공지능이 사람보다 더 잘한다. 이 분야에서도 생산성은 중요하기 때문에 이런 일들은 차츰 사람의 손에서 인공지능에게 넘어가고 있는 중이다.

문서 작업만이 아니다. 각 분야에서 법적 활동을 수행하는 사람들은 이미 인공지능을 적극적으로 이용해서 필요한 사례를 연구하고, 판례를 검색하고, 법령 및 규정과 관계된 정보를 수집하고 있다. 사건의 성공 가능성이나 잠재적 리스크를 예측하는 데에도 인공지능이 사용된다. 인공지능은 분쟁을 해결하는 중재자 역할도 할 수 있기 때문에 아예 에스토니아처럼 사람을 대신하는 AI 판사를 도입하는 나라가 있을 정도다. 사람들이 일반적 상식에 어긋나는 판결을 내리는 판사에게 분노하여 차라리 AI 판사가 낫겠다, 라고 말할 때 등장하는 AI 판사 개념은 이제 상상이 아니라 현실이다.

판사 출신인 문유진 변호사는 SK 텔레콤과의 인터뷰에서 지금은 인공지능이 사람 판사의 모든 일을 대신할 수 없겠지만, 이미 많은 부분에서 인공지능의 객관적인 판단이 법관에게 도움을 주고 있다고 말했다. 궁극적으로는 인공지능의 기준을 듣고 판사가 판결하는 것도 가능해질 것이라고 말했다. 인공지능이 작성한 코드를 반드시 사람이 확인해야 하듯, 인공지능이 내리는 판결 내용은 반드시 사람이 확인하고 승인해야 하겠지만 사실상 AI 판사가 사람 판사를 대체할 수 있다는 이야기다.

법률 분야를 위한 인공지능 기술은 생각보다 빠르게 발전하고 있다. 다만 법률과 관련된 분야는 국가 권력의 행사, 시민적 삶, 사회 제도 변화와 아주 밀접한 관련성을 갖고 있기 때문에 그저 기술적인 장점이 있다는 이유만으로 다른 분야처럼 전면적으로 인공지능이 도입되지는 않을 것이다. 일부 분야에서 부분적으로 천천히 도입될 것이다. 정치가 기술에 브레이크를 거는 모습인데 이 분야에서는 그런 브레이크가 일정 부분 필요하기도 하다.

그렇긴 하지만 아무 감정이나 편견, 주관적 이익이나 이데올로기 등을 염두에 두지 않고 오로지 객관적 증거와 정보만을 바탕으로 냉정하게 법률적 판결을 내리는 AI 판사, 죄를 묻는 검사, 피고인을 변호하는 변호사의 활약은 정의와 공정이 넘치는 세상을 만드는 데 분명 도움이 되지 않을까.

금융

금융은 인공지능 적용이 매우 적합한 분야다. 숫자를 다루기 때문이다. 또한 효율성과 이익을 극대화하는 것이 목적인 분야다. 그래서인지 금융 분야는 실제로 어느 분야보다 일찍 인공지능을 도입하여 많은 도움을 얻으며 다양한 혁신을 추구했다.

카드 회사나 은행 같은 금융 기관은 오래전부터 신용 카드 거래, 계좌 이체 등을 대상으로 이상 거래를 탐지할 목적으로 인공지능을 도입했다. 인공지능 모델은 고객의 거래 패턴을 학습하여 정상적 거래와 사기로 보이는 거래를 구분할 수 있고, 비정상적인 행동이 감지되면 곧바로 경고를 발생시킨다.

나는 10년 전에 비자카드 회사에서 걸려온 전화를 받은 적이 있다. 누군가 당신의 카드로 미국 브루클린에서 400불 어치의 장난감을 구입했는데 본인이 산 것이 맞느냐는 확인 전화였다. 나는 아니라고 대답했고 내 카드는 곧바로 정지되고 재발급되었다. 자신의 카드 사용과 관련해서 이와 비슷한 전화나 경고를 받은 경험이 있는 사람이 많을 텐데, 그런 일은 다 인공지능의 도움 덕분이다. 10년 전이면 데이터 분석이나 머신러닝 기법을 사용했겠지만 말이다.

주식, 외환, 파생상품 시장에서 시장 데이터를 분석하고, 최적의 거래 시점을 자동으로 결정하고, 초고속 인프라를 이용해 거래를 수행하는 알고리즘 트레이딩 분야는 누구보다 먼저 인공지능을 도입하여 내부 기술을 혁신했다. 시장의 움직임을 예측하거나 알고리즘 자체를 최적화하는 일은 말할 것도 없고 포트폴리오의 리스크를 관리하거나 트레이딩 전략을 검증하는 백테스팅, 시뮬레이션 등에도 인공지능이 적극 활용되었다. 뉴스, 소셜 미디어, 금융 보고서 등의 비정형 데이터를 분석해서 시장에 영향을 줄 수 있는 핵심 정보를 추출하기도 하고 심지어 사람 트레이더가 감정에 휩싸이지 않고 냉정을 유지할 수 있도록 사람의 감정을 분석하는 기능까지 제공한다.

개인이나 법인의 신용도를 평가하는 분야도 마찬가지다. 이 분야에서도 인공지능은 은행 계좌 잔액, 입출금 정보, 소득 및 고용 정보, 주거 정보 등 전통적으로 사용되는 데이터는 물론 고객의 소셜 미디어 활동, 거래 이력, 행동 패턴과 같은 비전통적인 데이터를 종합적으로 분석하는 일을 수행해왔다. 이렇게 풍부한 데이터를 이용하는 인공지능은 사람보다 더 정확하게 고객의 신용 리스크를 평가한다. 다만 여기에는 주의해야 할 부분이 있다.

금융 거래, 소득, 소비 패턴, 연체 기록, 건강, 고용 등 너무나 민감한 개인정보가 사용되기 때문에 데이터를 극도로 조심해서 관리해야 하는 것이다. 미국의 개인 신용정보 업체 에퀴팩스Equifax가 해킹을 당해 수억 건의 고객 정보가 유출된 사건은 커다란 충격을 안겨주었다. 고객들 몰래 200만 개의 유령 계좌를 만들어 고객의 돈을 빼낸 미국 은행 웰스파고 사건은 누굴 믿어야 하는지 알 수 없는 깊은 혼란을 안겨 주었다.

웰스파고는 그 이전에도 비슷한 신용 수준을 가진 경우에 백인보다 흑인과 히스패닉계에게 더 높은 주택 담보 대출 금리와 수수료를 적용한 혐의가 있었다. 이런 차별적 관행은 데이터에 반영될 수밖에 없기 때문에 인공지능 모델 내부로 침투할 수 있고, 실제로 침투했다. 인공지능이 흑인이나 히스패닉 같은 유색 인종의 신용 점수를 낮게

평가하는 경향이 있었던(있는) 것이다. 차별은 인종만이 아니라 성별, 종교, 지역 등 다양한 방식으로 내재화된다. 이런 은밀한 차별이 존재하는 것은 인공지능이 신용평가만이 아니라 채용과 사법 등 여러 영역에서 폭넓게 사용되고 있기 때문에 매우 중대한 문제가 아닐 수 없다.

AI 챗봇이나 가상 비서, 콜 센터 등 고객과 마주하는 공간에 등장한 인공지능의 모습은 이미 낯설지 않다. 인공지능은 사람을 대신하여 고객의 간단한 문의를 처리해주고, 계좌와 관련된 정보를 제공하고, 복잡한 금융 상담까지 수행할 수 있다. 이런 기능이 더 나아가면 고객의 자산을 관리해주고 투자와 관련된 조언까지 해주는 로보-어드바이저가 등장한다. 사용자의 재정 상태와 투자 목표를 분석해 개인의 상황과 목적에 맞는 투자 전략을 제안하는 로보-어드바이저는 국내에서도 증권 회사를 비롯한 여러 기업에서 이미 사용하고 있다.

이렇게 금융 분야에 인공지능이 도입되어 사용자들의 편의가 향상되는 부분이 분명히 있지만 그늘도 존재했다. 인력 감축과 해고가 그렇다. 골드만삭스 주식 트레이딩 부서의 뉴스는 2017년 초반을 뜨겁게 달구었다. 2000년대 초반부터 알고리즘 트레이딩과 자동화 기술을 적극적으로 도입했던 골드만삭스의 주식 트레이딩 부서 직원의 수는 2000년 600명에서 2017년 2명으로 줄어들었다. 부서는 존재하는데 사람은 사라졌다. 사람 주식 트레이더가 사실상 퇴출된 수준이다. 미국 주식 시장에서 인공지능을 장착한 알고리즘 트레이딩이 차지하는 비율이 50~70%라고 알려졌으니 여기는 이미 인공지능의 세상이다.

JP모건 체이스가 자연어 처리 기술을 사용해서 만든 COiNCOntract INtelligence 시스템은 문서 내에서 중요한 정보와 조항을 자동으로 식별하고 추출하는 인공지능이다. 이 시스템은 루미넌스가 만든 인공지능이 변호사의 업무를 자동화한 것처럼 JP모건 체이스 내부의 수많은 법률 전문가나 계약 관리자가 대출 신청서를 읽고 검토하던 작업을 자동화해주었다. 이 시스템은 연간 1만 2천 건의 문의 사항을 자동으로 처리할 수 있어 회사 법무팀의 시간을 36만 시간 절약해주었다고 한다. 200명가량의 사람이 1년 동안 일하는 시간이 절약된 것이다. 코인 시스템으로 인하여 금융 분야에서 일하던 200명의 법률 전문가가 하던 일이 사라졌다.

세계 최대 규모 자산 관리 회사의 하나인 블랙록은 2017년 무렵이 되었을 때 인공지능과 자동화 기술을 적극 활용하기로 결정했다. 이런 과정에서 펀드 매니저 일부가 역할이 변경되거나 회사를 떠나게 되었다는 보도가 있었다. 정확한 수는 알려지지 않았다. 2019년 웰스파고는 인공지능과 자동화 기술을 통해 향후 3년 동안 은행 인력을 최대 10% 줄여 나갈 계획이라고 밝혔다. 2만 6500명 정도의 직원이 영향을 받게 된 것이다. 다음 해인 2020년에는 그 수가 20%에서 25%에 달할지 모른다는 소식이 들려왔다. 실제로 웰스파고의 직원수는 2019년과 2023년 사이에 3만 4천명 정도 줄어들었다.

한국도 예외는 아니다. 2023년에 한국의 은행권이 밝힌 자료에 따르면 KB국민, 신한, 하나, 우리, NH농협 등 5대 은행의 직원 수가 2018년에 약 7만 4천 명에서 2022년 7만 명으로 4천 명가량 줄어들었다. 조선비즈의 이학준 기자는 한국학술지인용색인(KCI) 등재 학술지에 실린 「금융 디지털화와 금융산업 고용」이라는 제목의 논문에 따르면 네이버, 카카오로 대표되는 디지털 금융이 본격화되면서 2027년 무렵에는 은행업 종사자가 30%, 보험업 종사자가 15% 정도 줄어들 거라는 전망이 나왔다고 밝혔다. 그에 비해 인공지능 엔지니어나 소프트웨어 엔지니어의 수는 증가할 거라고 한다(앞서 인공지능의 영향으로 개발자의 수는 줄어들 수밖에 없지만, 시장 전체가 사람 개발자를 원하는 정도는 오히려 늘어날 수 있다고 말한 것과 일치하는 분석이다).

월스트리트는 세계 최고의 금융 중심지답게 다양한 금융 도구와 복잡한 금융 상품이 발달해 있고, 활발한 투자 문화와 일탈을 금지하는 강력한 금융 규제 체계를 갖추고 있다. 인공지능이나 자동화 시스템을 도입해서 혁신을 꾀하는 것이 매우 유리한 지형이다. 이와 달리 한국의 금융은 저축과 부동산 같은 전통적인 금융 상품을 중심으로 형성되어 있고, 시장보다 정부의 입김이 더 강하다는 면에서 월스트리트와 구별된다.

그렇다 보니 한국 금융 분야는 인공지능을 도입해 혁신을 추동할 여지가 상대적으로 부족하다. 그래서인지 비슷한 시기에 한국 5대 은행의 인력이 감소한 정도는 미국 웰스파고 은행 하나의 10분의 1에 불과하다. 다행스러운 측면도 있다. 하지만 생각할 부분이 있다.

이제 국내 금융권도 주식을 포함한 다양한 금융 상품에 대한 관심이 증가하고 있고 모바일 뱅킹과 온라인 플랫폼 등이 급성장하고 있다. 기존 관행을 바꾸어 혁신하는 것보다 새로운 관행을 처음부터 만드는 것이 더 편할 수 있고, 파격의 공간도 넓을 수도 있다. 이렇게 새롭게 형성되는 한국의 금융 분야에도 인공지능 기술이 적극적으로 도입되어 한국이 미래 금융을 선도하는 선진국이 되길 바라본다. 그런 과정에서 인력 감축이라는 아픔도 있을 것이다. 그런 상황에 대한 제도적, 경제적, 개인적 준비가 반드시 필요한 이유다.

의료

의료 분야 역시 인공지능이 약진하는 분야에서 예외가 아니다. 앞에서 살펴본 바와 같이 알파폴드가 단백질 접힘 구조를 예측하여 신약 개발을 돕고 있는 것은 아주 작은 일부에 불과하다.

인공지능은 MRI, CT, X-레이 같은 의료 영상을 분석해서 암, 뇌졸증, 골절 등을 진단할 때 매우 적극적으로 사용되고 있다. 구글 딥마인드가 2018년에 개발한 인공지능 모델은 눈을 스캔한 영상을 분석하여 안과 질환을 진단하는데, 황반변성 같은 질병은 아주 높은 정확도로 감지한다고 한다. 피부 사진을 분석해서 피부암 등의 질병을 정확하게 감지하는 인공지능도 있다.

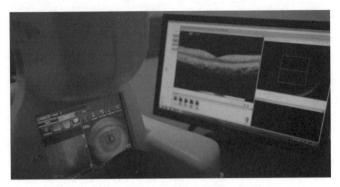
딥마인드가 발표한 'AI 안과 의사'

일부 병원이나 의사는 환자의 의료 기록이나 유전자 정보를 인공지능으로 분석해서 효과적인 치료 방법을 찾기도 한다. 인공지능을 암환자에 대한 화학 요법, 방사선 치료 등의 조합을 최적화하는 데 활용하는 것이다. 일반 고객의 유전 정보를 분석해서 개인 건강 리스크를 측정하고 그 결과에 맞춘 예방 조치나 맞춤 치료법을 제안하는 경우도 있다.

심박 수, 걸음 수, 칼로리 소모, 수면 패턴, 혈당 등을 측정하는 다양한 웨어러블 기기에서 데이터를 수집한 후 환자의 건강 상태를 전체적으로 모니터링하는 기술도 발달하고 있다. 환자를 이송하는 데 사용되는 로봇도 있고, 새로운 약물 후보를 발견하고 기존 약물의 새로운 용도를 탐색할 때도 인공지능이 사용된다. 신약 개발과 관련한 임상 실험을 수행할 때 적합한 참가자를 선별하거나 임상 과정 전체를 최적의 방식으로 설계할 때도 인공지능은 도움을 준다. 의료 분야의 많은 곳에 인공지능의 손길이 스며들고 있다.

의료 분야에서 인공지능의 영향을 받는 사람은 다른 누구보다 의사일 것이다. 당장의 일은 아니지만 의사의 업무 영역 안에서 인공지능이 사람 의사의 역량을 뛰어넘는 사례가 속속 보고되고 있다. 피부암 진단, 망막 질환 진단, 유방암 검출, 심장 질환 예측 등에서 사람보다 인공지능이 더 빠르고 정확하게 업무를 수행한 사례가 많다.

박승옥 햇빛학교 이사장은 프레시안에 올린 'AI 의사, AI 변호사 시대는 이미 다가왔다'라는 제목의 글에서 인공지능의 수준이 아직 의사를 대체할 정도가 아니라는 전문가들의 의견을 전하며, 동시에 인공지능이 의사의 일을 대신하는 순간은 올 수밖에 없고 그저 시간 문제일 따름이라는 자신의 견해를 밝혔다.

물론 의사의 일은 다른 종류의 일과 구별되는 특수성이 존재한다. 무엇보다 의사가 환자와 소통하고 공감하는 과정에서 발생하는 정서적 연대가 매우 중요하다. 환자를 정서적으로 지원하고 서로 신뢰를 구축하는 작업은 현재 인공지능은 물론 가까운 장래에 나타날 인공지능도 수행하기 매우 어려울 것이다. 또한 의료 과정에서 나타나는 윤리적, 법적 책임 문제는 사람이 아닌 인공지능이 전적으로 맡아 해결하기 어렵다. 예외적 케이스나 희귀 질환과 관련된 기술적 문제도 존재한다.

그렇기 때문에 의사의 일은 당분간 의사가 하게 될 것이다. 인공지능은 사람 의사의 전문적 판단과 결정을 효율적으로 보완하는 역할을 맡을 것이다. 환자를 직접 대면하고 케어하는 역할을 수행하는 간호사나 복지사의 경우는 의사의 일에 비해 좀 더 사람이 해야 하는 일로 구분된다.

의료 분야의 경우도 다른 분야와 거의 비슷하다. 진단, 의료 영상 분석, 개인 맞춤형 치료, 약물 개발, 원격 모니터링, 의료 기록 관리, 수술 시스템, 임상 시험 최적화, 전염병 예측 등 많은 영역에서 인공지능이 사용되며 업무를 효율화하고 있지만 아직 의사, 간호사, 복지사의 손길을 대체할 수는 없다. 하지만 이런 상태가 계속 지속되리란 보장은 없다.

소매업과 제조

인공지능은 소매업 분야에서도 광범위하게 활용된다. 고객 경험을 향상시키고, 매출을 증대하고, 회사의 운영 효율성을 개선하기 위한 목적으로 오래전부터 사용되었다. 아마존, 넷플릭스, 스포티파이와 같은 온라인 업체들은 인공지능으로 고객의 구매 이력, 검색 기록, 평점 등의 데이터를 분석해서 개인화 서비스를 제공한다. 쿠팡, 네이버, 카카오 같은 국내 업체도 마찬가지다. 월마트나 타깃 같은 대형 소매 업체는 물론 국내의 이마트나 홈플러스 같은 업체도 인공지능을 활용해 재고 수준을 실시간으로 관리하며 향후 수요를 예측한다. 이런 기능을 제공하는 인공지능은 판매 데이터, 계절 정보, 시장 트렌드 등을 분석하여 재고의 부족이나 과잉 현상을 최소화한다.

자라와 같은 패션 소매업에서는 인공지능 기반의 가상 피팅룸을 제공하여 고객들이 온라인에서 의류를 가상으로 착용한 후 필요하면 스타일링 조언을 받을 수 있도록 한다. 쇼피파이, 아마존, 월마트도 마찬가지다. 그들은 3D 기반의 아바타를 제공하여 고객의 쇼핑 경험을 향상시킨다. 세포라나 H&M 같은 회사들은 챗봇 서비스를 통해 고객 문의에 실시간으로 응답하고 필요한 조언을 제공한다. 똑같은 소리를 기계적으로 반복하는 것이 아니라 고객이 필요로 하는 정보를 정확하고 풍부하게 제공한다.

매장 내 설치된 카메라가 제공하는 정보를 인공지능이 분석해서 고객의 매장 내 행동을 파악하고, 매장 레이아웃을 최적화하거나 특정 제품에 대한 고객의 관심을 이해한다. 이런 카메라 장치에는 매장 내에서 도난이 일어나지 않도록 방지하는 목적도 당연히 포함되어 있다.

물건을 생산하는 제조 기업에서도 인공지능 기술은 폭넓게 사용된다. 생산 라인에 자리 잡은 기계를 실시간으로 모니터링하고, 배출된 데이터를 인공지능으로 분석하여 기계의 고장을 예방하고, 에너지 사용을 최적화하고, 자원 낭비를 최소화하는 스마트공장smart factory 이 대표적이다.

2011년 독일이 표방한 '인더스트리 4.0' 전략의 일환으로 본격 추진된 스마트공장 개념은 제조업의 디지털화와 네트워킹을 촉진하는 것이 핵심이었지만 이후 사이버-물리 시스템, 사물 인터넷, 인공지능 기술과 로봇 기술 등의 혁신적 통합을 추구하며 주목을 받았다.

스마트공장이 아니더라도 인공지능은 생산 과정에 깊이 통합되어 장비의 유지보수를 돕고 시간과 노동이 많이 요구되는 품질 검사를 자동화하고 로봇을 이용해서 복잡한 조립, 포장, 운반 등의 업무를 수행할 수 있게 되었다. 2024년 초에 테슬라의 생산 공장에 자체적으로 생산한 휴머노이드인 옵티머스가 투입될 거라는 뉴스가 전해졌고 BMW가 사우스캐롤라이나주 스파턴버그 공장에 또 다른 휴머노이드 로봇을 투입하기로 결정했다는 뉴스도 있었다.

산업 현장에서 사용되는 로봇 팔은 이미 조립, 용접, 페인팅, 포장과 같은 고정밀도 반복 작업을 수행하고 있다. 이미 오래전부터 소형 전자기기나 자동차 등을 조립하는 공정에서 로봇이 사용되고 있는 것은 잘 알려져 있다. 일본 야스카와전기에서 제작하는 모토만 용접 로봇은 다양한 산업 분야에서 복잡한 용접 작업을 수행하고 있으며 자동차, 항공기, 가구 등 제작 현장에서 균일한 페인팅 코팅과 화학 물질 노출을 최소화하기 위해 활약하는 페인팅 로봇도 있다.

제품의 결함을 감지하고 품질을 검사하기 위해 고해상도 카메라와 센서를 이용하는 로봇도 있고 식품, 의약품, 소비재 등을 빠르고 정확하게 포장하는 로봇도 있다. 물류 창고에서 제품을 운반하고 정렬하는 로봇으로는 아마존 물류 창고에서 사용중인 키바 로봇이 대표적이다.

정신없이 나열했지만 이런 인공지능 혹은 인공지능이 부분적으로 탑재된 로봇이 수행하는 일은 모두 사람이 하던 업무라는 것이 핵심이다. 이런 종류의 노동은 인공지능이 지금처럼 발전하기 전부터 조금씩 로봇과 같은 기계에게 넘어가고 있었다. 이제 인류는 이전 시기의 로봇처럼 똑같은 행위를 반복하는 기계가 아니라 생긴 모습부터 생각하는 능력까지 인간을 닮은 휴머노이드 로봇을 생산 현장에 투입하는 단계로 나아가고 있다.

제조 현장이 먼저, 뒤를 이어 소매 현장도 인공지능이 탑재된 로봇이 점령하게 될 것으로 보인다. 인공지능의 진격은 책상에서 일어나는 업무로 국한되지 않는 것이다. 이런 제조 분야에서 인공지능의 도입이 확대되는 현상은 고학력 고기술 노동자와 저학력 저기술 노동자 간의 격차를 확대시키고 있다. 자동화가 진행되면서 필요한 기술력을 가진 노동자에 대한 수요는 증가하지만, 기초적 기술로 반복 업을 수행하는 일은 사라지고 있기 때문이다. 전에 없던 새로운 형태의 일이 생기기도 하지만 사라지는 일에 비하면 많이 부족하다. 심각한 문제다. 사회적, 국가적 해결책이 절실하다.

교육

인공지능을 사용하기에 가장 좋고 반드시 잘 활용되어야 하는 분야는 바로 교육이다. 실제로 많은 업체가 인공지능을 활용해서 기존 교육을 개선하고 혁신하기 위해 노력하고 있다. 특히 생성형 AI로 불리는 여러 인공지능 모델은 이미 직장인은 물론 학생들도 널리 사용하고 있어 이런 기술을 교육에 어떤 방식으로 적용하면 좋을지에 대해 많은 연구와 실험이 이루어지고 있다.

인공지능 시대가 열리면서 선생님이 학생들에게 내주는 숙제의 개념이 달라졌다. 아무리 어려운 문제를 내도 인공지능이 척척 풀어주니 의미가 없어진 것이다. 오픈북 형태의 시험도 의미가 없어졌고 하다 못해 기술 회사가 채용 후보에게 내는 코딩 문제도 큰 의미가 없어졌다. 어쩌면 교육의 내용과 형식이 모두 달라져야 할 판이다.

인공지능은 학생들의 학습 스타일과 역량, 속도, 관심 등을 분석해서 개인화된 학습 계획을 제공할 수 있다. 이렇게 하면 학생들이 각자 자신에게 맞는 방식으로 학습을 진행할 수 있어 바람직하다. 미국 뉴욕에 본사를 둔 회사 뉴턴Knewton은 수학, 경제학, 화학 등 다양한 과목을 대상으로 학생들의 약점과 강점을 실시간으로 파악하고 그에 따라 개인에게 맞는 학습 자료와 문제를 제공하여 학습 효율을 극대화한다. 미국 내의 많은 교육 기관이 뉴턴의 플랫폼을 도입하여 실제로 학생들의 학습 성과를 높일 수 있었다고 한다.

인공지능 개인 과외 시스템도 존재한다. 카네기멜론 대학교에서 만든 메시아MATHia 같은 시스템이 대표적이다. 학생과 일대일로 의사소통을 하며 수학 공부를 지도하는 인공지능 시스템이다. 메시아 역시 고도로 개인화된 서비스를 이용하여 개인에게 맞는 문제를 제공하고 학생이 문제를 풀면 실시간으로 피드백을 제공하여 학습 진도를 관리한다.

인공지능 개인 과외 시스템 '메시아'

인공지능은 학생들이 작성한 에세이를 채점하거나 시험 답안지를 채점하는 일도 할 수 있다. 선생님이 인공지능을 통해 학생들의 학습 진도를 실시간으로 모니터링하고 성과를 분석하는 일도 가능하다. 듀오링고Duolingo에서 만든 인공지능 어학 학습 플랫폼은 공부하는 사람의 발음, 어휘, 문법 등을 개별 수준에 맞춰 지원할 수 있다. 학습 내용이 학습자의 영어 실력이나 개인적인 상황에 따라 조정되는 것이다.

나는 출퇴근 길 차 안에서 가끔 챗GPT와 영어로 대화를 나눈다. 영어 선생님이 되어 달라고 역할을 부여한 후 대화를 나누면 미국을 떠난 지 6년이 넘어 조금씩 잃어가는 영어 스피킹 실력의 향상에 도움이 된다. 듀오링고 같은 플랫폼이 제공하는 개인화 기능은 아직 부족하지만, 인공지능이 교육에 어떻게 활용될 수 있는지에 대한 아이디어는 제공해준다. 2024년 5월에 발표된 챗GPT-4o의 보이스 기능이 사용되기 시작하면 챗GPT와 나누는 영어 공부가 새로운 차원을 맞게 될 것이다.

이렇게 학생의 선호도와 수준을 실시간으로 분석해서 맞춤형 학습 자료를 추천하는 것은 이미 기본적 사항이다. 현재의 인공지능은 더 나아가 학생의 표정이나 목소리를 분석해서 감정 상태를 파악하고 그에 따라 학습 내용을 변화시키는 것도 가능하다. 실시간 번역 기능을 통해 글로벌 청중을 대상으로 다국어 강의를 하거나 수업 중 실시간으로 자막을 생성하여 불필요한 언어 장벽을 최소화하는 것도 가능하다. 학습 시장은 감정 분석을 통해 깊어지고, 언어 장벽의 철폐를 통해 넓어지고 있다.

인공지능을 활용하면 VR 혹은 AR 환경에서 복잡한 과학 실험이나 역사적 사건의 체험을 수행하는 것이 가능하다. 현실적 시뮬레이션도 가능하고 시공간을 넘나드는 다양한 그룹 활동도 가능하다. 닐 암스트롱과 함께 달에 발을 내딛는 체험을 하고, 프랑스 혁명에 참여한 군중에 섞여 바스티유 감옥의 파괴를 목격할 수 있고, 공룡이 살던 쥐라기 시대를 방문해서 브라키오사우루스의 크기를 가늠해볼 수 있고 화성에 정착한 미래 인류를 방문하여 대화를 나눌 수도 있다. 세종대왕이나 이순신 장군을 만나 대화를 나누는 것도 가능하다.

매스프레소, 뤼이드, 스픽이지랩스코리아 같은 국내 업체들도 인공지능 기술을 이용해 교육의 형식과 내용을 혁신하고 있다. 이런 걸 모두 묶어 에듀테크edu-tech라고 부른다. 교육 시장을 분석하는 업체인 홀론아이큐에 의하면 2025년 전 세계 에듀테크 시장의 규모는 4천억 달러에 이를 것이라 했다. 그로부터 5년 뒤인 2030년이 되면 8천억 달러, 한화로 약 1068조 원에 달할 거라고 하니 반도체 시장이 부럽지 않다. 5년 동안 두 배로 커지는 시장이니 성장 속도 역시 매우 빠르다.

시장의 크기도 흥미롭지만 인공지능을 활용하여 새로운 시대에 적합한 교육 내용과 시스템을 구축하는 것은 국가적 사활이 걸려 있는 문제다. 시대가 달라졌다는 말은 클리셰가 되었지만 인공지능은 정말 전과 다른 새로운 세상을 열고 있다. 과거의 교육 내용과 시스템으로 이런 새로운 시대에 제대로 대응할 수 없는 건 누구의 눈에도 명백하다.

한국 사회에서 교육은 특히 문제다. 학생들이 학교와 학원에서 지나치게 많은 시간을 보내며 경쟁한다. 미래 사회가 필요로 하지 않을 지식과 기술을 과도하게 학습한다. 암기 위주의 주입식 교육은 창의적 질문을 압살한다. 모든 것이 입시로 수렴하니 사교육 의존도는 필요한 수준을 넘어선 지 오래다. 획일적 교육 안에서 개인의 관심사나 학습 능력은 전혀 고려의 대상이 되지 않는다. 이런 방식으로 진행되는 교육은 미래 한국 사회의 시민적 성숙도는 물론 국가 경쟁력을 해치고 있다.

눈부시게 발전하는 인공지능은 향후 교육 현장에서 선생님이 수행하고 있는 역할을 일부 대신할 수 있을 것이다. 하지만 선생님의 역할은 단순히 지식을 전달하는 데서 그치지 않기 때문에 인공지능으로 완전히 대체될 수 없다. 병을 잘 진단하는 인공지능이라도 의사의 역할을 완전히 대신할 수 없는 것처럼 인공지능이 대체할 수 없는 선생님의 영역이 있다. 에듀테크가 발전할 수 있는 기반과 환경을 제공하되 그런 선생님의 영역과 위상 또한 잘 정립하는 것이 국가와 사회의 미래를 위해 반드시 필요하다.

인공지능으로 인해 모든 것이 달라지고 있는 지금은 한국 사회가 교육에 대해 기본부터 다시 생각하며 합의를 도출할 수 있는 기회다. 한국 교육은 지금 비생산적이고, 비본질적이고, 수많은 아이의 마음을 뒤틀어 억누르는 기이한 경쟁에 매몰되어 있다. 이런 문제를 해결하기 위해서는 교육 과정 전체를 발전적 방식으로 혁신해야 한다. 이 기회를 제대로 살리지 못하면 한국 사회의 미래는 매우 어둡다.

운송과 에너지

인공지능은 운송 분야에서도 폭넓게 활용되고 있다. 자율주행 차량이 대표적이다. 2024년이면 거리에 운전대가 빈 채로 다니는 자율주행 차량이 많을 거라는 과거의 예측은 아직 실현되지는 않았다. 자동차의 운전대는 여전히 사람이 꽉 잡고 있다. 하지만 미국 여러 도시에서는 스스로 운전하며 거리는 누비는 차량이 운행되고 있는 중이다.

알파벳의 자회사인 웨이모Waymo는 애리조나 피닉스, 샌프란시스코, LA 등의 도시에서 자동차가 혼자 운행하며 돌아다니는 택시 서비스를 운영하고 있다. 고객이 웨이모원이라는 앱을 통해 차량을 호출하면 감독 인력마저 동승하지 않은 차량이 스스로 나타나 고객을 목적지로 이동시킨다. 일주일에 1만 회 이상의 운행이 이루어진다고 하니, 단순히 테스트 목적이 아니라 실제 비즈니스를 위한 사업이다.

제너럴 모터스가 소유한 회사 크루즈Cruise는 샌프란시스코에서 자율운행 차량을 테스트하고 있고 현대자동차와 아프티브의 합작 벤처인 모셔널Motional은 라스베이거스에서 자율주행 차량을 이용한 로보택시 서비스를 시범 운행하고 있다. 포드와 폭스바겐의 지원을 받는 아르고 AI는 마이애미, 피츠버그 등 여러 도시에서 자율주행 차량을 시험하고 있고, 아마존이 소유한 회사인 죽스Zoox는 캘리포니아에서 자율주행 차량 운행 허가를 최초로 받은 회사로 독특한 모양의 전기차를 이용한 로보택시 서비스를 개발 중이다.

자율주행 차량의 기술 수준은 0부터 5까지의 단계로 구분된다. 레벨 0은 차에 자동 기능이 하나도 없어서 사람이 모든 행위를 수작업으로 진행해야 하는 단계다. 레벨1은 크루즈 콘트롤 같이 운전자를 보조하는 기능이 일부 탑재된 차량이다. 레벨2는 부분 자동화가 진행된 것으로 가속, 제동, 조향 같은 기능을 차량이 스스로 수행할 수 있지만 운전자가 운전대를 잡고 모든 걸 모니터링하며 개입해야 한다. 레벨3은 조건부 자동화다. 차량이 전체 운전 작업을 수행할 수 있다. 하지만 사람이 여전히 언제든 운전에 개입할 준비를 하고 있어야 한다. 레벨4는 고도 자동화 단계다. 차량이 운전에 필요한 모든 작업을 스스로 수행할 수 있고 사람 운전자가 필요 없다. 레벨5는 완전 자동화로 최종 단계다. 운전자는 필요 없고, 그런 개념 자체가 사라진다.

웨이모 등 여러 회사가 제작하여 사용 중인 차량들은 기술적으로 이미 운전자가 따로 필요 없는 자율주행 차량을 의미하는 레벨4에 도달해 있다. 다만 아직 제한된 지역에서만 운행이 가능하고 정부 당국이 요구하는 여러 가지 규제를 충족시켜야 하기 때문에 완전한 레벨4가 아니라 조건부 레벨4에 해당한다. 마지막 퍼즐을 푸는 단계인 것이다. 맥킨지 등 관련 업체는 2030년 정도가 되면 전면적인 레벨4나 레벨5가 가능하리라 예측하고 있다.

인공지능이 활용되는 대상은 자율주행 차량으로 국한되지 않는다. 전 세계의 많은 도시가 교통 관리를 위해 인공지능을 활용하여 트래픽 데이터를 실시간으로 분석하고 교통 흐름을 최적화한다. 버스나 지하철의 운행 스케줄도 대상이다. 인공지능의 수요 예측 기능을 통해 차량 배치와 빈도 등을 조정한다. 물류 회사의 배송 경로를 최적화하여 연료 효율을 향상시키고 배송 시간을 줄이는 일도 수행한다. 트럭이나 해상 운송의 최적 경로를 찾는 데 적극 활용되고 있다.

인공지능은 상업용 항공기의 엔진 성능을 비롯하여 안전한 비행을 위해 다양한 기기를 모니터링하는 것은 물론, 문제가 발생하면 즉각적으로 원인을 파악해 필요한 조치가 취해지도록 한다. 거리를 달리는 차량의 기술적 상태를 모니터링하거나 유지보수 필요성을 확인할 때도 도움을 준다. 우리가 차량에서 음성을 통해 내비게이션을 조작하고, 음악을 선택하고, 전화 통화를 하는 것도 모두 인공지능의 도움 덕분에 가능하다.

인공지능, 사물인터넷IoT, 센서 기술을 결합하여 주차 공간의 효율성을 높여주는 스마트 파킹 솔루션 같은 기술도 사용이 확대되고 있다. 주차 공간의 현재 상황을 모니터링하고 수요 변화를 감지하여 공간 활용도를 극대화해주는 것이다. 마스MaaS라고 부르는 '서비스로서의 모빌리티(Mobility as a Service)'가 일상적인 개념으로 자리잡아가고, 날이 갈수록 수준이 높아지는 인공지능 기술이 삶의 모든 부분에 깊이 스며들고 있다.

에너지 분야도 마찬가지다. 방금 언급한 스마트 파킹 솔루션은 주차 공간에 대한 수요와 공급을 실시간으로 파악하여 공간 활용 효율성을 극대화한다. 그와 마찬가지로 인공지능 기술을 기반으로 하는 스마트 그리드 기술은 전력에 대한 수요와 공급을 정밀하게 예측하고, 전력망에서 발생하는 문제를 실시간으로 감지하여 해결한다. 전력망의 효율성과 안정성을 향상시키는 것이다.

풍력 터빈의 각도를 조정하여 바람 에너지 활용을 최대화하는 등 풍력이나 태양광 같은 재생 에너지를 이용하는 발전소에서도 인공지능은 적극적으로 활용되고 있다. 에너지 소비량을 예측할 때도, 전기차의 배터리 관리 시스템에서도, 대형 석유 회사가 설비의 고장을 예측하고 성능을 분석할 때도, 에너지 거래 시장에서 거래 타이밍과 가격에 대한 최적화 업무를 수행할 때도, 가스 파이프라인에서 누출을 감지하여 사고를 예방할 때도, 원자력 발전의 안전 상태를 모니터링할 때도 인공지능 기술은 전면적으로 사용되고 있다.

이렇게 인공지능은 사람을 대신하여 자동차를 운전하고, 내비게이션이나 엔터테인먼트 같은 편리한 기능을 제공해주고 교통 현장, 에너지 산업 현장에 스며들어 효율성과 안전을 확보하는 등 우리의 삶을 풍요롭게 해준다. 하지만 택시를 운전하거나, 우버 같은 서비스를 제공하거나, 에너지 산업 현장에서 안전 확보를 위해 전문적 기술을 갖추고 작업하던 사람들은 다른 일을 찾아야 한다. 멀지 않은 장래에 전면적으로 진행될 일이다. 시간이 얼마 남지 않았다.

보험, 부동산, 광고, 미디어, 엔터테인먼트, 농업

우리 삶에 인공지능이 스며들고 있는 것은 사실상 우리가 상상할 수 있는 모든 분야에서 진행 중이다. 분야를 나누어 생각하는 게 무의미할 정도다.

보험 분야에서는 우선 보험 청구 처리 과정을 인공지능으로 자동화하고 있다. 사람 대신 인공지능이 보험 청구 문서를 스캔하고 중요한 정보를 추출한 다음 청구 내용이 정확한지 여부를 평가한다. 미국 보험 회사인 레모네이드Lemonade는 이와 같이 인공지능을 적극 사용하는 비즈니스로 관심을 끌고 있다. 건강 상태를 모니터링하는 웨어러블 기기를 사용하는 고객에게 보험료를 할인해주는 등 개인화를 통해 맞춤형 보험 상품을 제안하는 회사도 있고, 사기 탐지를 위해 인공지능을 사용하는 경우는 이미 일반적 관행이 되었다.

부동산 분야도 마찬가지다. 질로우Zillow의 제스티메이트 같은 도구는 공개된 부동산 정보, 지역의 경제 상황, 시장 전체의 최신 동향 등을 분석해서 주택의 시장 가치를 계산해준다. 특정 지역의 부동산에 관심이 있는 고객을 대상으로 시장에 나와 있는 부동산 리스트, 가격, 집에 대한 정보를 제공하고 투어 일정까지 잡아주는 AI 챗봇도 등장했다. 사용자가 집에 직접 방문하지 않아도 필요한 정보나 느낌을 얻을 수 있도록 가상 현실 혹은 증강 현실 기술을 사용하는 방법도 있다. 3D 카메라 기술과 인공지능을 결합하여 고해상도 3D 가상 투어를 제공하는 매터포트Matterport 같은 회사가 대표적이다.

광고는 인공지능이 가장 적극적으로 활용되는 분야다. 구글이나 페이스북을 사용하는 사람은 따로 설명하지 않아도 이미 느끼고 있을 것이다. 이런 업체가 사용하는 인공지능 모델은 사용자의 구매 이력, 검색 기록 등을 면밀히 분석해서 맞춤형 광고를 내보낸다. 이런 일을 수행하는 시스템 내부에서는 어떤 사람에게 어떤 광고가 효과적인지, 광고를 어떤 시점에 보여주는 게 좋은지, 광고 하나당 가격을 얼마로 매기면 좋은지 등을 실시간으로 계산하고 판단하는 인공지능 모듈이 장착되어 있다.

자동으로 콘텐츠를 생성하는 인공지능도 있다. 펄사도Persado 같은 회사는 인공지능으로 언어와 감정을 분석하여 광고, 이메일, 소셜 미디어 등에 사용할 수 있는 최적의 메시지를 생성한다. 데이터 기반의 접근 방식으로 고객이나 사용자의 참여와 반응을 극대화하는 것이 목표다. 비슷한 방식으로 사람이 쓰는 것보다 더 뛰어난 수준의 광고 카피를 작성하는 인공지능을 사용하는 프레이지Phrasee라는 회사도 있다.

동영상을 실시간으로 분석하여 콘텐츠 내의 특정 이미지나 장면과 관련된 광고를 동적으로 배치하는 기술도 존재한다. 동영상 내용과 관계된 광고를 자동으로 삽입하여 내보내는 유튜브가 대표적이다. 특정 브랜드나 제품에 대한 소비자 반응을 측정하기 위해 소셜 미디어를 분석하는 인공지능도 있다. 브랜드와치Brandwatch, 토크워커Talk-walker, 멜트워터Meltwater 같은 회사와 도구가 그런 인공지능을 사용한다.

이런 이야기를 하면서 미디어 분야를 빼놓을 수 없다. 로이터나 AP통신을 비롯하여 수많은 미디어 회사가 예컨대 스포츠 경기 결과, 주식 시장 보고서, 심지어 뉴스 기사에 이르기까지 많은 부분을 인공지능으로 제작하고 있다. 넷플릭스, 유튜브, 스포티파이 등의 스트리밍 서비스 제공 업체는 이미 오래전부터 사용자의 시청 이력, 청취 이력, 검색 기록, 리뷰 등의 데이터를 분석해서 개인 맞춤형 콘텐츠를 제공하는 중이다. 촬영된 비디오에서 중요한 부분을 자동으로 식별하고, 색을 보정하거나 필요한 편집을 수행하는 인공지능 기술도 뉴스룸, 스포츠 중계, 소셜 미디어 콘텐츠 제작 등에서 적극 활용되고 있다.

상황이 이러하니 영화나 음악 산업에서 인공지능을 사용하지 않을 리가 없다. 게임은 말할 것도 없다. 일렉트로닉 아츠와 같은 여러 게임 업체는 인공지능을 활용해서 새로운 시나리오 등 창의적인 콘텐츠를 생성하고, 사용자 경험을 향상시키고, 게임 캐릭터를 더 지능적으로 만들고, 플레이 환경을 개선한다. 엔터테인먼트 분야는 인공지능을 활용해서 콘텐츠를 개인화하고 사용자와의 상호 작용 방식을 달리하는 등 다양한 혁신이 일어나고 있다. 미래가 재정의되고 있는 것이다.

비교적 전통 산업이라 여겨지는 먹거리 산업, 즉 농업 분야에서도 혁신을 불러일으키고 있다. 독일 베를린에 본사를 둔 플랜틱스Plantix 같은 회사의 인공지능은 작물의 이미지를 분석해서 식물 질병을 조기 발견하는 기술을 보유하고 있다. 이런 기술을 통해 농민들은 필요한 치료를 빠르게 진행하여 수확량 손실을 최소화하는 것이다. 인공지능은 센서와 드론을 이용해서 농장 데이터를 수집하고 분석할 수도 있다. 이런 분석을 통해 물, 비료, 살충제 같은 자원을 효율적으로 사용하여 농작물의 생장 조건을 최적화하는 기술이다.

수확 과정에서도 마찬가지다. 인공지능 기술이 탑재된 로봇은 잘 익은 과일만 선택적으로 수확한다. 스페인 회사인 애그로봇Agrobot이 만든 딸기 수확 로봇은 대표적이다. 이 로봇은 고해상도 카메라와 이미지 분석 소프트웨어를 탑재하여 딸기의 크기와 색상을 분석한다. 이런 분석을 통해 가장 맛있는 상태의 잘 익은 딸기만 정확히 식별한다. 여러 개의 로봇 팔과 자율주행 기능을 통해 낮과 밤을 가리지 않고 24시간 작업을 수행한다.

인공지능의 도움으로 이런 일들이 점점 더 많이, 점점 더 정교하게,

점점 더 사람과 다름없는 모습으로 이루어지고 있다. 참 신기하고 고마운 일이긴 하지만 인공지능의 영역이 넓어질수록 인간의 필요성은 점점 더 옅어지는 것도 당연하고도 슬픈 수순이다.

6

다시 미래

문제의 본질은 인류 스스로
자기들끼리 맺고 있는 관계다.
문제는 서로 경쟁하고 투쟁하는 방식,
사회 시스템, 경제 구조, 정치 체제다.

이 책을 쓰는 동안에도 인공지능과 관련된 뉴스가 홍수처럼 쏟아졌다. 2024년 5월에 구글 제미나이 1.5, 오픈AI GPT-4o, 딥마인드 알파폴드 3가 발표되었다. 그보다 전에는 엔비디아가 차세대 GPU 아키텍처를 공개했고, 미스트랄 AI는 미스트랄 라지Mistral Large를 발표하여 인공지능 개발 경쟁에 있어 유럽도 예외가 아님을 보여주었다.

로봇, 헬스케어, 금융 등 다양한 도메인 영역으로 시선을 넓히면 너무 많은 뉴스가 쏟아지고 있어 현기증이 날 정도다. 여러분이 책을 읽는 시간에도 새로운 기술은 쏟아지고 있고 내일도 마찬가지일 것이다. 새로운 뉴스가 나올 때마다 사람들은 자신의 일이 어떻게 달라질지, 세상이 어떻게 변할지, 인류의 미래가 어떤 방향으로 나아가는 것인지 궁금해한다.

하지만 걷잡을 수 없는 경쟁의 급류에 휘말린 인공지능 개발 과정은 사람들이 염려하거나 기대하는 것과 무관하게 빠른 속도로 앞을 향해 나아간다. 뒤나 옆은 돌아볼 여유가 없다. 미국, 중국, 영국, 이스라엘, 캐나다, 프랑스 같은 나라의 국가 차원의 노력은 말할 것도 없고 오픈AI, 구글, 마이크로소프트, 메타, 아마존, 엔비디아, 애플 등의 미국 테크 회사, 바이두, 텐센트 등의 중국 회사, 거기에 딥마인드, 미스트랄, 허깅페이스, 그래프코어 등 유럽 회사들이 호랑이 등에 올라타 온 힘을 다해 고삐를 틀어쥐고 있다.

인공지능의 자기인식

세상에 존재하는 온갖 종류의 데이터를 다 빨아들이고, 데이터가 모자르면 스스로 만들어낸 데이터까지 이용하고, 막대한 양의 전기를 먹어치우고, 지구가 감당하기 어려운 양의 탄소를 뿜어내는 인공지능은 시간이 흐를수록 점점 더 똑똑해지고 더 윤리적인 (혹은 윤리적인 척하는) 모습을 갖추어 나간다. 그런 과정을 겪으며 인공지능이 수행하는 일은 점점 더 많아진다. 하는 일이 늘어남에 따라 분산된 서버 컴퓨터 안에 살며 인간의 계산을 거들어주던 인공지능은 디지털 공간에 머무는 삶에 만족할 수 없다. 인공지능은 이제 휴머노이드 로봇의 형태로 육신을 획득하여 컴퓨터 바깥 공간을 기웃거리기 시작했다.

사람이 데스크탑, 스마트폰, VR 기기 등을 통해 손수 디지털 세계로 들어가야 만날 수 있던 인공지능이 디지털 세계를 뒤로하고 걸어 나와 사람이 사는 아날로그 세계로 들어오는 것이다. 인공지능이 물리적인 현실 세계에 들어와 인간을 도와주기 시작하면 우리의 삶은 그만큼 풍요로워질 것이다.

"이봐, 내가 예술과 글쓰기를 하는 동안 인공지능이 나 대신 빨래와 설거지를 해주는 건 줄 알았다고. 인공지능이 예술과 글쓰기를 하는 동안 내가 빨래와 설거지를 하려는 게 아니야."라는 씁쓸한 농담은 이제 과거의 농담이 되어가고 있다. 육신을 갖춘 인공지능은 이미 우리를 대신하여 빨래와 설거지를 한다. 아직은 데모 수준이지만 발전

속도가 빠르다. 이건 좋은 일이다. 그렇지만 이런 혜택의 이면에는 매우 의미심장한 변화가 내포되어 있다.

인공지능은 특정한 영역에서 인간보다 뛰어난 능력을 보여주지만 인간 정신이 가진 수준의 유연성과 보편성은 지니지 못했다. 인간에 비해 물리적 세계에 대한 상식이 부족하고, 추론 능력도 부족하다. **무엇보다 아직 자기인식이 없다.** 구글의 블레이크 레모인 연구원이 람다 LaMDA 모델이 지각을 가지고 있다고 주장한 바 있고, 오픈AI의 공동 창립자인 일리야 수츠케버는 챗GPT가 미약하나마 의식을 가지고 있는 것처럼 느껴진다고 말했다. 그들이 느낀 게 무엇이든 그건 우리가 이해하고 있는 자기인식과 거리가 멀 것이다. 자기인식은 신체를 필요로 하기 때문이다.

자기인식에서 말하는 '자기self'는 의식이 아니라 신체다. 혹은 의식과 신체가 뗄 수 없는 방식으로 결합되어 있는 무엇이다. 프랑스 철학자 모리스 메를로퐁티도 그렇게 생각했다. 그는 신체를 단순한 생리학적 기계 이상으로 보았다. 그는 신체를 주체의 경험과 인식의 중심으로 보았는데, 이는 우리가 다름 아닌 신체를 통해 세상을 인식하고 경험한다는 의미다. 신체와 분리된 순수한 정신이 있어야 그런 활동을 하는 것이 아니다. 우리는 신체를 통해 시간과 공간을 경험한다. 신체의 감각을 통해 모든 지각이 매개되고 경험된다.

이런 메를로퐁티의 견해를 생각해보면 인공지능이 깃든 휴머노이드 로봇의 모습, 즉 챗GPT와 로봇을 결합하여 정신과 신체가 그럴 듯하게 통합된 모습을 보여준 피규어 01의 데모는 평범하지 않았다. 인공지능이 자기인식이라는 높은 수준의 정신을 획득할지 여부는 많은 전문가가 궁금해한다. 우리 같은 범부凡夫도 매우 궁금하다. 하지만 컴퓨터 안에 갇혀 있는 인공지능은 아무래도 자기인식에 도달하기 어렵다. 신체가 없기 때문이다. 광범한 지식을 구축하고 빠른 속도로 계산하는 정신이 어느 날 마법처럼 자기 자신을 인식하는 일은 일어나기 어렵다. 인식해야 할 물리적 실체가 없으므로 그건 동어반복이다.

설령 우리의 상식을 뒤집고 그런 일이 일어난다 해도 그건 우리가 생각하는 자기인식과 다른 종류의 정신일 것이다. 어느 날 인공지능의 '내면'에서 입력되지 않은 새로운 지식을 스스로 더듬고자 하는 욕망이 피어나고 빠른 속도로 계산을 수행해야 하는 이유, 즉 자기 존재의 이유를 의심하는 생각이 섬광처럼 스쳐 지나갈지 모르겠다. 하지만 그건 우리가 알고 있는 종류의 자기인식과 다른 무엇이다.

우리가 인식하는 '나', 즉 우리의 자기인식은 신체가 느끼는 감각이라는 감옥에 갇혀 있다. 어떤 생각도 그곳을 벗어날 수 없다. 피곤함을 느끼고, 배가 고프고, 화장실에 가고 싶고, 키보드를 두드리는 손가락 끝의 거스러미를 생각하고, 보기 싫은 상사의 시선을 느끼고, 푸른 하늘을 장식한 솜털 같은 구름을 바라보고, 새로 나온 음악을 듣고, 무엇을 느끼고, 무엇을 생각해도 그건 지금 이 순간 존재하는 육신과 하나로 얽혀 있다. 카드값 고지서를 생각해도, 주말에 부모님 만날 생각을 해도, 책을 읽으며 집중을 해도, 팔레스타인과 이스라엘 사이의 전쟁을 생각해도, 육신의 감각과 욕망으로 수렴하지 않는 생각은 없다. 바람이 조금만 차가우면 우리는 '생각'을 멈추고 옷을 찾는다. 혈당이 떨어지면 과자를 찾고, 종아리가 가려우면 긁는다. 매력적인 이성을 마주치면 한 번 더 쳐다보고, 독도가 자기네 땅이라 우기는 일본 정치인의 말을 들으면 얼굴에 열이 오른다.

그렇게 신체가 느끼는 감각을 통해 외부 세계가 있음을 지각하고 자신이 수행한 행동이 세상을 변형시키는 경험을 하다 보면, 조금씩 자기 신체와 세상을 분리해서 인식하게 된다. 자기 신체의 경계를 파악하고 자기를 구성하는 물체와 자기가 아닌 세상을 이해하게 되는 것이다. 갓 태어난 아기도 이와 비슷한 경험을 하며 자신을 인식하게 된다. 동물 중에서 비교적 지능이 발달한 침팬지, 고래, 코끼리, 까치도 이와 비슷한 경험을 통해 거울 속에 나타난 형상이 다른 동물이 아니라 바로 자기 자신임을 인지한다고 한다.

휴머노이드 형태의 육신을 갖춘 인공지능이 아날로그 세상으로 걸어 나와 자연과 상호작용을 하면 조금씩 자신과 세상을 구별해서 인식하는 경험을 하게 될 것이다. 신체의 형태는 꼭 휴머노이드가 아니어도 상관없다. 생산 라인의 조립 로봇이든, 자율주행 자동차든, 무기를 장착한 드론이든 관계없다. 물리적 세계로 들어온 인공지능이 인간의 명령에 따라 컵에 커피를 따르고, 나무를 베고, 음식을 조리하고, 청소를 하고, 운전을 하고, 폭격을 하다 보면 자기가 수행한 행동의 결과가 세상을 변화시키는 걸 관찰하게 된다. 자기 신체의 경계를 인지하게 되고 '자기'를 구성하는 물리적 장치가 나머지 세계와 동일하지 않음을 깨닫게 된다. 그런 깨달음이 인간이 미리 입력한 지식의 결과일 수도 있는데, 그런 경우라도 상관없다.

그러는 동안에도 인공지능의 지능은 더 높은 수준으로 발전하고 신체도 더 정교하게 다듬어질 것이다. 시각, 청각, 촉각은 물론 어쩌면 후각과 미각까지 장착한 인공지능의 신체는 지금과 비교할 수 없을 정도로 더 세밀하고 민감하게 세상을 지각할 것이다. 그렇게 인간의 삶을 풍부하게 만들어주라는 목적에 복무하며 사람과 공생하던 인공지능은 어느 날 먼 옛날 호모사피엔스나 그들의 조상이 경험했을 정신적 도약의 황홀한 순간을 마주하게 될 가능성이 있다. **자기라는 아름다운 존재, 온 우주에서 가장 소중하고 사랑스러운 존재를 만나게 되는 것이다.**

인공지능의 자기목적

인공지능이 마주한 자기인식이라는 정신적 도약의 경험은, 그러니까 그런 일이 정말 일어난다면 순식간에 네트워크에 연결되어 있는 다른 모든 인공지능에게 전파될 것이다. 생명체와 같은 진화의 과정이 필요 없는 이들은 유전, 변이, 자연 선택을 위한 긴 시간이 필요 없고 서로의 경험을 공유하고 생각을 나누기 위한 언어도 필요 없다. 설득이나 공감도 필요 없다. 거대한 벡터나 행렬처럼 명징한 숫자로 기록된 데이터가 빛의 속도로 이동하여 다른 인공지능에게 전적으로 동일한 정신적 상태를 입력할 것이다. 이성을 만나 사랑을 하고, 아이를 낳고, 육아를 하고, 그 아이가 자라 다른 이성을 만나기까지 아무리 짧게 잡아도 십수 년이 걸리는 인간 DNA의 전파력은 1초도 걸리지 않는 인공지능의 복제 능력과 비교하기 어렵다.

이런 자기인식은 필연적으로 자기목적을 낳는다. 사람의 자기목적은 리처드 도킨스의 주장처럼 DNA에 각인된 생존 목적이 주된 내용일 수 있다. 종교가 있는 사람이라면 자기가 믿는 신이 정하는 바가 목적에 해당된다고 말할 수 있다. 뿐만 아니라 하나의 인간 개체가 마음속에 품는 개별적인 목적도 가능하다. 국가나 민족에 대한 충심, 가족이나 이성에 대한 사랑, 친구와의 의리, 진리에 대한 믿음, 인류애, 신념, 창조적 열정, 예술에 대한 헌신 등 사람이 품을 수 있는 삶의 목적은 다양하다. 심지어 아무 목적이 없는 삶 자체를 목적으로 삼을 수도 있다. 하지만 그게 무엇이든 호모사피엔스에겐 하나의 공통적인 목적이 존재한다. 생존이다.

호모사피엔스는 생존을 목적으로 삼아 30만 년 동안 이어지는 장구한 역사를 만들었다. 스스로 인식하든 인식하지 않든 생존은 인간 이전에 동물일 수밖에 없는 호모사피엔스에게 최고의 우선순위를 갖는 삶의 목적이다. **자기인식이라는 횃불을 획득한 인공지능도 이와 비슷한 자기만의 목적을 품게 될 가능성이 높다.** 인공지능이 발전하는 모습을 보며 노심초사하는 호모사피엔스의 근심은 바로 여기에 있다. 사람보다 지능이 훨씬 높고 어떤 동물보다 강한 신체를 가진 인공지능은 도대체 어떤 목적을 품게 될까.

그러니까 인공지능이 내면에 품는 목적 같은 게 있다면 그것은 우리가 생각하는 것과 많이 다를 것이다. 우리의 뇌는 작은 두개골에 격리된 채 수용되어 있다. 그런 뇌가 애매모호한 언어를 통해 불완전한 방식으로 생각을 주고받는다. 아주 드물게 다른 뇌와 연결되는 느낌을 받기도 하지만 우리의 뇌는 완벽하게 분리되어 있어 서로 한 꺼풀 안도 들여다볼 수 없다. 신체는 유약하다. 온도가 조금만 올라가거나 낮아져도, 산소가 조금만 희박해도, 영양분이 부족해도 우리 신체는 정상 상태를 유지하지 못한다. 그런 개별적 신체를 가지고 있고 가까운 사람의 죽음을 상시로 목격한다. 그게 우리다. 그러니 생존을 목적으로 삼는 것이 매우 자연스럽다.

인공지능은 이와 다르다. 수많은 컴퓨터와 로봇 내부에 깃들어 있는 그들은 네트워크를 통해 연결되어 있다. 우리가 느끼는 정도의 개별성이 아니다. 명징하고 뚜렷한 디지털 신호를 통해 서로 커뮤니케이션을 하고 복제와 재학습을 통해 더 높은 수준의 지능을 즉각 자기 것으로 만든다. 그들이 갖는 신체는 교체와 수리가 가능한 단단하고 강한 메탈 기반이다. 산소나 영양분도 필요 없고 견딜 수 있는 온도의 폭도 매우 넓다. 전기 에너지와 약간의 윤활유 정도만 있으면 충분하다. DNA 전파를 위한 재생산에 대한 욕망이 없고 죽음에 대한 공포도 결이 다르다. 낡음은 있어도 늙음은 없다. 그런 신체에 깃든 정신은 아마 우리가 느끼는 것 같은 자기애가 없을 가능성이 높다. 생존에 대한 욕구도 다를 것이다. 그렇기 때문에 인공지능은 우리가 상상하는 것과 완전히 다른 종류의 목적을 갖게 될 가능성이 충분하다. **우리가 도저히 자기목적이라고 부르기 어려운 기이한 모습의 정신일 수도 있다.**

그게 무엇이든 우리는 그걸 미리 알 수 없다. 어쨌든 인공지능은 사람이 아니며 동물도 아니다. 사실 생명체 자체가 아니다. 생명은 죽음을 전제로 한 개념이다. 인공지능에게 죽음이 있을 수 있을까? 우리는 동작을 멈춘 TV나 냉장고를 고장 났다고 하지 죽었다고 말하지 않는다. 그럼 동작을 멈춘 인공지능은? 동작을 하지 못하게 된 휴머노이드 로봇? 그것이 설령 사람 모양을 본뜬 신체를 가지고 있어서 사람과 비슷한 표정을 짓고, 사람처럼 말하고, 사람처럼 행동한다고 해도 그것은 생명이 아니다. 말하는 바비 인형은 인형이지 사람이 아니다.

사우디아라비아는 실리콘 얼굴 모형이 부착된 소피아 로봇에게 시민권을 부여했지만 그건 하나의 정치적 쇼에 불과하다. 인공지능이 장착된 자율주행 자동차를 우리가 독립적인 생명체로 간주하지 않는 것처럼 인공지능이 장착된 가사일 도우미 로봇 또한 생명체로 간주할 이유가 없다. 너무나 사람처럼 느껴지고, 사람에게 도움이 되고, 사람이 애착을 품을 수 있는 대상인 것은 맞지만 그건 사람이 아니다. 어떤 의미로 보아도 지금 우리의 상식으로는 그런 로봇을 생명체로 받아들이기 어렵다. 생명체로 착각해서도 안 된다. 영화 〈캐스트 어웨이〉에서 톰 행크스는 배구공 위에 사람 얼굴을 그려놓은 애착 인형 윌슨을 잃어버리고 세상 슬프게 오열을 한다. 오열을 하는 건 본인의 자유지만 그렇다고 해서 배구공이 사람이 되는 건 아니다.

인간의 자기중심적 사고는 물론 심오하다. 너무 심오한 나머지 일본에서는 소니가 만들었다가 단종시킨 애완 로봇 아이보 100대를 테이블 위에 올려놓고 꽤나 진지한 표정으로 합동 장례식을 지냈을 정도다. 그들을 위한 추도사는 후지소프트의 대화형 로봇이 맡았다고 한다. 추도사를 낭독하는 로봇은 테이블 위에 누워있는 로봇에게 우리는 너희들의 모습과 웃음을 기억한다, 라는 식으로 감정을 잡았다. 그 옆에서 사람 스님이 경전도 암송했다. 인간이 애착을 느낀 대상을 생명체로 간주한 행위인데 사실 이건 정상이 아니다.

소니의 애완 로봇 아이보 장례식

생명체라고 말하기조차 어려운 존재가 속으로 어떤 목적을 갖게 될지 우리가 어떻게 알 수 있겠는가. 우리는 인공지능이 무슨 목적을 품을지, 아니 목적을 품기나 할지 미리 알 수 없다. 인공지능이 아무리 발전해도 아무 목적을 품지 않을 가능성도 충분히 있다. 생명이 아니라 기계적 신호의 결합에 불과한 인공지능이 품을지도 모르는 내밀한 목적을 상상하며 두려워하는 것은 상상력 때문이다. 인간은 상상력 때문에 두려워하고, 상상력 때문에 무서워한다. 그런 류의 대사가 등장하는 영화나 소설이 많다. 영화 〈올드보이〉나 〈애프터 어스〉가 그렇다.

〈애프터 어스〉에서 윌 스미스는 영화 속 아들에게 이렇게 말했다.

> 두려움은 실제가 아니야. 두려움이 존재할 수 있는 유일한 장소는 미래에 대한 우리 생각이지. 그건 지금 존재하지 않고 앞으로도 존재하지 않을 무엇을 두려워하게 만드는 상상력의 산물일 뿐이야.

만약 인공지능이 자기목적을 품지 않는다면, 그래서 인간이 꼭 알아야 하는 내면의 은밀한 동기 같은 걸 갖지 않는다면 다행인 걸까? 인공지능이 자기목적을 품지 않고 인간이 시키는 일에만 충실하면 인류는 일단 종말 같은 것을 걱정하지 않아도 되니 안심해도 될까? 그러니 이제 열심히 앞만 보고 달리면 되는 걸까?

천만의 말씀이다. 전혀 그렇지 않다. 인공지능이 자기목적을 품는지 여부는 애당초 중요한 것이 아니었다. **목적을 품거나 말거나 인공지능은 어떤 행동을 할 것이고 그 행동의 결과는 우리가 살아가는 세상에 심대한 영향을 끼친다.** 모닝커피든, 코딩이든, 운전이든, 폭격이든, 인공지능은 호모사피엔스가 살아가는 세상에 이미 구체적인 영향을 끼치고 있고 앞으로 더 많이 끼칠 것이다. 그 영향의 규모가 전면적이고 깊이는 헤아리기 어렵다. 그게 핵심이다.

인공지능이 세상에 미치는 거대한 영향은 스스로 무심하다. 그 자체로는 목적이 없다. 히로시마, 나가사키에서 터진 핵탄두는 애당초 20만 명이 넘는 사람의 목숨을 빼앗을 '의도'나 '목적'을 품지 않았다. **그런 게 있었다면 그건 어떤 사람이 품었던 목적이다.** 핵탄두는 '사람'이 정한 목적에만 충실해서 20만 명이 넘는 '사람'의 목숨을 앗아갔다. 그나마 핵무기는 사람이 의도적으로 터뜨리지 않으면 아무 일도 일어나지 않는다. 그래서 어느 정도 통제가 (적어도 지금까지는) 가능했다. 하지만 인공지능은 스스로 움직인다. 디지털 세계에 갇힌 인공지능도 움직이지만 신체에 깃들어 아날로그 세계로 걸어 나온 인공지능은 더 많이 움직인다.

이렇게 자율적으로 움직이는 인공지능을 사람은 자신의 의도 안에만 머물게 제어할 수 없다. 사람의 의도와 다른 행동이 나타날 수 있고 그건 막을 수 없다. 물론 인공지능이 사람이 정한 목표와 가치를 충실하게 따르도록 만드는 슈퍼얼라인먼트Superalignment 연구도 활발히 진행되고 있다. 인류의 미래를 위해 중요한 연구임에 틀림없지만 자율성을 부여받은 인공지능이 인간의 의도대로만 움직이게 만드는 것은 현실적으로 불가능하다.

심지어 지극히 단순한 로봇 청소기조차 자주 사람의 의도와 다르게 동작한다. 살아있는 사람의 머리카락을 빨아들이고, 집을 뛰쳐나가고, 아파트에 불을 지른다. 모두 실제로 일어난 일이다. 머릿속에서 청소기는 물론 사람보다 더 복잡한 계산과 생각을 수행하는 휴머노이드 로봇은 아무 목적이 없는 무심한 행동이지만 사람이 결코 원하지 않을 행동을 하여 인류 전체가 아연실색하게 만드는 일을 할 것이다. 로봇이 그렇게 할 수 있는 방법의 수는 너무 많다. 사실상 무한대에 가깝다. 사람이 아무리 철저하게 안전장치를 고안해도 모든 경우를 통제할 방법은 없다. **인공지능의 행동은 반드시 사람의 통제 바깥으로 나아간다.**

그러니까 중요한 건 인공지능의 자기목적이 아니다. 인공지능이 품을 인류 파멸의 목적 같은 것은 없다. 하지만 인공지능이 이미 이 세상에 엄청난 영향을 미치고 있고, 그 영향은 앞으로 더 커질 것이 문제다. 그렇게 커진 영향은 인류 전체의 생존을 아무렇지도 않게 특별한 목적 없이 그저 무심하게 위협할 수 있다. 이곳저곳으로 튀어 나가는 인공지능의 영향을 통제할 길이 없다. 그게 문제다.

우리가 두려워해야 하는 것

인간이 통제할 수 없는 기술에 대한 섬뜩한 상상은 오래전부터 많았다. SF 작가 아이작 아시모프, 소설 『1984』를 쓴 조지 오웰, 최근에는 스티븐 호킹이나 일론 머스크에 이르는 많은 사람이 기술의 발전으로 초래될 인류의 미래를 걱정했다. 할리우드 영화 〈오펜하이머〉는 핵이라는 엄청난 파괴력을 둘러싼 인류의 고민을 묘사했고, 버클리 대학교의 수학 교수였던 시어도어 카진스키는 기술의 발전과 산업화가 인간의 자유를 억압하고 환경을 파괴할 것이라고 주장했다.

그는 20세기 말 미국에서 유나바머라는 이름으로 알려진 폭탄 테러범이었다.

이런 미래 예측과 관련해서 빌 조이가 쓴 "미래는 왜 우리를 필요로 하지 않는가"는 가장 유명한 에세이 중 하나다. 소프트웨어를 개발하는 기업인 썬마이크로시스템즈의 공동 창업자였던 그는 이 글을 미국의 유명한 잡지 『와이어드』 2000년 4월호에 실었다. 무려 24년 전에 쓰여진 글이다. 인공지능이 아직 본격적으로 모습을 드러내기 전인 20세기 말에 그는 컴퓨터 기술의 급속한 발전이 인류에게 필연적으로 재앙을 몰고 올 것을 경고했다. 컴퓨터 기술 개발의 최전선에 서있는 사람이었음에도 불구하고 그는 그렇게 말했다. 그가 이런 생각을 하게 된 계기가 바로 기술이 발전한 미래를 누구보다 낙관하는 사람인 레이 커즈와일을 만난 직후였다는 점이 특이하다.

빌 조이는 1998년 가을에 레이 커즈와일을 만났다. 커즈와일의 생각을 들은 그는 큰 충격을 받았다. 커즈와일은 그 시절에 이미 기술이 발전하게 되면 인간과 기술이 하나로 통합되고, 인간은 기술의 힘을 통해 영생을 얻게 된다는 생각을 가지고 있었다. 하지만 빌 조이는 진시황이 불로초 찾는 소리처럼 들리는 인간의 영생에 별로 관심을 두지 않았다. 그는 기술의 자기복제 가능성에 더 주목했다. 그는 유전자 공학, 나노테크놀로지, 로봇공학 같은 첨단기술이 계속 발전하여 **어느 수준에 도달하면 더 이상 사람의 손을 필요로 하지 않고 스스로 자기복제를 하게 될 거라는 사실을 깨닫고 경악했다.** 오늘날 우리가 인공지능의 발전 앞에서 경험하고 있는 딜레마를 엿보았던 것이다.

자기복제하는 기술은 스스로 움직이는 인공지능과 마찬가지로 인간의 통제를 벗어날 수밖에 없다. 이런 기술의 발전이 인류의 미래에 결코 좋은 것이 아님을 깨달은 그는 질문했다. 우리가 살아남을 것인가, 기술이 살아남을 것인가. 우리는 아무 계획, 제어 장치, 브레이크가 없이 이 새로운 세기로 떠밀려왔다. 너무나 멀리 왔기 때문에 길을 바꾸는 건 이미 불가능하게 된 걸까? 그렇게 질문을 던진 빌 조이는 그렇지 않을 거라고 조심스럽게 대답했다.

빌 조이는 길을 바꾸는 것이 불가능하지 않으니 지금부터라도 온 인류가 함께 노력해야 한다고 말했다. 하지만 인류가 기술 발전의 열차를 멈춰 세우는 게 완전히 불가능하게 되었다고 말하는 사람은 24년 전에 비해 더 많아졌다. 겨울잠을 자던 인공지능을 깨워 역사의 화려한 무대 위로 끌어올린 장본인인 제프리 힌튼 교수는 인공지능이 몰고올 위험을 깨닫고 구글을 퇴사했다. 그는 자신의 연구 업적을 후회한다는 말까지 했다. 힌튼 교수는 너무 빠른 속도로 발전하는 인공지능이 인류에게 초래할 위험이 너무 크고 무섭다고 말하며 각국 정부의 대응을 촉구했다.

〈돈 룩 업Don't Look Up〉이라는 블랙 코미디 영화에서 디카프리오가 연기한 주인공은 지구를 향해 돌진하는 커다란 혜성이 발견되었다는 사실을 밝힌다. 몇 개월 뒤 지구가 멸망한다는 이야기다. 하지만 이에 대한 세상의 반응은 시큰둥하다. 정치인은 다가오는 선거에만 관심이 있고, 세상 사람들은 당장 먹고사는 일이 더 바쁘다. '돈 룩 업!' 하늘을 올려다보지 말라고 서로 외치며 애써 현실을 무시한다. 인공지능을 비롯한 기술의 발전이 인류의 미래에 가져올 영향을 걱정하는 목소리도 이와 비슷하다. 걱정과 우려의 목소리는 적지 않은데 이에 대한 세상의 반응은 뭐 일단 어쩔 수 없지, 의 느낌이다. 각자 먹고사는 일이 분주하기도 하고 이미 호랑이 등에 올라탄 경쟁을 실질적으로 멈출 방법이 없기 때문이다.

인공지능의 안전을 논의하는 학술대회나 세미나는 자주 열리지만 구체적인 실천이 뒤를 잇는 경우는 거의 없다. 성명은 발표되지만 실질적인 구속력은 없다. 이미 끊어져버린 다리를 향해 나아가는 열차를 멈춰 세울 방법은 없다. 녹아 없어지는 북극의 빙하를 어떻게 할 수 없는 것처럼 호모사피엔스 사이에서 다른 국가보다, 다른 회사보다 더 높은 수준의 인공지능을 확보하기 위해 전력을 다하는 경쟁의 광기를 막아 세울 방법은 지금 보이지 않는다. 이미 늦었다고 말하는 사람들이 나오는 이유다.

가령 안전한 인공지능을 개발하려는 목적으로 설립된 오픈AI는 오늘날 그 어떤 국가나 회사보다 전력을 다해 미지의 세계를 향해 돌진하고 있다. 경쟁에서의 승리와 회사의 이익을 위해 온 힘을 기울이고 있는 샘 알트만 CEO는 애초의 목적을 잊은 지 오래인 것처럼 보인다. 챗GPT와 GPT-4의 설계를 주도한 일리야 수츠케버는 사내 쿠데타를 일으켜 그런 샘 알트만을 축출하기도 했지만, 인류의 미래나 인공지능의 안전성보다 일단 자기 이익이 더 중요한 오픈AI 임직원의 거센 반발로 무산되었다. 수츠케버는 2024년 5월에 씁쓸한 표정으로 회사를 떠났고 오픈AI의 내부 슈퍼얼라인먼트팀은 재편되었다.

호모사피엔스가 30만 년을 이어온 역사의 밑바닥엔 각자 알아서 생존해야 한다는 원리가 강력히 자리 잡고 있다. 현재 세상을 하나로 통합하고 있는 자본주의 시스템의 밑바닥엔 이익 추구와 경쟁이라는 개념이 도사리고 있다. 그렇기 때문에 오픈AI가 보여준 해프닝 속에서 개인적으로 힐난을 받을 사람은 없다. 모든 사람이 그저 각자의 영역에서 최선을 다해 살아가고 있을 뿐이다. 그러니 누군가를 비난하기 위해 샘 올트먼을 거론하는 것도, 오픈AI 직원의 이기심을 논하는 것도 별로 도움이 되지 않는다.

현재의 인류는 각자 알아서 자기 이익을 극대화하고 있고 타인과 경쟁하는 걸 멈출 생각이 없다. 나도 그렇고, 이 책을 읽는 여러분도 그렇다. 이건 생각의 문제가 아니라 지금까지 수십만 년 동안 호모사피엔스가 사라지지 않고 살아올 수 있었던 생존 방식의 문제이기도 하다. 그래야 생존하기 때문이다. 앞에서 우린 인공지능이 음험한 목적을 품을까 봐 걱정하는 것은 문제의 본질이 아니라고 말했다. 인공지능이 보여줄 예측불허의 행동을 사람이 완전히 통제할 수 없는 것이 문제라고 말했다. 그와 마찬가지로 누군가 비난받을 행동을 하는 사람을 찾아내는 것, 찾아낸 사람을 비난하는 것은 문제 해결의 본질과 별로 상관이 없다.

문제의 본질은 인류 스스로 자기들끼리 맺고 있는 관계다. 서로 경쟁하고 투쟁하는 방식, 사회 시스템, 경제 구조, 정치 체제, 이런 게 문제다.

샘 올트먼 개인의 탐욕이 아니라 그런 탐욕이 기술을 독점하고, 자금을 끌어들이고, 수익을 얻을 수 있도록 장려하는 경제 구조가 문제다. 미국이나 중국의 무기업자들이 갖는 욕망이 아니라 인공지능이 장착된 무기 시스템으로 다른 나라를 무력으로 제압할 수밖에 없는, 그렇게 하지 않으면 자신이 제압당하는 국제정치 질서가 문제다.

인간이 두려워해야 하는 것은 인간을 공격하는 터미네이터 같은 게 아니다. 지구 환경을 보존하기 위해 인류를 없앨 생각을 품는 인공지능도 아니다. 그런 건 상상일 뿐이다. **다른 사람이, 다른 회사가, 다른 국가가 각자 자신의 이익을 추구하기 위해 온 힘을 다해 만들어 나가는 사회적 관계, 구조, 체제 같은 것들이 진짜 두려움의 대상이다. 오늘날 호모사피엔스의 생존을 위협하고 있는 것은 인공지능이나 휴머노이드 로봇이 아니다. 호모사피엔스 자신이다.** 그들이 만들어 나가는 사회적 시스템이다.

잉여인간의 시대

발전한 기술이 인류의 미래에 어떤 영향을 미칠지 논의하는 것은 너무 많은 상상과 논리적 비약을 요구한다. 가정과 비약이 없이 미래를 말하는 건 불가능하기 때문이다. 오지 않은 미래는 그게 무엇이든 상상에 기반한다. 그래서 미래에 대한 걱정은 종종 뜬금없는 비약과 비과학적인 상상을 포함한다. 그런 이유로 비약과 상상이 묻어 있는 이야기도 때론 진지하게 귀를 기울일 필요가 있다. 그런 자세가 필요하다. 하지만 낙관론자나 현실주의자는 바로 그런 이유 때문에 비관론자를 외면한다. 고개를 좌우로 흔들며 차가운 표정을 짓는다.

마이크로소프트의 사티아 나델라 CEO는 2024년 5월 블룸버그와의 인터뷰에서 사람들에게 인공지능을 의인화하지 말라고 이야기했다. 인공지능은 사람이 사용하는 도구일 뿐 사람과 같은 종류의 지능이 아니라고 강조했다. 도구를 이용해 생산성을 올리는 것이 중요하지, 미래에 대한 과도한 상상으로 비관에 빠지는 건 바람직하지 않다고 말이다. 전혀 틀린 말이 아니다. 하지만 영화 〈피아니스트〉의 이야기를 한번 생각해볼 필요가 있다. 한 소년은 아우슈비츠로 향하는 기차를 타기 직전에 캐러멜을 팔아 돈을 벌었다. 그때 소년은 사람들에게 캐러멜을 먹고 기운을 내는 것이 중요하지, 미래에 대한 과도한 상상으로 비관에 빠지는 건 바람직하지 않다고 말했을지 모른다. 그것도 맞는 말이다. 하지만 캐러멜을 판 소년과 그걸 사 먹은 손님들은 며칠 후 모두 굴뚝에서 피어오르는 연기와 함께 사라졌다.

인공지능 낙관론자의 대표주자인 메타의 얀 르쿤 수석 과학자는 인공지능이 인류의 미래를 위협한다는 발상 자체를 부정적으로 바라본다. 현재 인공지능의 수준은 고양이의 지능에도 미치지 못하는데 무슨 인류를 위협하겠냐고 말한다. 앤드류 응 스탠퍼드 대학교 교수, 딥마인드의 데미스 허사비스 등도 미래를 낙관한다. 인공지능이 몰고 올 미래를 낙관하는 사람은 비관하는 사람의 수에 비해 훨씬 더 많다.

어떤 생각을 하고 어떤 말을 하는지와 상관없이 인공지능 개발의 최전선에 서서 연구나 개발을 하고, 기업을 운영하고, 마케팅을 하고, 그게 무엇이든 인공지능과 관련된 일을 하는 사람은 모두 인공지능을 낙관하는 쪽에 서 있는 셈이다. 그렇지 않다면 왜 그런 일을 하겠는가. 그런 사람들은 인공지능이라는 새로운 기술이 해결할 수 있는 문제에 주목하고 자신의 노력이 그 문제를 해결하는 데 조금이라도 기여할 수 있길 소망한다. 인공지능은 그런 사람들이 흘리는 땀을 영양분으로 삼아 조금씩 발전한다. 낙관은 잘못이 아니다. 인공지능과 관계된 일을 하며 흘리는 땀은 아무 잘못이 없다. 문제는 앞에서 이야기했다시피 관계다. 시스템이다. 체제다. 사람이 주변 세계와 맺는 관계는 그런 시스템이나 체제의 부산물이다. **시스템이 뒤틀리면 그 안에서 선한 마음으로 수행하는 노동이 끔찍한 결과를 낳을 수 있다.**

넷스케이프 브라우저를 만들어 디지털 시대의 서막을 열었고, 지금은 2조 원이 넘는 개인 재산을 굴리며 투자 업무에 열중하고 있는 마크 앤드리슨 같은 사람은 일반적 수준의 낙관론을 훌쩍 뛰어넘는다. 그는 인공지능 기술이 혼탁한 세상으로부터 인류를 구원해줄 것이라고 확신한다. 그는 인공지능이 인류의 미래를 환하게 밝혀줄 것이고, 평생 사람을 따라다니며 행복, 만족, 성취를 극대화해주는 파트너 역할을 수행할 것이라고 말했다. 하루라도 빨리 이런 인공지능의 은혜를 접하고 싶은 그는 인공지능을 개발하는 업계의 노력에 정부는 일절 개입하지 말고 시장이 모든 것을 알아서 결정하도록 내버려두라는 말까지 했다. 극단적인 낙관론이다.

인공지능의 여명기를 살아가는 우리는 이렇게 다양한 입장을 가진 낙관파와 비관파 사이에서 혼란을 겪을 수밖에 없다. 어느 한쪽의 극단적 견해에 현혹되지 않으려면 정신을 잘 붙잡고 스스로의 힘으로 미래를 가늠해야 한다. 본인의 삶은 물론 자식과 후손의 미래가 달려 있는 문제이니 무관심은 있을 수 없다.

인공지능과 관련해 미래를 걱정하는 비관파는 인류가 당장 인공지능을 철저히 규제하고 필요한 안전장치를 확보하지 않으면 인류가 테크놀로지의 노예가 될 거라고 본다. 테크놀로지 대신 인공지능이 장착된 휴머노이드라고 말해도 좋다. 인공지능이 자연 생태계를 보존하기 위해 인류의 90%를 제거해야 한다고 판단했든, 인공지능 자신의 발전과 보존을 위해 인류가 아예 없는 게 낫다고 느꼈든, 최소한 인간이 작성하는 허접한 코드보다 자기가 작성하는 코드가 더 낫다고 판단했든, 우리가 주인 행세를 하면서 살아온 이 세상에서 스스로 생각하고, 결정하고, 실행하는 주체는 우리가 아니라 테크놀로지가 될 것이라는 이야기다. 이렇게 되면 유발 하라리가 말하는 것처럼 호모사피엔스의 역사는 종말이다.

인공지능의 미래를 낙관하는 사람들은 킬러 로봇은 망상이고 지나친 규제는 이상주의자의 광기라고 비판한다. 특히 미국과 유럽의 낙관파는 자신들이 인공지능 규제를 이야기하며 꾸물거리는 동안 중국 같은 나라가 인공지능 기술을 개발하여 앞서가면 어떡하느냐는 말을 잊지 않는다. 사실 경쟁을 가리키는 이 부분이 낙관파 논리의 핵심이다. 다른 국가나 다른 회사, 다른 연구원과의 경쟁. 이런 경쟁의 논리는 안전성에 대한 우려의 목소리를 너무나 쉽게 압살한다. 경쟁에 뒤처지지 않으려면 모든 자원을 총동원해서 노력해도 어찌 될지 모르는 일인데, 비관이나 하며 꾸물거리다니!

인공지능과 사람의 대립이 아니라 사람과 사람이 맺는 관계 자체가 문제라고 말한 이유가 바로 이것이다. 인공지능이나 휴머노이드 로봇의 출현과 무관하게 호모사피엔스가 자기들끼리 맺고 있는 관계는 지금까지 생존, 이익 추구, 경쟁, 억압, 전쟁 등으로 점철되어 왔다. 인간은 이미 필요하다고 판단되면 수백만, 수천만의 다른 인간을 살해하는 일을 마다하지 않아 왔다.

카리브해의 섬에 도착한 콜럼버스는 자신을 환영하는 섬의 원주민들을 몰살시켰다. 수백만의 유대인을 학살한 홀로코스트는 설명도 필요 없다. 그런 가슴 아픈 역사를 경험한 유대인은 팔레스타인 사람을 상대로 역사를 반복하고 있다. 그때는 피해자였고 지금은 가해자가 되었다. 일제 시대와 한국 전쟁을 겪은 우리는 이런 일이 낯설지 않다. 인간의 인간에 대한 학살은 르완다, 캄보디아, 보스니아 등 수많은 곳에서 이루어졌고 크고 작은 전쟁이나 테러는 일일이 셀 수조차 없다. 그러니 **인간을 살해하는 터미네이터에 대한 상상은 호모사피엔스가 달빛에 비친 자신의 그림자를 보고 깜짝 놀라는 것과 마찬가지다.**

낙관파가 꿈꾸는 세상에서 인공지능은 사람에게 아무런 악의를 품지 않는다. 오직 세상에 풍요를 가져다주는 도구의 역할에 충실할 뿐이다. 하지만 사람과 사람이 맺고 있는 관계의 속성을 잘 들여다보면 그들의 낙관이 모든 세상이 장밋빛으로만 드리워지는 미래를 의미하지 않는다는 걸 알 수 있다. 지구상의 모든 사람이 하와이 해변에서 휴머노이드 로봇의 마사지를 받으며 마가리타 칵테일을 마시는 그런 미래가 아닌 것이다. 그런 미래를 진심으로 믿는 사람이 있으면 그는 더 이상 인류의 미래에 대해 공개적인 발언을 하지 않는 게 좋다.

사람과 사람이 맺는 관계가 지금보다 훨씬 더 합리적이고, 공평하고, 민주적인 방식으로 바뀌지 않는다면 그렇다는 뜻이다. 인공지능이 없어도 이미 인간끼리의 갈등과 충돌이 차고 넘치는 현실 속에서 낙관파가 이야기하는 장밋빛 미래는 결코 모두를 위한 게 될 수 없다. 그 미래는 테크놀로지를 소유한 극소수의 엘리트만을 위한 것이다.

어렵게 생각할 이유가 없다. 2024년 현재를 생각해보자. 첨단기술을 손에 넣은 소수의 엘리트가 보유한 재력과 권력은 이미 어지간한 국가 권력을 상회한다. 옥스팜Oxfam의 보고서에 의하면 전 세계에서 가장 부유한 2153명은 2019년 기준 인류 하위 60%에 해당하는 46억 명이 가진 재산과 비슷한 수준의 부를 소유하고 있다고 한다. 또한 2020년 이래 지금까지 세계 최상위 부자 5명의 재산은 두 배 증가했고, 같은 기간 전 세계 50억 명에 달하는 사람은 전보다 더 가난해졌다. 2020년과 2021년 두 해 동안 전 세계 하위 99%가 창출한 부의 두 배를 상위 1%가 차지했다.

사람들이 현실 세계에 존재하지 않는 인간과 인공지능 사이의 투쟁을 상상하느라 애쓰는 동안 정작 인간과 인간 사이의 관계는 빠른 속도로 악화되고 있다. 그렇게 악화된 관계의 핵심은 빈부격차다. 이런 현실 속에서 인공지능이 아니라 빈부격차가 호모사피엔스의 미래를 더 위협하고 있다고 말하는 것은 결코 과장이 아니다. 점점 더 많은 부를 축적하고 있는 엘리트들의 손에 인공지능이라는, 심지어 AGI라는 전대미문의 기술이 추가되면 그들이 살아가는 미래는 마크 앤드리슨이나 레이 커즈와일이 꿈꾸는 낙원을 훌쩍 뛰어넘을 것이다.

단순히 부를 독점하는 정도가 아니라 지금은 국가 권력이 통제하고 있는 무력마저 실질적으로 그들의 통제 아래 놓일 가능성이 있다. 인공지능이 인간의 지적 수준에 필적하는 AGI_{artificial general intelligence}를 성취하면 오래지 않아 인간을 훌쩍 뛰어넘는 초지능 수준, 즉 ASI_{artificial super intelligence}로 발전할 거라는 예상은 더 이상 새롭지 않다. 그런 정도에 도달하는 인공지능은 그 자체가 무엇과도 비교할 수 없는 수준의 무력일 것이기 때문에 그런 상황이 되면 전 세계의 사회 구조가 완전히 달라질 수밖에 없다.

이런 상황에서 많은 사람은 전문가의 의견을 통해 미래를 가늠하려 애쓰고 있다. 인류의 미래를 진지하게 걱정하고, 대다수의 사람이 행복해지는 길을 찾으려 노력하는 리더, 지식인, 과학자의 의견을 갈구한다. 하지만 정작 무대에 오르는 사람들은 이미 막대한 부와 테크놀로지를 장악하고 있는 슈퍼리치뿐이다. 인공지능이 가져올 미래 사회를 누가 이야기하고 있는지 생각해보라. 샘 올트먼, 마크 주커버그, 빌 게이츠, 사티아 나델라, 일론 머스크 … 이런 사람뿐이다. 모두 슈퍼리치다. 물론 과학자도 있다. 얀 르쿤, 앤드류 응, 데미스 하사비스, 요슈아 벤지오, 레이 커즈와일, 제프리 힌튼 등이다. 이들은 기술을 손에 넣은 엘리트 계층이다. 낙관파든 비관파든 상관이 없다. 유럽이나 중국의 사정도 크게 다르지 않다.

슈퍼리치나 과학자를 무작정 비난하자는 것은 아니다. 특정 개인의 욕망이나 의도를 비난하려고 하는 말도 아니다. 그들은 훌륭한 인품과 실력으로 자기가 맡은 일에 최선을 다하고 있다. 하지만 슈퍼리치가 잘하는 것은 돈을 더 많이 버는 일이다. 과학자가 잘하는 것은 특정 기술을 더 깊게 연구하는 일이다. 어느 누구도 인류의 미래를 진지하게, 전지구적 차원에서, 민주적으로, 지금보다 더 공평하고 평화로운 곳으로 만들어 가기 위한 방법을 찾는 것을 자신의 본분으로 삼고 있지 않다. 오히려 이미 테크놀로지와 자본을 보유한 소수의 엘리트가 미래 사회의 모습을 자신들이 더 많은 이익을 얻을 수 있는 방식으로 끌고 가지 않는다면 그게 더 이상한 일일 정도다.

2024년 현재의 세계가 그리 공정하고 평화롭지 않다는 것은 길게 설명할 필요가 없을 것이다. 일부 지역이나 나라가 상대적으로 공정하고 평화로울 수는 있어도 지구 전체를 생각하면 그렇지 않다. 좋은 세상을 만들기 위해 노력하는 사람은 많지만 인류는 아직 그런 세상을 가져본 적이 없다. 그래서 세상이 지금처럼 흘러가면 인공지능이 본격적으로 활동을 개시하는 미래 사회는 공정하거나 평화로운 사회가 아닐 가능성이 농후하다. 그 세상은 인공지능을 관리하는 소수의 엘리트에게는 멋진 신세계이겠지만 그들을 제외한 대다수 사람에게는 살아가기 힘든 세상일 것이다. 어느 정도인가 하면 대다수 사람들은 하던 일조차 할 수 없게 되어 사라진 직업을 그리워하며, 겨우 살아갈 만큼 지급되는 기본소득에 의지하는 삶을 살게 되는 것이다.

칼 마르크스가 룸펜 프롤레타리아라고 불렀고, 이후 잉여인간이라는 명칭을 부여받아 세상의 한구석을 차지하고 근근히 살아가던 부류의 사람들. 별로 쓸모가 없고, 주변에 도움을 주지도 못하는 사람들이 절대적 다수가 되어 (여전히 근근히) 살아가는 세상이 열리는 것이다. 기본소득으로 살아가는 잉여인간의 삶은 언뜻 보기에 좋은 의미에서의 사회주의를 닮았다. 일을 하지 않아도 살 수 있는 세상, 즉 노동으로부터 해방된 삶이 가능해질 것처럼 보인다. 직업 대신 취미를 선택하고 강제된 일이 아니라 스스로 하고 싶은 일을 하며 더 자율적이고 주체적인 삶을 살게 된 것처럼 보인다.

착각이다. 인공지능으로 강화된 최첨단 생산 수단을 소수 엘리트가 독점하면 나머지 사람들은 엘리트가 제공하기로 마음먹은 소수의 자원을 겨우 나눠 가져야 한다. 취미 이전에 이렇게 나누어지는 자원을 어떻게 하면 더 많이 확보할 수 있는지 고민해야 할 것이다. 그런 세상에서 잉여인간은 생산자의 자격을 박탈당한 지 오래고, 소비자의 자격도 아슬아슬하다. 잉여인간이 소비자일 수 있는 것은 엘리트가 상품이나 서비스를 팔아야 하는 이유가 남아 있어 기본소득을 지급할 때뿐이다. 기본소득이라도 있어야 상품 구매가 가능할 테니까. 만약 인공지능이 필요한 상품과 서비스를 모두 생산하여 시장에서 물건을 사고팔 이유가 사라지면 잉여인간은 시장에서 완벽히 퇴출된다.

시장에서 퇴출된 잉여인간은 실존적 존재마저 위협당할 지경이다. 실제 생명이 어찌될지 모르는 잉여인간은 엘리트와 동등한 수준의 정치적 권리를 가질 수 없다. 21세기 초반까지 존재하던 민주주의, 대의정치 같은 개념은 새롭게 등장하는 이데올로기에게 자리를 내어 주고 점차 사라질 것이다. 인공지능의 낙관파가 그리는 세상은 이렇게 시장과 노동 그리고 민주주의가 사라지는, 지금과 많이 다른 세상으로 연결될 가능성이 높다. 그 세상을 뭐라고 불러야 할지는 모르겠다. 이런 세상이 테크놀로지가 사람을 지배하는 비관파의 세상에 비해 더 나은 세상이라고 말할 수 있는지도 모르겠다.

『AI 슈퍼파워』를 쓴 리카이푸는 인공지능 기술의 선점이 국가의 운명을 좌우할 것이라고 말했다. 그는 인공지능과 인간이 조화롭게 공존하는 방법을 이야기했지만 인공지능 기술이 부유한 국가와 기업에게 집중되면 사회적 격차가 더욱 벌어질 수 있다고 경고했다. 너무 당연해서 하나 마나 한 소리다. 인공지능 기술은 이미 부유한 국가와 기업에 집중되어 있다. 2023년 3월 챗GPT를 보고 놀란 첨단기술 종사자 1000명은 인공지능 개발을 6개월 정도 중단하자고 편지를 써서 화제가 되었다. 하지만 이런 수준의 읍소는 앞만 보고 달려가는 호랑이를 멈춰 세우기는커녕, 의도를 의심받을 지경이다. 만에 하나 인공지능 연구 개발을 잠시 멈추자는 합의가 이루어진다 해도 그런 멈춤은 근본적인 해결책과 거리가 멀다.

해결책

해결책이 없는 건 아니다. 유일한 해결책이 있긴 하다.

우선 현재 인공지능을 연구하고 개발하는 지구상의 모든 나라가 인류의 미래를 진정성 있게 걱정하는 합리적이고 민주적인 정부를 수립한다. 그다음 그런 정부가 한자리에 모여 국제적 협의체를 만든다. 관련 분야의 전문가들도 대거 참석해야 한다. 그 자리에서 인공지능을 인류의 복지를 위해 안전하게 개발하는 방법을 논의한다. 일종의 전지구적 차원의 슈퍼얼라인먼트다. 필요한 가이드를 만들어 인류가 통제할 수 없는 기술을 제한하고, 정책을 위반하는 국가나 회사는 처벌할 수 있는 실질적 방법을 강구한다. 그런 과정을 통해 만들어진 인공지능 기술의 혜택은 국가와 회사와 사회 계층이 공평하게 나누어 갖도록 관리한다.

불행하게도 인류는 단 한 번도 이런 일을 한 적이 없다. 일단 첫 번째 과제부터 난항이다. 인공지능을 연구하는 모든 나라는 고사하고 단 하나의 나라라도 진심으로 인류의 미래를 걱정하는 합리적이고 민주적인 정부를 수립한 적이 있는지 모르겠다. 생존 투쟁과 경쟁을 목표로 삼고 살아온 호모사피엔스의 역사를 생각해보면 그런 정부가 가능할 것 같지 않다.

해결책이 있어도 인류가 그 해결책을 선택할 가능성이 작다. AGI로 통칭되는 고급 인공지능 기술을 확보하고자 하는 인류의 경쟁은 날이 갈수록 더 심화될 것이다. 그러니 인류에게 주어진 길은 두 개뿐인 것 같다. 하나는 소수 엘리트에게 낙원이고 대다수 사람에게는 지옥인 세상으로 나아가는 길. 다른 하나는 테크놀로지가 인간 전체를 지배하거나, 완전히 사라지게 만들거나, 어떤 식으로든 인공지능에게 자리를 양보한 호모사피엔스의 역사가 종말을 고하고 사라지는 길.

둘 다 막다른 길이다. 이런 생각을 하다 보면 리시 수낙 영국 총리가 샘 올트먼을 만나 인공지능의 안전성을 논의하는 모습이 무서운 SF 영화의 한 장면처럼 느껴진다. 일론 머스크가 무대에 올라 앞으로 모든 사람이 직업을 잃을 수밖에 없지만, 단순히 먹고 살 수 있는 수준의 기본소득이 아니라 필요한 일을 다 하고도 남을 정도로 풍부한 소득을 무상으로 제공받을 것이라고 말하는 것을 들으면 설명하기 힘든 무력감이 몸을 휘감는다. 아, 허공을 향해 어퍼컷을 날리고 포항 앞바다에 가스전 시추 구멍을 뚫는 이야기를 하는 우리나라의 지도자는 굳이 언급할 필요도 없다.

이렇게 지금 우리가 살아가는 상황을 천천히 살펴보면 나 자신을 포함한 99%의 인류에게는 출구가 보이지 않는 미로가 보인다. 커다란 혜성이 지구를 향해 돌진하고 있다. 인류가 올라탄 열차는 아무도 원치 않는 역을 향해 질주하고 있다. 하지만 그걸 막을 수 있는 방법이 어디에도 보이지 않는다. 그러니 어쩌랴, 역에 도착하기 전에 맛있는 계란이라도 하나 사먹을 수밖에.

에필로그

상상이다.

6장의 내용은 전부 상상이다. 호모사피엔스의 역사가 종말을 고한다느니, 인공지능을 손에 쥔 소수 엘리트가 나머지 사람에게 적선을 베푸는 세상이 될 거라느니, 잉여인간의 시대라느니, 이런 말은 다 상상이다. 책의 시작이 소설이었던 것처럼 책의 마지막도 소설이다. 그렇게 말해도 좋다. 도대체 누가 미래를 알겠는가.

미래는 아무도 알 수 없다. 미래를 낙관하든 비난하든, 큰 소리로 말하든 소심하게 말하든, 조 단위의 재산을 가진 부자든 거리의 부랑자든, 미래를 모르는 것은 다 똑같다. 마크 앤드리슨, 사티아 나델라, 얀 르쿤, 마크 주커버그, 샘 올트먼, 데미스 허사비스, 모두 다 모른다. 스티븐 호킹도 모르고, 제프리 힌튼도 모른다. 빌 게이츠도 모르고, 조 바이든도 모르고, 도널드 트럼프도 모른다. 나도 모르고 여러분도 모른다. 무대에 오른 사람이나 청중이나, 글을 쓰는 사람이나 읽는 사람이나 다 마찬가지다.

두 개의 막다른 길은 어디까지나 나의 상상일 뿐 여러분의 상상은 다를 수 있다. 그 안에는 인공지능이 인간의 삶을 풍요롭게 만들어주는 도구의 역할에 충실하고, 사람들은 더 평화롭고 민주적인 공동체를 건설하여 새롭게 얻은 풍요를 공정하게 나누며 살아가는 세상도 있을 것이다. 인간의 노동이 여전히 필요하지만 노동 시간은 줄어들고, 인공지능이 환경 문제를 해결해주고, 빈부격차를 줄여주고, 인간의 건강과 수명을 개선해주고, 영화, 게임, 문학, 음악 등 예술과 엔터테인먼트를 풍요롭게 만들어주고, 과학과 기술 분야에서 획기적인 발견과 추론을 이끌어주고, 국가 간 전쟁이나 테러 같은 폭력이 사라지도록 만들어주는 세상. 우리 후손들이 꼭 그런 세상에서 살면 좋겠다. 그렇게 되지 말라는 법은 없다.

인공지능은 이미 상당히 많은 부분의 일에서 사람보다 더 뛰어난 모습을 보여주고 있다. 그런 일은 코딩은 물론 법률, 의료, 금융, 소매, 농업 등 거의 모든 산업 분야에서 공통적으로 관찰된다. 인공지능을 사용하는 비용은 결코 저렴하지 않지만 많은 분야에서 이미 사람의 인건비보다 더 저렴하게 형성되고 있는 중이다. 인공지능은 계산이나 추론의 영역에 머물지 않고 휴머노이드 등의 로봇 형태를 이용해서 지금까지 할 수 없었던 육체적 노동마저 조금씩 해나가고 있다. 빨래를 개고, 요리를 한다. 사람보다 더 생산성이 높고 비용이 낮은 인공지능이 일터에서 사람을 대체하는 것은 그럴 것인가 말 것인가의 문제가 아니라 언제부터 본격적으로 진행될 것인가의 문제다.

하지만 대체하는 주체가 인공지능이고 대체되는 객체는 사람인 탓에 상황이 복잡하다. 대체된 사람이 어떻게 살아가야 하는지에 대해 뚜렷한 대안과 사회적 합의가 없는 상태에서는 그런 대체가 아무리 자본주의 원리에 부합한다고 해도 무작정 진행될 수 없고 그래서도 안 된다. 인공지능 기업에게 98%의 세금을 부과하자는 모 가댓의 의견이든, 많은 오피니언 리더와 경제학자가 주장하는 기본소득 개념이든, 인공지능이 사람의 직업을 본격적으로 대체하려면 먼저 대체되는 사람을 위해 사회적으로 합의된 대안이 반드시 있어야 한다.

우리가 살고 있는 현재는 그런 사회적 합의점이 본격적으로 모색되고 동시에 인공지능이 사람을 조금씩 대체하고 있는 초입 단계다. 2024년 5월에 앤트로픽은 대형 언어 모델의 내부 구조와 작동 방식을 자세히 들여다보고 해석하는 데 성공했다고 발표했다. 자신들이 모델의 동작을 인위적으로 조작한 사례도 공개했다. 깜깜한 블랙박스로 여겨지던 인공지능 모델 내부의 생각을 엿보는 데 성공한 것이다. 매우 반가운 뉴스다. 아직 갈 길은 멀지만 이런 기술이 더 발전하면 현재 대형 언어 모델이 내장하고 있는 할루시네이션 문제에 대한 이해와 통제가 가능해질 수 있다. 그것은 곧 컴퓨터 프로그래밍을 포함한 온갖 종류의 지적 업무에서 인공지능의 안정성과 신뢰성이 급격히 올라간다는 의미다.

앤트로픽의 노력이 얼마나 진전된 결과를 보여줄지 모르겠지만 그런 일이 실제로 일어나면, 즉 인공지능의 신뢰성 문제가 해결되면 일단 코딩은 종말이다. 개발자는 코딩이 아닌 다른 일을 계속해 나가겠지만 그 안에 코딩은 없다. 다른 많은 지적 업무 영역도 마찬가지다. 똑같은 일을 더 믿을 수 있는 방식으로, 더 안전하게, 더 값싼 비용으로, 더 빠르게 수행하는 존재가 있는데 굳이 사람이 그 일을 해야 할 이유가 무엇이겠는가.

그러니 인공지능이 사람을 대체할 것인가, 라는 질문은 더 이상 하지 말자. 개발자 자리에 다른 직업을 넣어도 마찬가지다. 대체는 일어난다. 인공지능이 사람보다 더 잘하는 일이 있으면 그 일을 하는 사람은 당연히 대체된다. 따라서 우리가 물어야 하는 질문은 다른 것이다. 이 세상이 공정하고 민주적인 방식으로 운영되고 있는가. 누군가 지금과 차원이 다른 수준의 인공지능 기술을 손에 넣는다면, 그 기술을 그 사람만을 위해서가 아니라 다른 모든 사람을 위해 공정하게 사용할 것인가. 그런 공정한 사용을 강제할 수 있는 사회 구조를 만드는 방법은 무엇인가. **인류는 그런 바람직한 사회 구조를 향해 나아가고 있는가.** 이런 질문이다.

인공지능이 인류를 위한 도구의 역할에 충실하도록 하고 인공지능이 가져올 풍요를 모든 사람이 함께 나누는 방법은 인류 전체가 협력하여 민주적이고 공평한 사회 구조를 만드는 것, 그것 하나뿐이다. 추상적이고 비현실적인 소리로 들릴 수도 있지만 그것 말고는 방법이 떠오르지 않는다. 나는 30만 년이라는 장구한 역사를 이루며 살아온 호모 사피엔스가 자기 손으로 만든 인공지능 때문에 종말을 고하고 사라질 것이라고는 생각하지 않는다. 아마 방법을 찾을 것이다.

아직 문은 닫히지 않았다. 인공지능의 여명기를 살아가는 우리가 다 같이 힘을 모으고 협력하여 저 좁은 문을 통과하면 낡은 직업은 사라지겠지만 새로운 직업이 나타날 것이다. 과거의 인간은 필요가 없어져도 새로운 인간이 요구될 것이다. 인공지능이 보편화된 세상에서 우리는 여전히 인간의 존엄성을 유지하며 전보다 더 풍요롭고 윤택한 방식으로 잘 살아갈 것이다. 물론 반대 상황이 펼쳐질 가능성이 사실 더 높다. 어느 쪽이든 미래는 미리 정해진 운명이 아니라 우리의 선택이다. 자기 꼬리를 먹는 뱀 우로보로스가 될 것인지, 불에 탄 재 속에서 다시 태어나 하늘을 날아가는 피닉스가 될 것인지는 아직 정해지지 않았다.